Photo de couverture : agence AURORA & QUANTA PRODUCTIONS INC
Photographe : Robert Clark

Collection : “Histoires Authentiques”

Suivi éditorial : Didier Antonelli
ISBN-2-911218-15-9
EAN 9782911218156

150, rue Aristide-Briand
92300 Levallois-Perret
Tél. : 01 47 30 53 10
livres@altipresse.com

À ma mère, au ciel...

Jean-Pierre Otelli

Les fous du ciel

Que s'est-il vraiment passé dans les avions ?

Éditions ALTIPRESSE

CE QUI S'EST VRAIMENT PASSÉ DANS LES AVIONS...

11 septembre 2001.
Aéroport de Boston-Logan.
7 heures 57 minutes...

Le vol American Airlines 11 vient d'obtenir l'autorisation de la tour de contrôle de pénétrer sur la piste 04 droite.

Aux commandes du Boeing 767-223 ER, le commandant John Ogonowski pousse imperceptiblement les deux manettes de gaz vers l'avant. Avec la précision qui lui est coutumière, il vient aligner son appareil exactement sur la ligne médiane. Cet ancien pilote de chasse, parfaitement noté par la compagnie, est un vétéran de la guerre du Vietnam.

Toutes les check-lists sont terminées, il est prêt au décollage pour Los Angeles. C'est son copilote Thomas McGuiness qui s'occupe des communications radio avec la tour de contrôle. Sur la fréquence 128,80 MHz, ce dernier vient de demander l'autorisation de décoller, mais le contrôleur lui a ordonné d'attendre quelques instants car il y a du trafic. L'appareil qui vient de partir juste devant lui est encore trop proche et un autre est en train de décoller sur la piste transversale 09.

7 h 58 mn 04 sec (copilote) : *Bien reçu, nous sommes en position sur la piste 04 droite et nous attendons American 11.*

Le Boeing va ainsi patienter près d'une minute sur la piste avant que le contrôleur ne lui délivre enfin l'autorisation attendue. Les deux hommes aux commandes profitent de ces quelques instants de répit pour discuter des problèmes d'horaires qui se posent en permanence à l'aéroport de Boston-Logan. Tous les pilotes ne parlent que de la construction d'une cinquième piste qui permettrait d'éviter les retards incessants. En ville, il y a les pour et il y a les contre. Ce sont surtout les associations écologistes et les riverains qui s'y opposent. Du côté des navigants, c'est l'unanimité, tout le monde est favorable au projet.

7 h 59 mn 02 sec (contrôle de Boston) : *American 11. Nous avons un trafic qui tourne dans l'axe de piste à 3 500 pieds au nord du terrain. Autorisé au décollage. Maintenez 3 000 pieds dans l'axe.*

7 h 59 mn 11 sec (copilote) : *Bien reçu, on maintient 3 000 pieds maximum et nous sommes autorisés au décollage. Quel est le dernier vent ?*

7 h 59 mn 14 sec (contrôleur) : *Le vent du 330 pour 9 nœuds...*

7 h 59 mn 16 sec (copilote) : *Merci...*

John Ogonowski pousse alors les deux manettes de puissance à fond et lâche les freins. C'est la dernière fois dans sa carrière de navigant qu'il accomplit ce geste. Sa femme Margaret, ses trois filles, Laura, Caroline et Mary ne le reverront plus.

Le copilote Thomas McGuiness est lui aussi père de famille. Il a deux enfants, une fille de 16 ans et un garçon de 14 ans qu'il adore.

Il y a 92 personnes à bord de l'avion. Un vol d'apparence normale commence... En réalité, le rideau se lève pour l'un des drames les plus traumatisants qu'ait connu l'Amérique.

Le sifflement des réacteurs s'amplifie. Les deux Pratt & Whitney PW4062 délivrent alors leur puissance maximum de 28 tonnes de poussée. L'avion s'élance et, 37 secondes plus tard, ses roues quittent définitivement le sol.

À peine est-il en vol que le contrôleur radar appelle pour signaler la présence d'un Cessna Skyhawk dans les environs de l'axe de décollage... Le petit quadriplace se trouve à 4 kilomètres, pratiquement sur la route du Boeing mais il ne le gêne pas vraiment. En aviation, comme dans beaucoup d'autres domaines, l'Amérique est le pays de la liberté. La présence d'un petit avion de tourisme en plein milieu d'un espace aérien aussi encombré ne choque personne. Le pilote du Cessna se dirige « à vue », sans aucun plan de vol, mais il est sous contrôle radar... C'est d'autant plus facile pour lui que, en ce matin du 11 septembre, la visibilité est sans limite. Il fait un temps idéal pour une promenade aérienne en famille. Pas un nuage sur le nord-est des USA. L'air est calme et il n'y a pas la moindre turbulence.

8 h 00 mn et 43 sec (copilote) : *Pas de problèmes. Nous avons le Cessna en visuel, American 11.*

8 h 01 mn et 19 sec (contrôleur radar de Boston départ) : *D'accord. Alors montez à 8 000 pieds American 11.*

8 h 01 mn et 21 sec (copilote) : *Reçu. On monte à 8 000 pieds, American 11.*

Pendant les minutes qui suivent, le commandant Ogonowski va respecter scrupuleusement les instructions du contrôle aérien. Dans un premier temps, celui-ci va lui demander d'effectuer un large virage par la droite pour prendre un cap 180. Pendant quelques minutes, l'avion va survoler la baie de Hingham. Au passage, les passagers pourront apercevoir Rock Island, puis Weymouth. Alors qu'il poursuit sa route vers le sud, l'appareil est autorisé à monter à 14 000 pieds. Puis il vire encore par la droite pour prendre un cap au 270 (plein ouest) en direction de la Californie. Il y a 4 150 kilomètres entre Boston et Los Angeles. La durée de vol prévue pour traverser les États-Unis est de l'ordre de cinq heures.

Dans le cockpit, les check-lists « après-décollage » sont terminées. Le pilote automatique est enclenché. Les deux hommes se détendent. Le stress du départ disparaît peu à peu. Nul ne saura jamais à quoi pense John Ogonowski alors que son Boeing grimpe dans le ciel bleu. Peut-être à la petite ferme qu'il vient d'acquérir dans le nord de Boston ? Un endroit tranquille de 150 acres où il vit paisiblement avec les siens. Une vraie « petite maison dans la prairie », retirée dans un coin paisible et verdoyant pour une famille typiquement américaine... En cabine, les passagers sont détendus. Aux États-Unis, le transport aérien est un mode de déplacement si banal qu'il engendre peu d'angoisse. Et puis, il fait si beau aujourd'hui !

En première classe, cinq hommes attendent... De type moyen-oriental, ils ne portent pas de barbe, ni même de moustache et sont habillés de manière parfaitement anodine. Trois d'entre eux sont en pantalon de toile avec un tee-shirt et une veste. Un autre porte un polo bleu et un jean. Quant à celui qui est assis à la place 8D, il est vêtu de façon particulièrement élégante. Il porte un costume léger de la marque Tommy Hilfiger, une marque américaine de bon goût appréciée par une catégorie sociale relativement aisée.

Les cinq hommes ont choisi des places disséminées au hasard dans la partie avant de l'avion. Ils ne disent rien... Leurs regards sont étrangement fixes. Lorsqu'une hôtesse s'approche pour adresser un sourire de bienvenue à l'un d'eux, celui-ci répond par un hochement de tête accompagné d'un vague signe de la main.

Aucun des cinq individus ne manifeste la moindre émotion.

Dans le cockpit, les deux hommes d'équipage discutent paisiblement. À **8 h 04 mn et 27 sec,** le copilote est contacté par le contrôleur radar de Boston qui lui demande de changer de fréquence pour passer avec l'approche de Boston sur 127.20 MHz.

C'est ce qu'il fait immédiatement.

8 h 04 mn et 48 sec (copilote appelant l'approche radar de Boston) : *American 11, bonjour. Nous sommes avec vous. Nous passons 11 000 pieds vers 14 000 pieds.*

8 h 04 mn 52 sec (contrôle d'approche de Boston) : *Roger American 11, poursuivez au cap 270.*

8 h 04 mn 55 sec (copilote) : *Cap 270, bien reçu American 11.*

8 h 05 mn 14 sec (approche de Boston) : *Boston Approche. American 11, contactez le centre de Boston sur la fréquence 133.42.*

8 h 05 mn 19 sec (copilote) : *133.42. Merci et à bientôt.*

Voilà… C'est la dernière communication normale qui va avoir lieu entre le Boeing et le sol. Pendant quelques instants encore, le vol American Airlines 11 va poursuivre sa route vers l'ouest comme c'était prévu sur son plan de vol.

Huit minutes plus tard, un autre vol anodin décolle à son tour du même aéroport de Boston-Logan, mais cette fois il s'élance de la piste 09. C'est le vol United Airlines 175... Même type d'avion : un Boeing 767 (avec 56 passagers à bord et 9 membres d'équipage). Même destination : Los Angeles. Comme le vol American 11, l'appareil va effectuer une traversée du continent qui doit également durer cinq heures. Comme son prédécesseur, ses réservoirs sont pleins… Son commandant est Victor Saracini, 51 ans, ancien pilote de l'US Navy. Un as du pilotage qui détient plusieurs centaines d'appontages sur porte-avions.

Les roues de ce nouvel appareil quittent la piste à **8 h 13 mn et 32 sec** exactement. C'est à ce moment que le cauchemar prend forme à bord du vol American Airlines 11. Tout commence par un étrange cérémonial… Les cinq hommes assis en première classe sortent de leurs poches un bandana de couleur rouge. Ils se recueillent quelques secondes les paumes tournées vers le ciel, puis ils ceignent le morceau de tissu autour de leur tête. Après avoir fait ces gestes rituels, ils restent un moment immobiles à murmurer à voix basse. C'est une étrange litanie que les autres passagers entendent mais ne comprennent pas car les individus s'expriment en arabe.

Vaguement inquiets, chacun regarde et écoute. Peut-être certains passagers sourient-ils devant l'attitude de leurs étranges voisins ?

Puis les cinq hommes se lèvent sans prononcer une parole.

Avec des gestes calmes, ils ouvrent les coffres à bagages au-dessus de leur siège pour en descendre leurs sacs de voyage. Des objets insolites apparaissent : une sacoche noire contenant une sorte de boîtier de la même couleur avec des touches elliptiques et un écran à cristaux liquides. Puis on voit de gros cutters de papeterie de forme ovoïde avec des manches nickelés. Aucun des cinq hommes ne semble hésiter. Les gestes sont précis – presque mécaniques – comme s'ils avaient été répétés à de nombreuses reprises.

Les enquêteurs étudieront soigneusement la technique de préparation des pirates du vol American 11 et la compareront avec ce qui s'est passé dans les autres avions. Ils en viendront à la conclusion que tout s'est déroulé de manière absolument similaire sur les quatre appareils attaqués. C'est une mise en scène aussi implacable que macabre.

Ce qui frappe les témoins qui assistent à cette scène, c'est le calme étonnant des terroristes.

L'un d'eux semble être plus jeune que les autres. Il ne doit pas avoir plus de 22 ans. Calmement, il boucle un gros ceinturon de toile tressée autour de sa taille. Un équipement d'origine militaire, comme on peut en acheter dans n'importe quelle boutique de surplus aux USA. On peut apercevoir d'étranges boîtes rouges accrochées au ceinturon de la taille. Elles ont la taille de canettes de soda.

Nul doute que maintenant les cœurs battent plus vite autour du commando. Seuls les passagers des premières classes peuvent apercevoir leurs étranges voisins car un rideau les sépare de la classe économique.

Toute cette opération de préparation dure environ une minute. Jusqu'à présent, les hommes n'ont pas prononcé une parole.

Maintenant, tout va aller très vite. Une hôtesse s'approche du groupe pour savoir ce qui se passe. À cet instant, un pirate la bouscule sans ménagement pour se diriger vers la classe économique. C'est celui qui porte la ceinture de boîtes rouges.

D'un geste brusque, il écarte le rideau et se plante au milieu de l'allée en hurlant :

– *I have got a bomb.* Nous allons faire exploser l'avion si vous ne faites pas ce qu'on vous demande.

Pendant ce temps-là, un second terroriste se précipite sur un passager assis à proximité. Avant même que l'homme n'ait eu le temps de réagir, il lui plante son cutter dans la gorge. Le sang coule. L'horreur est en marche. Le but recherché est de traumatiser les passagers. Il faut leur prouver qu'ils sont confrontés à des adversaires animés d'une volonté farouche et que rien ne pourra arrêter la machine infernale.

Les passagers plongent brutalement en plein cauchemar. Certains hurlent. D'autres se recroquevillent dans leur siège.

L'attention du lecteur doit être attirée sur le fait que ce qui vient d'être relaté n'est pas une interprétation romanesque des événements. *C'est ce qui s'est passé réellement dans les premières minutes du détournement.* Et ce scénario est exactement celui qui va se reproduire dans les autres avions. Avec les mêmes gestes.... les mêmes mots... la même volonté de tuer pour briser toute velléité de résistance.

Les enquêteurs ont eu connaissance de ces détails épouvantables, grâce au témoignage téléphonique d'une hôtesse : Madeline Amy Sweeney. Elle a 35 ans et travaille dans la compagnie depuis douze ans. Originaire d'Acton dans le Massachusetts, elle est maman de deux jeunes enfants.

En direct, la jeune femme va faire une description des scènes épouvantables qui se déroulent dans l'avion. Elle ne sera pas la seule à utiliser son téléphone portable pendant les trente minutes de cette descente aux enfers. Les autres passagers appelleront leur famille pour dire adieu. Ce seront des messages terriblement pathétiques mais qui ne fourniront aucun détail véritablement intéressant pour l'enquête.

Madeline Amy Sweeney aura une démarche très différente... L'hôtesse ne cherche pas à contacter ses enfants car ils sont sur le chemin de l'école. Elle appelle le directeur au sol du *flight service* d'American Airlines. L'homme s'appelle Michael Woodward et elle le connaît bien.

La voix nouée, Madeline fait une description des horreurs auxquelles elle assiste. Malgré l'émotion, le ton est étonnamment calme et le témoignage téléphonique est précis.

– Nous venons d'être piratés, explique-t-elle dans un premier temps.

Les cinq hommes sont passés à l'attaque d'un seul coup. Chacun semble avoir un rôle bien défini. Certains menacent. D'autres tuent sans avertissement. Les agresseurs sont maintenant disséminés dans la cabine mais elle n'en voit que quatre. Avec un calme étonnant, elle les décrit physiquement. Elle leur a parlé avant qu'il ne manifeste leur intention de s'attaquer à l'avion. Ils semblaient normaux, quoique étrangement silencieux.

– Quelles armes ont-ils ?

– Des cutters... Ils ont aussi des petits rasoirs et des couteaux minuscules dissimulés à l'intérieur de briquets.

– Ils ont fait du mal à des passagers ?

Madeline parle de la première victime qui a été assassinée dès le début de l'attaque en première classe. C'était un homme d'un certain âge qui n'a pas eu la force de se défendre. Et puis, elle parle d'un autre meurtre quelques instants plus tard dans la classe économique. L'homme était assis dans les rangées 13 ou 14, elle ne sait plus très bien. Deux pirates se sont jetés sur lui et l'ont tué sans la moindre hésitation. Un terroriste lui a tenu la tête pendant que l'autre lui a ouvert la gorge avec un gros cutter.

L'hôtesse continue à décrire ce qui se passe à quelques mètres d'elle. Par moments, elle chuchote, sans doute de peur d'être découverte. Il y a du sang sur les sièges. Certaines femmes pleurent sans discontinuer. Il y a aussi un homme près d'elle qui sanglote comme un enfant. Au cours de son long contact téléphonique avec le directeur, Madeline Sweeney ne dit pas à quel endroit de l'avion elle se trouve. Elle précise simplement qu'elle peut voir tout ce qui se passe.

Un pirate s'est dressé sur un siège pour mieux être aperçu de l'ensemble des passagers. C'est celui qui porte le ceinturon avec des explosifs rouges. Il crie pour se faire entendre.

– *Don't be afraid... We won't hurt you*[1].

L'homme explique alors que c'est seulement ceux qu'ils ont tués qui les gênaient. Ils n'ont rien contre les autres. L'avion va faire demi-tour pour atterrir à New York. Dans quelques instants, les passagers seront tous au sol sains et saufs !

À l'autre bout de la ligne, Michael Woodward entend lui aussi les étranges appels au calme du pirate. Ce dernier parle parfaitement l'anglais malgré un léger accent du Moyen-Orient. Comment croire à ses paroles alors que certains passagers sont en train d'agoniser dans leur sang ?

Madeline ne pleure pas... Malgré les gens qui gémissent un peu

1. *N'ayez pas peur. On ne vous fera pas de mal.*

partout, elle continue de parler calmement. Le pirate qui porte la ceinture d'explosifs ordonne aux passagers de se lever et de se regrouper au fond de l'avion.

Pendant ce temps-là, deux autres terroristes se dirigent vers le poste de pilotage.

– Est-ce que tu peux contacter les pilotes ? demande Michael Woodward terriblement inquiet.

Madeline dispose d'un poste interphone à proximité. Discrètement, elle décroche le combiné et appelle le poste de pilotage.

Il n'y a pas de réponse... Michael Woodward insiste.

– Essaye encore !

Madeline fait deux autres tentatives. Sans succès.

Quelques instants plus tard, des cris et des hurlements retentissent dans la cabine. Une fois encore, le *ground manager* suit le drame depuis son téléphone. Témoin impuissant, il entend tout ce qui se passe dans son écouteur. Madeline lui explique que quelque chose est en train d'arriver... C'est vers l'avant. Le copilote vient d'être éjecté brutalement du cockpit. Il est ensanglanté. L'hôtesse ne voit pas bien, mais elle croit comprendre que Thomas McGuiness a refusé de quitter sa place. Alors, les terroristes l'ont frappé à coup de cutter.

John Ogonowski, le commandant de bord, refuse également de quitter son poste. Contrairement à son copilote, les pirates ne le poignardent pas. Ils font pire. Pour le faire céder, le pirate en costume chic amène une hôtesse devant la porte. Sans un mot, il l'égorge. Pas la moindre hésitation dans ce geste d'une barbarie sans nom... L'homme tue froidement, respectant un plan d'attaque soigneusement préparé.

Horrifié, John Ogonowski quitte le poste de pilotage et laisse sa place à l'homme en costume. Un de ses complices s'installe avec lui. Les deux navigants sont forcés de s'asseoir par terre dans le *galley* avant. Le copilote semble gravement blessé. Il saigne abondamment.

Les terroristes sont maintenant aux commandes.

De l'endroit où elle se trouve, Madeline ne peut pas voir l'intérieur du poste de pilotage. La porte est fermée. Elle sait seulement que ce sont les deux terroristes qui ont les commandes.

Qui sont-ils ?

C'est Mohamed Atta, le chef du commando qui s'assoit à la place gauche.

À sa droite, dans le rôle du copilote, il y a Wail M. Alsheri. Le premier geste des pirates est de passer le transpondeur du Boeing sur *Off*. En faisant ce geste, ils font disparaître l'identification de l'appareil sur le radar des contrôleurs de Boston. Le numéro de vol (AAL 11) et l'altitude (FL 160) n'apparaissent plus à l'écran. Il ne reste plus qu'un spot non identifié : un écho primaire, comme disent les contrôleurs aériens. L'intention des agresseurs est évidemment de passer inaperçu parmi le trafic civil. Si, par hasard, les autorités américaines réagissaient assez vite pour envoyer la chasse à leurs trousses, elles perdraient beaucoup de temps pour localiser efficacement le Boeing.

Puis, Mohamed Atta coupe tous les postes radio VHF et UHF. Ses gestes sont précis. Cela fait plusieurs mois qu'il s'est entraîné dans une école de pilotage. Il s'est préparé jusque dans les moindres détails. Les enquêteurs retrouveront un grand poster agrafé au mur de sa chambre. Juste en face de son lit... C'est une reproduction photographique parfaitement exacte du tableau de bord du Boeing 767. Un bon moyen de ne pas être dépaysé en arrivant dans un endroit où il n'a jamais mis les pieds.

Une fois les radios et le transpondeur coupés, Mohamed Atta pose les mains sur le manche. Il tire imperceptiblement. Comme le pilote automatique est branché, ça résiste... Il appuie alors sur le petit interrupteur qui déconnecte le système.

L'avion a un soubresaut à peine perceptible. Il est maintenant en pilotage manuel. Entièrement sous le contrôle du terroriste...

À cet instant, l'altimètre indique 16 000 pieds. Mohamed Atta n'hésite pas. Il incline le manche à gauche pour partir en virage. Puis il le redresse. C'est la première fois de sa vie qu'il pilote un avion aussi gros. Le geste manque de précision. Avec son poids maximum de 200 tonnes au décollage, le Boeing est bien plus lourd que tous les appareils sur lesquels le pirate a volé jusqu'ici. Bien que les gouvernes soient assistées par un ordinateur, elles présentent une certaine inertie par rapport à celles d'un petit avion-école. Mohamed Atta essaie les commandes sur les trois axes, elles répondent bien. Il effectue alors un virage de 90 degrés par la gauche puis il redresse l'avion. Mais son mouvement est saccadé. Un peu trop brutal. Il y a des secousses parasites.

Surpris, le terroriste décide de tester l'avion encore une fois pour voir comment il réagit. Il a besoin de se faire la main pour le diriger correctement vers son objectif. Pour cela, il incline le gros appareil successivement à droite et à gauche. Il ne lui faut que quelques secondes pour s'accoutumer à ce pilotage. Le Boeing est d'une grande douceur.

Cette énorme machine de plusieurs dizaines de tonnes est étonnante de facilité.

Dans la cabine, la peur est sur tous les visages. Au moment où l'avion est parti en brusque virage par la gauche, la plupart des passagers se sont de nouveau mis à hurler. Chacun a compris que le gars qui tenait le manche n'était pas vraiment un expert.

Puis il y a eu les mouvements de roulis qui ont encore provoqué quelques réactions de panique. Certains prient maintenant à haute voix. Malgré les paroles rassurantes de l'homme aux explosifs, tous les passagers sont persuadés que leur dernière heure est proche.

Dans le poste de pilotage, c'est Wail M. Alsheri qui seconde Mohamed Atta. Son travail consiste à guider son chef pour qu'il trouve le World Trade Center. À cet instant, l'avion est pratiquement à la verticale d'Albany, la capitale de l'État de New York. Depuis le décollage de Boston, il a déjà parcouru 230 kilomètres. Pour être certain de retrouver les Twin Towers, les terroristes ont apporté avec eux un récepteur GPS Garmin 295.

C'est un des tout derniers modèles de la marque avec un écran couleur et une fonction déroulement de carte étonnante de précision. Le GPS a été posé sur le tableau de bord avec son antenne déployée. Les coordonnées géographiques du World Trade Center y ont été rentrées quelques jours plus tôt. Pour ne risquer aucune erreur, les paramètres ont été vérifiés au pied des tours par Mohamed Atta lui-même. Elles sont de 40 degrés 34 minutes de latitude nord et 73 degrés 59 minutes de longitude ouest.

Le GPS est d'une utilisation extrêmement simple. Après avoir affiché le *user's waypoint* du World Trade Center, Wail M. Alsheri n'a qu'une chose à faire : appuyer sur la touche « *Go to* » pour que l'instrument indique le cap à suivre et la distance restante.

En moins d'une seconde, les éléments sont affichés sur l'écran : les tours du World Trade Center sont à une distance de 200 kilomètres dans une direction plein sud. Il suffit de suivre le cap 183.

Pour cela, le terroriste doit conserver une petite barre au centre d'une ligne graduée. Le GPS indique que l'avion vole à 800 kilomètres à l'heure. Il sera sur les Twin Towers dans quinze minutes.

Reste à descendre... Mohamed Atta est beaucoup trop haut pour pouvoir exécuter son attaque démentielle. Là encore, il lui faudra un certain temps d'adaptation pour maîtriser le trim électrique du Boeing[2].

Sur la partie supérieure du manche se trouve une petite molette agissant sur le compensateur de profondeur.

Le terroriste connaît bien ce système. Il était monté sur tous les appareils de l'école de pilotage où il s'est entraîné. Mais il est habitué à voler sur de petits avions sans inertie. Un gros avion comme ce Boeing 767 réagit avec un certain retard. Mohamed Atta pousse la mollette vers l'avant. Aussitôt, sur la console centrale, une grosse roue se met à cliqueter et l'avion se met en descente. Mais le piqué est trop accentué... La vitesse augmente rapidement. Elle atteint 510 nœuds (950 kilomètres à l'heure). À cette vitesse, le Boeing parcourt 16 kilomètres à la minute. Sur l'écran du GPS, le temps indiqué jusqu'à l'objectif diminue.

Il n'est plus maintenant que de douze minutes.

En cabine, les passagers ont l'impression que le plancher se dérobe sous leurs pieds. La sensation est d'autant plus difficile à supporter que la plupart sont debout à l'arrière. Beaucoup perdent l'équilibre.

L'altitude diminue trop rapidement. Le sol se rapproche. Mohamed Atta corrige l'excès de trim et l'avion se redresse doucement. Quelques secondes plus tard, le taux de chute se stabilise.

Le Boeing passe à la verticale de Roberts Hill, puis Newton Hook. On peut voir les sommets des monts Catskill sur la droite. En fait, la visibilité est si bonne aujourd'hui que les pirates n'auraient même pas besoin de GPS pour trouver les tours jumelles.

À grande vitesse, l'avion suit l'Hudson River qui arrose la petite ville de Kingston, très reconnaissable avec le lac d'Ashokan un peu en retrait. La longue vallée rectiligne du fleuve conduit tout droit à la ville de New York.

À partir de là, il reste six minutes de vol pour atteindre le World Trade Center. Tous les repères au sol sont parfaitement identifiables. L'avion survole la petite ville de Poughkeepsie. Puis c'est Newburg.

Il est maintenant à moins de 4 000 pieds[3].

2. Système de compensation qui permet de diminuer les efforts sur les commandes dans certaines configurations de vol.
3. Environ 1 300 mètres.

À l'arrière de la cabine, certains passagers se sont réfugiés dans les toilettes pour téléphoner à leurs proches. Ce n'est pas le cas de Madeline Amy Sweeney qui continue à parler avec Michael Woodward. Elle doit être à proximité d'un hublot car elle parvient à donner des détails sur le paysage :

– Est-ce que vous avez une idée de l'endroit que vous survolez ?

Madeline parle toujours calmement.

– Je vois de l'eau, une rivière… J'ai l'impression que c'est l'Hudson River… Je vois des buildings, on dirait que c'est la grosse pomme… Oui, c'est ça. On est en train d'arriver à New York…

Woodward ne peut s'empêcher de s'étonner.

– À New York ? Mais pourquoi est-ce qu'ils vous amènent là ?

Puis soudain les nerfs de l'hôtesse craquent. Pour la première fois depuis le début de la prise d'otages, cette femme exceptionnelle se met à pleurer. Elle a compris qu'il n'y avait plus rien à faire. Pourquoi doit-elle mourir aujourd'hui ? Il fait si beau en ce 11 septembre… Elle parle de ses enfants qui sont à l'école en ce moment. Ils ne savent pas ce qui va lui arriver. Elle aurait tellement voulu les entendre une dernière fois :

– Dites-leur que je les aime… Je vous en prie…

Le sol se rapproche encore. Le Boeing fait d'étranges zigzags, comme si le pilote cherchait à se placer sur une trajectoire bien précise. Les habitations défilent de plus en plus vite sous les ailes. Les gratte-ciel sont tout proches. L'Hudson River s'élargit puis se rétrécit au niveau de Manhattan.

Il y a de nouvelles corrections à droite et à gauche.

Madeline pleure :

– Oh mon Dieu… Mon Dieu…

Quelques secondes plus tard, la communication est coupée. Il est **8 h 45.** Agrippé aux commandes, Mohamed Atta n'a pas faibli dans son entreprise criminelle. Le Boeing 767 vient de percuter la tour nord du World Trade Center. L'impact se produit entre le 75e et le 95e étage. L'avion agit comme une gigantesque bombe incendiaire. Les réservoirs contiennent environ 80 000 litres de kérosène. Une flamme énorme jaillit sur la façade. Image terrible qui sera diffusée en boucle sur les télévisions du monde entier. En quelques minutes, la nouvelle tombe dans toutes les agences de presse. Les journalistes s'interrogent. La thèse de l'attentat est dans toutes les têtes. Pourtant, dans un premier temps, on évoque l'hypothèse d'un accident. Une erreur du contrôle aérien ? Une défaillance du pilote ?

Les terroristes qui viennent d'attaquer le vol American Airlines 11 sont[4] :

– **Mohamed ATTA** (assis dans l'avion à la place 8D). Il est le plus charismatique des 19 hommes impliqués dans le complot. Après Oussama Ben Laden, c'est lui l'instigateur, le chef du commando et le grand organisateur de l'attaque du 11 septembre.

Visage carré... Traits incroyablement durs. Tous ceux qui l'ont côtoyé de près ou de loin le décrivent comme un homme glacial, évitant systématiquement le contact des femmes. L'homme est né à Kafr el Sheik, une bourgade située dans le delta du Nil. De nationalité égyptienne, Mohamed Atta a toujours été un élève extrêmement brillant à l'école. Un regard noir dans lequel brille cette étrange lueur propre aux fanatiques. Rien à voir avec l'apparente bonhomie d'un de ses lieutenants Waleed M. Alshehri. Mohamed Atta a 33 ans. Il a résidé à Hambourg en Allemagne où il a émigré en 1992 (les étudiants qui l'ont côtoyé lors des onze années en Allemagne affirment qu'ils ne l'ont jamais vu sourire). De toute la bande des terroristes, il est celui pour lequel le FBI a retrouvé le plus grand nombre d'identités. Parmi tous les pseudonymes qu'il s'est attribué on peut retenir notamment : Mehan Atta, Muhammad Al Amir Awag Al Sayyid Atta, Muhammad Al Sayed, Mohammad Al Amir...

Wail Mohamed Alsheri (assis à la place 2A). Il est de nationalité égyptienne. Il a 33 ans et a habité dans le Massachusetts avant de prendre des cours de pilotage en Floride. C'est lui qui s'installera à la place droite en tant que copilote du Boeing. Les voisins qui ont rencontré Wail Alsheri le décrivent comme un jeune homme souriant, très poli et qui semblait parfaitement adapté à la culture américaine.

4. L'attention du lecteur est attirée sur le fait que les noms des pirates ainsi que l'orthographe de ces noms sont ceux fournis par le FBI. Ce sont pour certains des patronymes assez répandus dans les pays arabes en général et en Arabie Saoudite en particulier (c'est le cas notamment d'Alshehri). Ces noms sont orthographiés à partir de leur prononciation en arabe et peuvent donc s'écrire de plusieurs manières. En outre, les pirates eux-mêmes ont utilisés de nombreux pseudonymes, dont certains étaient parfois proches de leur nom véritable. De ce fait, après la publication de la liste des pirates, certains homonymes saoudiens se sont manifestés pour faire savoir qu'ils n'avaient rien à voir avec les attentats du 11 septembre. Ainsi, un stagiaire pilote de ligne saoudien à Royal Air Maroc du nom de Waleed M. Alsheri a évidemment démenti être celui se trouvant à bord du vol AAL 11.

Waleed Muhamad Alshehri (assis à la place 2B). Il est de nationalité saoudienne. Malgré un nom très proche de l'homme ci-dessus, il n'est pas de la même famille. Difficile de lui donner un âge précis. À chaque fois que Walid M. Alshehri remplit un formulaire, il utilise une date de naissance différente. On en recense ainsi plus d'une dizaine dans lesquelles il se donne entre 21 et 29 ans... L'homme a une bonne tête ronde, plutôt sympathique avec un allure plus mexicaine qu'arabe. Un de ses voisins en Floride le décrit comme « un représentant de commerce bien propre qui frappe à votre porte pour vous vendre des assurances-vie et qu'on finit par laisser rentrer parce qu'il a un sourire rassurant ».

Satam Al Suquami (assis à la place 10B). Il a 25 ans. De nationalité saoudienne, il a pourtant habité plusieurs années aux Émirats arabes unis. Satam Al Suquami fait plus jeune que son âge, on lui donnerait tout juste 20 ans. Avec des cheveux coupés très court et ses oreilles légèrement décollées, il présente une vague ressemblance avec Will Smith, l'acteur de *Men in Black*. Il ne semble pas que Satam ait pris des cours de pilotage. Il est certainement celui qui portait la ceinture d'explosifs.

Abdulazziz Alomari (assis à la place 8G). Ce Saoudien de 22 ans habitait Hollywood, Floride. Comme la plupart de ses complices, il a suivi des cours de pilotage, mais il n'a pas pris les commandes de l'avion.

Les trois autres attaques

United Airlines 175.

À 8 h 47, soit exactement deux minutes après que le vol American 11 eût percuté la première tour, le vol United Airlines 175 (un Boeing 757 qui a également décollé de Boston) effectue un brusque virage à gauche. Puis il se met brusquement en descente, manquant au passage de percuter un vol de la compagnie Delta Airlines qui arrivait en dessous sur une route convergente perpendiculaire.

Le Boeing prend la direction d'Atlantic City tout en perdant de l'altitude. Son transpondeur ne répond plus. Sa radio semble coupée. Aussitôt, l'alerte générale est donnée dans le centre de contrôle du nord-est. Les responsables militaires commencent à comprendre qu'il ne s'agit pas d'une coïncidence. Quelque chose de terrible est en train de se préparer. Sur la base d'Otis, les pilotes d'avions de chasse F-15 se précipitent vers leurs machines.

Dans un premier temps, les contrôleurs aériens voient le Boeing disparaître de leurs écrans radars. Ce n'est plus qu'un écho primaire qui se mêle à ceux de dizaines de petits avions.

Puis étrangement, les pirates décident de rebrancher leur transpondeur mais en changeant le code qui leur a été affecté. Ils pensent ainsi désorienter les contrôleurs. C'est une erreur car ils sont ainsi de nouveau repérables au radar.

À 8 h 51, le Boeing fait un second virage à gauche très serré en direction de New York. Plus aucun doute... Il se dirige vers Manhattan. Devant leurs écrans radars, les contrôleurs sont horrifiés. Rien ne semble pouvoir arrêter ce nouvel obus bourré d'hommes et de femmes.

Son taux de chute augmente. Il atteint près de 7 000 pieds par minute.

À 9 h 05, soit vingt minutes après la première attaque, la seconde tour est percutée de plein fouet. L'impact a lieu entre le 63e et le 78e étage. À cet instant, dans beaucoup de services de contrôle aérien, la désorganisation est totale.

Personne ne sait ce qui se passe vraiment. On a reproché au système d'alerte américain d'être lourd et trop cloisonné pour permettre une bonne circulation de l'information en cas d'urgence. C'est sûrement vrai. Ainsi, il se passe un incident révélateur dans le centre de contrôle de New York « NYARTCC[5] ». Alerté par la disparition soudaine du vol UAL 175, un contrôleur n'a d'autre solution que de débouler à la cafétéria pour avoir des nouvelles par la télévision. À cet instant, certains de ses collègues sont en train de regarder la chaîne ESPN[6].

– On peut mettre CNN ?

Immédiatement, on proteste autour de lui.

– Ça pourrait pas attendre ?

– Non, il paraît qu'ils donnent des détails sur un vol qu'on a perdu !

Stupéfaits, les contrôleurs changent alors de chaîne et apprennent qu'un avion vient de s'encastrer dans la deuxième tour du World Trade Center. Ils n'avaient même aucune idée qu'un premier avion avait déjà percuté une tour. Pourtant, c'était vingt minutes plus tôt.

Sous couvert d'anonymat, un contrôleur du NYARTCC reconnaît aujourd'hui :

– Nous ne savions absolument pas de quel avion il s'agissait. Il y avait des rumeurs qui parlaient d'un Boeing 737, mais en regardant la grosseur du trou dans l'immeuble, nous avions l'impression qu'il s'agissait d'un avion beaucoup plus petit. On pensait qu'il s'agissait d'un bimoteur. Nous avons alors téléphoné à nos collègues de l'aéroport de La Guardia pour qu'ils nous confirment ce qu'ils avaient vu avec leurs jumelles vers le World Trade Center. Eux-mêmes n'étaient pas certains du vol qui venait de se planter sur les tours.

À partir de cet instant, le monde entier se fige devant les informations télévisées. D'un bout à l'autre de la planète, chacun a conscience que plus rien ne sera jamais pareil. C'est un tournant de l'histoire des États-Unis.

Les pirates de l'air qui viennent de précipiter le vol UAL 175 sur la tour sud sont :

– Marwan Al Shehhi.

– Fayez Rashid Ahmed Hassan Al Qadi Banihammad.

– Ahmed Alghamdi.

– Hamza Alghamdi.

– Mohand Alshehri.

5. New York Air Route Traffic Control Center. Ce centre est situé à RonKonhoma à 50 kilomètres à l'est du World Trade Center.
6. Chaîne de sport.

American Airlines 77.

Le contrôle radar d'Indianapolis (dont l'indicatif radio est « Indy ») s'occupe du secteur d'Henderson.

À **8 h 50,** « Indy » a autorisé le vol American Airlines 77 à se diriger directement vers la balise de Falmouth, située près du lac de Hunt City. À cet instant, l'avion est stabilisé sur son niveau de croisière de 35 000 pieds. Il survole l'État de Virginie, et approche de la frontière entre le Kentucky et l'Ohio.

Depuis son décollage de Washington, quarante minutes plus tôt, il a parcouru près de 450 kilomètres.

Le commandant de bord a accusé réception normalement du message envoyé par le contrôle aérien. Il s'appelle Charles Burlingame, c'est un ancien de l'US Navy. Il est père et même grand-père depuis quelques jours. L'homme est fou de joie. Avant de prendre les commandes pour ce vol, il a annoncé à tout le monde qu'il était pressé de rentrer chez lui pour fêter l'heureux événement.

Le copilote s'appelle David Charlebois. Son meilleur ami, Travis White, parle souvent de lui en disant : « Il est beau, il est heureux et il mène la vie dont tout le monde rêve.»

Il y a trois hôtesses à bord du vol 77 : Michele Heidenberg, Renée May et Jennifer Lewis. Il y a également un steward : Keneth Lewis, qui est le mari de Jennifer. Il faut noter que les deux époux demandent très souvent à travailler ensemble afin de pouvoir profiter au maximum l'un de l'autre.

Tout semble se dérouler normalement à bord de ce Boeing 767 qui se dirige lui aussi vers Los Angeles.

Six minutes plus tard, « Indy » rappelle :

8 h 56 mn 32 sec (contrôle d'Indianapolis, secteur Henderson) : *American 77, Indy vous me recevez ?*

Pas de réponse...

8 h 56 mn 46 sec (contrôle d'Indianapolis, secteur Henderson) : *American 77, Indy, comment me recevez-vous ?*

Toujours pas de réponse.

Nouvel essai du contrôleur, sans plus de résultat. Sur la fréquence, on entend d'étranges sifflements. Tout se passe comme si quelqu'un cherchait à passer un message en appuyant en permanence sur le bouton sans placer le micro devant ses lèvres. Les spécialistes aéronautiques appellent ce phénomène une saturation de fréquence. Que se passe-t-il ? Le contrôleur s'inquiète...

8 h 56 mn 52 sec (contrôle d'Indianapolis, secteur Henderson) : *American 77, ici Indy... Est-ce que vous pouvez vérifier votre radio ? Je ne vous reçois pas !*

Pendant les trois minutes qui suivent, le contrôleur va tenter de contacter le vol AAL 77 à six reprises. Finalement, n'obtenant aucune réponse, il décroche son téléphone et appelle le « dispach » d'American Airlines. Son idée est de demander à la compagnie d'utiliser sa propre fréquence pour qu'elle contacte son vol[7]. Peut-être l'appareil a-t-il un problème sur un des postes VHF ? Les communications téléphoniques à partir des centres de contrôle sont systématiquement enregistrées. Voici le contenu de ce qui s'est dit ce matin-là :

8 h 58 mn 08 sec (contrôle d'Indianapolis, secteur Henderson) : *Allo ?*

8 h 58 mn 14 sec (compagnie American Airlines) : *American Dispatch Jim MacDonnel, bonjour ?*

8 h 58 mn 19 sec (contrôle d'Indianapolis, secteur Henderson) : *Bonjour, c'est le centre d'Indianapolis... On a un problème. On essaie de contacter American 77 et on n'y arrive pas...*

8 h 58 mn 23 sec (dispatch American Airlines) : *Heu... Indy, attendez une seconde s'il vous plaît...*

8 h 58 mn 25 sec (contrôle d'Indianapolis, secteur Henderson) : *Quoi ?*

8 h 58 mn 32 sec (dispatch American Airlines) : *Attendez une seconde, s'il vous plaît.*

8 h 58 mn 32 sec (contrôle d'Indianapolis, secteur Henderson) : *D'accord, d'accord.*

Le contrôleur a du mal à cacher son agacement de voir son interlocuteur lui porter aussi peu d'intérêt. Il vient tout de même de lui annoncer qu'il a perdu le contact radio avec un avion de sa compagnie. Et l'autre lui demande de patienter... Enfin, au bout de quelques secondes, le dispatcher reprend la ligne.

8 h 58 mn 30 sec (dispatcher AAL) : *Quel avion est-ce que vous essayez de contacter ?*

7. Contrairement aux fréquences de contrôle qui sont en VHF, les fréquences « Selcal » réservées aux compagnies sont en HF et utilisent des relais radio disséminés à travers le monde (Stockholm, Berne, etc.).

8 h 58 mn 31 sec (contrôle d'Indianapolis, secteur Henderson) : *American Airlines 77... On a perdu le contact.*

8 h 58 mn 32 sec (dispatcher AAL) : *D'accord.*

8 h 58 mn 33 sec (contrôle d'Indianapolis, secteur Henderson) : *On l'a perdu sur la fréquence 120.27...*

Tout en parlant au téléphone, le contrôleur continue à suivre le spot du Boeing qui se déplace sur son écran radar. Celui-ci a toujours un cap vers l'ouest. Il est en train de franchir la frontière entre le Kentucky et l'Ohio.

8 h 58 mn 35 sec (dispatcher AAL) : *D'accord. 120.00 ?*

8 h 58 mn 36 sec (contrôle d'Indianapolis, secteur Henderson) : *Non, 120.27... On était en train de lui parler et puis tout à coup plus rien... Juste comme ça !*

8 h 58 mn 38 sec (dispatcher AAL) : *D'accord. D'accord... On va le contacter pour vous. Ne quittez pas.*

8 h 58 mn 40 sec (contrôle d'Indianapolis, secteur Henderson) : *Merci, monsieur.*

Tout en attendant que le dispatcher lui donne le résultat de ses recherches, le contrôleur surveille son radar. Et tout à coup, son cœur fait un bond dans sa poitrine. Sur son écran, le marquage d'identification du Boeing vient de disparaître : plus d'altitude... plus de numéro de vol. Le spot est toujours là mais ce n'est plus que la tache claire d'un écho primaire. Et il y a pire ! L'avion est en train de faire un demi-tour par la gauche. Que se passe-t-il ?

Tenant toujours le combiné téléphonique coincé contre son oreille, le contrôleur tente une nouvelle fois de rentrer en contact avec le vol AAL 77.

8 h 58 mn 41 sec (contrôle d'Indianapolis, secteur Henderson) : *American Airlines 77... Indy Center... Comment me recevez-vous ?*

Aucune réponse.

8 h 58 mn 51 sec (contrôle d'Indianapolis, secteur Henderson) : *American 77... Ici Indy. Pour vérification radio... Comment me recevez-vous ?*

9 h 00 mn 25 sec (contrôle d'Indianapolis, secteur Henderson) : *Bon sang, American 77... Comment me recevez-vous ?*

À chaque nouvelle tentative, la voix se fait plus inquiète. C'est maintenant de l'angoisse qui perce dans les appels.

Ces demandes répétées sont entendues par plusieurs dizaines de pilotes en vol dans le secteur. Tout le monde comprend qu'il se passe quelque chose de grave sur le vol 77. Du coup, un autre vol d'American Airlines propose son aide au contrôleur.

9 h 00 mn 29 sec (American Airlines 2493) : *Indy, 2493, on peut vous dire deux mots ?*

9 h 00 mn 31 sec (contrôle d'Indianapolis, secteur Henderson) : *Oui, allez-y 2493, je vous écoute.*

9 h 00 mn 33 sec (AAL 2493) : *Eh bien... Heu... On est en contact nous aussi avec notre dispatch. On va leur demander de contacter American 77 pour lui dire de passer sur 127.27. Qu'est-ce que vous voulez qu'on leur transmette comme message ?*

Le contrôleur répond dans un souffle.

9 h 00 mn 41 sec (contrôle d'Indianapolis, secteur Henderson) : *Heu... On l'a perdu... On l'avait dans le secteur ouest de notre espace. Ils se sont dirigés vers la côte. Et on n'a plus d'identification. Ils ne disent rien. Alors on ne sait pas vraiment ce qui leur arrive. On essaye d'entrer en contact avec eux mais ça ne passe pas. On a également contacté votre compagnie... Merci pour votre aide...*

Indianapolis ne parviendra pas à reprendre contact avec l'avion. Impuissant, le contrôleur ne peut que suivre ce spot fantôme qui passe maintenant à la verticale de la ville de Huntington. L'avion est à 500 kilomètres de son point de départ et il semble vouloir y retourner. Au même instant, dans le salon de repos proche des salles radars, Kelly Wilson, une secrétaire, allume un poste de télévision branché sur CNN. Ce qu'elle voit sur l'écran la fait frémir. La tour nord du World Trade Center est en flammes. Aussitôt, la jeune femme rameute les contrôleurs qui ne sont pas de service. Ils arrivent juste à temps pour voir le second Boeing s'encastrer dans la tour sud. Il est **9 h 05**. Chacun pense alors au vol American 77 dont ils viennent de perdre le contact radio. Ce n'est plus qu'un écho primaire qu'ils ont du mal à suivre sur leurs radars mais il semble foncer vers Washington.

Certains contrôleurs se retirent pour prier ! Les minutes passent, chargées d'angoisse...

Il est environ **9 h 15** à Washington lorsque Théodore Olson reçoit un coup de téléphone. C'est son épouse Barbara, une journaliste, ancien procureur général, qui travaille maintenant comme commentatrice judiciaire pour CNN.

Elle est à bord du vol American Airlines 77 qui a décollé ce matin pour Los Angeles. Son départ était normalement prévu la veille mais elle a préféré repousser de vingt-quatre heures afin de passer la soirée d'anniversaire en compagnie de son mari.

La ligne téléphonique n'est pas très bonne et pourtant Ted Olson comprend que son épouse est bouleversée.

– Nous avons des pirates à bord de l'avion, dit-elle. Ils nous ont détournés. Je crois qu'ils vont nous tuer.

D'une voix étrangement essoufflée, la passagère donne alors des détails sur ce qui se passe autour d'elle. Tous les passagers ainsi que l'équipage ont été repoussés à l'arrière. L'un des pilotes est blessé. Il y a des morts. Ils ont été égorgés sauvagement... C'est un carnage.

Avant que Ted n'ait eu le temps de poser des questions, Barbara raccroche. Elle semble avoir peur d'être surprise en train de téléphoner.

Quelques minutes plus tard, elle rappelle. Cette fois, la communication ne dure que quelques secondes. Ce sont quelques rapides mots d'adieu.

Terriblement inquiet, Théodore Olson contacte sa secrétaire au ministère de la Justice. Il est substitut du procureur et son premier réflexe est d'appeler son bureau pour demander de l'aide et donner l'alerte.

À 9 h 30, deux F-16 décollent de la base de Langley en Virginie pour tenter d'intercepter le vol American Airlines 77. Les chasseurs n'arriveront pas à temps. Nous reviendrons plus loin sur les raisons de ce retard...

Les contrôleurs aériens suivent l'avion sur leurs écrans radars. Lorsque l'appareil arrive à la verticale de Washington, il semble être aux environs de 3 000 pieds[8]. Sa vitesse est de l'ordre de 380 nœuds (700 kilomètres à l'heure). Dans un premier temps, le Boeing effectue un survol de la ville en faisant un large virage de 270 degrés. Des milliers de témoins voient l'avion en train de tourner sur l'agglomération. Il est pratiquement acquis aujourd'hui que le pirate aux commandes cherche à repérer la Maison Blanche. Il a l'intention de s'écraser dessus. Pourtant, la demeure présidentielle n'est pas facile à

8. Environ 1 000 mètres. Ce chiffre ne provient que d'une estimation visuelle de la part de témoins au sol puisque le transpondeur de l'avion est coupé.

apercevoir du ciel. Même en longeant le Potomac, il faut bien connaître la ville pour trouver le bâtiment un peu dissimulé par la verdure de la National Gallery of Art. Le terroriste cherche mais il ne trouve pas. Par contre, de l'autre côté du Potomac, il y a le Pentagone. Avec ses formes géométriques caractéristiques, l'immense bâtiment est parfaitement visible en bordure d'Arlington au nord de Ronald Reagan Airport. Impossible de se tromper. En désespoir de cause, le terroriste se résout alors à prendre pour cible le quartier général de l'armée des États-Unis.

L'homme aux commandes est habile. Dans la dernière partie de son attaque sur le Pentagone, il descend à basse altitude et parvient à échapper aux radars. Parmi tous les terroristes, il semble être celui qui maîtrise le mieux la technique de pilotage. Les experts ont reproduit la trajectoire qu'il a suivie. Elle était parfaitement stabilisée dans le dernier secteur. C'était d'autant plus difficile que, contrairement aux tours du World Trade Center, le Pentagone est une cible peu élevée donc plus difficile à atteindre à grande vitesse.

À 9 h 39, le vol American Airlines 77 s'écrase sur le centre névralgique de l'armée américaine. Le symbole de la plus grande puissance militaire du monde. Un endroit que les Américains croyaient invulnérable... Il percute le second étage du bâtiment avec un angle de piqué de 45 degrés. Les 59 occupants de l'appareil sont tués sur le coup. Il y a 125 victimes au sol : des militaires, des civils, des contractuels travaillant avec la Navy et l'armée. Les 75 000 litres de kérosène provoquent un immense incendie qui se propage rapidement. En quelques secondes, la température dans le bâtiment atteint près de 600 degrés. Rongés par les flammes, la structure métallique et le toit finissent par s'écrouler trente et une minutes plus tard, à **10 h 10.**

Certains petits malins ont essayé de faire croire qu'il n'y avait jamais eu d'avion sur le Pentagone. Nous reviendrons plus loin sur cette théorie.

Les pirates de l'air qui ont investi l'appareil sont :

– **Khalid Al Midhar** (assis à la place 12B). C'est lui qui a pris les commandes.

– **Majeb Moqed** (assis à la place 3B). Il a pris la place du copilote.

– **Nawaf Alhamzi.**

– **Salem Alhamzi** (assis à la place 5F).

– **Nani Hanjour.**

Tous sont de nationalité saoudienne.

ET PUIS IL Y A LE CAS EXCEPTIONNEL DU VOL

United Airlines 93...

On ne peut évoquer les attentats du 11 septembre sans rendre un hommage tout particulier au courage extraordinaire des passagers du quatrième avion : le vol United Airlines 93. Pour l'Amérique, ces hommes et ces femmes sont devenus de véritables héros car ils se sont battus... Meurtres, intimidation et terreur... Pour la première fois, l'épouvantable machine à tuer imaginée par les terroristes va se gripper. Ce sera leur premier échec. Dès le début, les choses vont prendre une tournure imprévue. En premier lieu, il n'y a que quatre terroristes au lieu des cinq présents à bord des autres vols... Zacharias Moussaoui, le cinquième homme (appelé également le vingtième homme), a été mis en état d'arrestation trois semaines plus tôt (le 16 août) par le FBI dans la banlieue de Minneapolis.

L'homme a été arrêté à son motel pour violation des lois sur l'immigration. Son visa était périmé. À l'origine, Moussaoui était celui qui devait prendre les commandes du Boeing. Tout l'entraînement qu'il a reçu n'a servi à rien. Pour les terroristes, c'est une perte sèche. Nul, doute que cette défection involontaire leur a posé un grave problème inattendu. Un mois avant l'attaque, il leur a fallu transformer le « copilote » en « commandant de bord » et prévoir un homme de moins dans la cabine pour intimider les passagers.

Infériorité numérique et qualification insuffisante ne seront pas les seules difficultés qui vont se présenter aux pirates. Il y a un problème de timing : dans la chronologie des attaques, le vol UAL 93 aurait dû être le second à décoller. Il aurait dû partir deux minutes exactement après l'American Airlines 11.

Or, ce jour-là, l'avion est très en retard.

Voici comment les choses se sont déroulées.

Tout commence mal pour les 37 passagers du vol 93. Lorsqu'ils arrivent à l'aérogare de Newark[9], ils ont la désagréable surprise de découvrir que les portes du terminal A sont ceinturées par un ruban jaune

9. Aéroport situé pratiquement à New York (à 20 kilomètres au nord-ouest des tours du World Trade Center).

« *Police Line – Do not cross* ». Infranchissable ! Un incendie s'est produit deux jours plus tôt dans l'aéroport. Certains bâtiments sont fermés. On leur demande de bien vouloir rejoindre la porte 17 du terminal A en faisant un large détour par l'extérieur. Les pauvres doivent partir à pied avec leurs bagages en empruntant un circuit compliqué.

Mauvais début de journée.

Ce n'est pas tout... Après des formalités d'enregistrement laborieuses, les passagers embarquent et le Boeing quitte son terminal à **8 h 01**. Or il lui faut exactement quarante minutes pour rejoindre la piste 04 gauche. La raison de ce temps de roulage prohibitif vient du fait que des ouvriers procèdent à divers travaux de réfection sur les *taxiways*. Du fait du nombre important d'avions au sol, il y a un véritable embouteillage sur l'aéroport. Le Boeing 757 devra faire la queue derrière plusieurs dizaines d'autres appareils avant d'être autorisé à décoller. Ce retard va jouer un rôle capital dans le déroulement de l'attaque.

Dans le poste de pilotage se trouve le commandant de bord : Jason Dahl, un pilote de 43 ans, marié et père d'un fils de 14 ans. C'est un homme comblé, aussi bien dans sa vie professionnelle que familiale. Dans trois jours, Jason a prévu d'emmener sa femme Sandra en vacances à Londres. C'est un cadeau pour fêter leur cinquième anniversaire de mariage.

À côté de lui se trouve son copilote LeRoy Homer, un *Black* de 36 ans, ancien pilote de l'US Air Force qui volait sur C 141 Starlifter. Lui aussi est marié avec une jolie *Black* qui s'appelle Melody. Elle lui a donné une petite fille ravissante prénommée Laurel. L'enfant a 11 mois.

Outre les deux pilotes, il y a cinq hôtesses à bord : Lorraine Bay, Sandra Badshaw, Wanda Green, CeeCee Lyles et Deborah Welsh.

Il n'y a pas de steward.

L'avion décolle finalement de Newark à **8 h 41**. Dès que les roues ont quitté le sol, Jason Dahl vire à gauche et prend un cap ouest pour une traversée des États-Unis jusqu'à San Francisco. Son arrivée est normalement prévue à 11 h 19 en heure locale de la côte ouest.

Il est **8 h 45** lorsque le Boeing survole Yardley Village. New York se trouve à 40 kilomètres derrière lui et, à cet instant précis, une première bombe humaine s'encastre dans la tour nord du World Trade Center.

Les passagers du vol UAL 93 ne se doutent de rien. Comme dans tous les autres vols, leurs agresseurs se sont installés en première classe. Ce choix est évidemment stratégique. Les *first class* sont toujours à l'avant et la porte du cockpit est toute proche. Les pirates sont bien conscients qu'au moment de l'attaque l'effet de surprise est crucial. Chaque seconde compte pour eux. Par ailleurs, il y a moins de monde en première, il est donc plus facile de maîtriser toutes les velléités de rébellion.

Le vol UAL 93 est presque vide en ce matin du 11 septembre. Il n'y a que 37 places occupées sur les 182 disponibles dans le Boeing. Comme toujours dans ce genre de circonstances dramatiques, le destin est intervenu pour donner quelques coups de pouce fatals.

Certains passagers n'ont pas eu de chance.

C'est le cas de Lou Nacke, assis à la rangée 12... Ce matin-là, l'homme est parti en retard de chez lui. Il a eu beaucoup de mal à trouver un taxi. Puis il est resté bloqué dans les embouteillages. Enfin, comme tous les autres passagers, il a dû faire ces détours interminables pour rejoindre la porte 17. Lorsque, à bout de souffle, il est enfin arrivé au comptoir, il était persuadé d'avoir raté son avion. Il a été presque surpris que la fille au guichet accepte de lui vendre un billet à la toute dernière minute : « Il avait beaucoup de chance. L'avion était en retard. »

Une chance ?

Il en va de même pour Jeremy Click. L'homme aurait dû prendre le vol d'hier, mais il l'a raté à cause des embouteillages dans Manhattan.

Il sera donc à bord de l'UAL 93.

C'est encore le cas de Laureen Grandcolas. Elle aurait dû prendre l'avion cet après-midi pour San Francisco... mais elle s'est dit qu'elle pouvait éviter de traîner inutilement pendant des heures dans l'aérogare. Alors, elle est allée au comptoir de la compagnie et elle s'est fait transférer sur le vol 93 qui partait tout de suite.

Même chose pour Christine Snyder qui devait partir à 9 heures sur le vol UAL 91 et s'est fait permuter pour partir une heure plus tôt.

Le plus incroyable est certainement le cas de Mark Bingham assis en première classe à la place 4D... L'homme est arrivé tellement en retard à l'aéroport que les portes de l'avion étaient fermées. Dans un premier temps, la fille de l'enregistrement a refusé de lui délivrer une carte d'embarquement. Elle lui a proposé de prendre le vol suivant, mais, devant son air catastrophé, elle a accepté d'appeler le « superviseur » de United Airlines. Celui-ci a contacté l'équipage qui n'avait pas encore mis les réacteurs en route. « Est-ce qu'on pouvait faire une exception ? Mark Bingham avait un billet de première classe, il était un fidèle client de la compagnie... » Après quelques secondes d'hésitation, le commandant de bord a accepté de rouvrir la porte pour le laisser monter à bord. Fait rarissime, en général on ne rouvre pas les portes d'un avion pour embarquer un passager.

C'était écrit...

À 8 h 50, alors que le Boeing 757 prend de l'altitude vers l'ouest, le drame a commencé dans les trois autres avions. Déjà, les contrôleurs aériens sursautent en voyant les brusques changements de route des appareils détournés. Il y a des appels inquiets sur les fréquences. L'alerte est donnée à travers les médias. Les télévisions interrompent leur programme pour des flashs spéciaux.

Dans le Boeing du vol 93, personne n'est au courant de ce qui se passe à New York. L'avion continue sa montée vers son altitude de croisière. Respectant parfaitement son plan de vol, il s'engage au-dessus de la Pennsylvanie.

La seule alerte vient d'un message à diffusion générale de la compagnie United Airlines à tous ses équipages. Sur l'écran de l'EFIS, un texte avertit tous les équipages de prendre garde aux intrusions de passagers violents dans les cockpits.

Jason Dahl accuse réception du message et poursuit sa route, persuadé qu'il n'est pas concerné.

Vingt minutes plus tard, le calme règne toujours à bord. Contrairement à leurs complices, les pirates du vol 93 ne passent pas immédiatement à l'attaque. Pourquoi attendent-ils ? Est-ce parce qu'ils ne sont que quatre ? Éprouvent-ils une certaine angoisse ? Leur plan est-il différent ? Ont-ils prévu d'attendre que Georges W. Bush ait rejoint le bureau ovale pour gérer la crise pour tenter de le tuer en s'écrasant sur la Maison Blanche. Nul ne le sait. L'avion continue sa route vers l'ouest.

Il atteint son altitude de croisière et se stabilise à 33 000 pieds. À **9 h 20**, il a déjà parcouru près de 500 kilomètres depuis Newark. En cabine, les hôtesses commencent à préparer les plateaux-repas dans les chariots.

C'est à **9 h 30** que la machine infernale se met en marche. Le scénario est exactement le même que pour les trois autres avions. Les quatre hommes fouillent dans leurs poches. Ils en sortent des bandanas rouges qu'ils ceignent autour de leur front. Même look moyen-oriental. Même technique de préparation et même inquiétude de la part des passagers autour d'eux.

Puis l'un des quatre hommes se lève brusquement. Lui aussi porte une ceinture sur laquelle sont fixées d'étranges boîtes rouges.

Il hurle les mêmes mots :

– *I have got a bomb !*

Au début, tout se déroule selon le plan prévu. Appliquant leur effroyable technique, deux hommes se ruent sur une vieille dame assise en première classe et l'égorgent sans hésiter. À chaque fois, la première victime est une personne âgée, et ce afin de rencontrer un minimum de résistance.

La vue du sang terrorise les autres passagers qui obéissent aussitôt.

Le pirate aux explosifs ne cesse de hurler :

– Tout le monde debout ! Vite ! Allez vous mettre au fond de l'avion. *Hurry up... Hurry up...*

Terrorisés, les malheureux passagers obtempèrent. Que faire d'autre ? Les 36 rescapés se retrouvent tassés dans les dernières rangées. Très peu s'assoient sur les sièges libres. Quelques-uns pénètrent dans le *galley* arrière réservé aux hôtesses. D'autres se réfugient dans les toilettes pour y chercher une fausse sensation de sécurité. Étrange cocon dans lequel ils ne voient ni n'entendent les terroristes.

Respectant un scénario à présent terriblement classique : deux pirates égorgent une hôtesse et investissent le poste de pilotage pour prendre les commandes.

À 9 h 38, le Boeing arrive à la verticale d'Akron, une petite ville juste au sud de Cleveland. C'est là qu'il commence à perdre insensiblement de l'altitude. Rien à voir avec les plongeons impressionnants entamés par les autres appareils. La descente est à peine perceptible. En une minute, il est à 32 000 pieds au lieu des 33 000 prévus.

En fait, il est probable que le pirate aux commandes ait déconnecté le pilote automatique mais qu'il ait du mal à contrôler la descente. Cela n'empêche pas le contrôleur aérien de remarquer aussitôt l'anomalie. Il appelle et demande donc au pilote de vérifier son altitude.

Pas de réponse.

Le contrôleur rappelle et il a soudain la surprise d'entendre une voix rocailleuse sur la fréquence. L'homme a un fort accent étranger :

– C'est votre commandant qui vous parle, il y a une bombe à bord. Restez calmes. Nous sommes obligés de retourner à l'aéroport de Newark. Tenez-vous tranquilles et tout se passera bien.

En fait, le pirate croit s'adresser aux passagers par l'intermédiaire du *public adress*[10]. Mais il se trompe. En réalité, il utilise le micro de la radio. Cette erreur grossière montre à quel point les hommes aux commandes sont des néophytes puisque la seule utilisation d'un interphone de bord se passe mal.

Du fait de cette maladresse, c'est le contrôle aérien qui reçoit le message destiné aux otages. Bien évidemment, tous les avions en vol dans la zone l'entendent également. Pas vraiment discret !

Le contrôleur comprend immédiatement qu'il n'a pas affaire à un plaisantin. Les questions fusent sur la fréquence pour tenter d'en savoir plus sur la situation à bord. Mais le pirate a réalisé son erreur et il ne répond plus.

Comme pour les autres vols, le transpondeur est coupé et les communications sont interrompues.

Les terroristes qui viennent de prendre l'avion sont :

– **Ziad Samir Jarrah,** 28 ans (assis à la place 5A).

– **Saeed Alghamdi,** 25 ans.

– **Ahmed Alnani.**

– **Ahmed Ibrahim Al Haznawi** (le 15 avril 2002, la chaîne de télévision Aljazirah diffusera son testament vidéo dans lequel il explique qu'il se prépare à mourir dans une opération contre les États-Unis).

C'est Ziad Samir Jarrah qui joue le rôle de pilote aux commandes de l'avion. En place droite, comme copilote, il y a Saeed AlGhamdi.

Conformément au plan prévu, les deux hommes ont amené une hôtesse devant la porte du cockpit et ont demandé aux pilotes de leur céder leur place. Même technique barbare. Lorsque le commandant Jason Dahl a refusé, ils ont égorgé la jeune femme sous ses yeux.

Horrifiés, Jason et LeRoy Homer ont cédé et sont allés s'asseoir dans le *galley* avant.

10. L'interphone qui permet au commandant de donner des informations aux passagers en cabine.

C'est à l'arrière de l'avion parmi les passagers regroupés que les choses vont prendre une tournure inattendue. Encore une fois, ce sont les téléphones portables qui permettent de savoir ce qui s'est passé.

Thomas Burnet est vice-président d'un laboratoire de recherche californien. Dès les premières secondes de l'attaque, il utilise son mobile pour appeler sa femme Deena en Californie. À cet instant, celle-ci est en train de préparer le petit déjeuner pour ses trois filles.

– C'est terrible. Nous avons des pirates de l'air à bord, lui dit-il. Ils nous ont détournés, je ne sais pas ce qu'ils veulent ! Ils ont poignardé un type et une hôtesse.

À l'autre bout du fil, Deena se met à pleurer.

– Dis-moi ce que je dois faire ?

– Tu appelles le FBI, tu leur dis que ton mari est à bord d'un vol pour San Francisco. Tu leur racontes ce qui se passe ! N'oublie pas de leur donner le numéro de vol : UAL 93. Je te rappelle dans un moment.

Burnet raccroche pour permettre à son épouse de prévenir les autorités. Lorsqu'il la recontacte quelques minutes plus tard, elle a fait ce qu'il lui a demandé. Les fédéraux sont prévenus. Ils envoient des voitures chez elle. Pour faciliter les communications, la jeune femme a récupéré un second téléphone portable chez un voisin. Elle a les agents du FBI sur l'autre ligne.

Par l'intermédiaire de Deena, les fédéraux commencent alors à poser des questions à Thomas Burnet. Celui-ci leur fait alors une description précise des agresseurs. Trois semblent assez jeunes, un autre est plus âgé. C'est ce dernier qui semble avoir pris les commandes de l'avion. Il ne le voit plus... Thomas décrit les terroristes comme des « *Iraniens* ». Les deux qui sont toujours dans la cabine passent leur temps à vociférer des menaces à leur encontre. Ils semblent terriblement déterminés. À chaque geste suspect, ils annoncent qu'ils vont tout faire sauter. Burnet n'est pas le seul à appeler sa famille. Tout autour de lui, de nombreux passagers ont sorti leur téléphone portable. Tout le monde parle en même temps et un véritable brouhaha règne dans la cabine. Étrangement, le terroriste se rend compte de ce qui se passe mais il ne dit rien. C'est un passager du nom de Todd Beamer qui semble avoir été à l'origine de ce qui va arriver. Contrairement à ses voisins, il ne dispose pas de téléphone portable. Il se sert d'un Airfone, ces téléphones encastrés dans les sièges et qui peuvent être utilisés avec une carte de crédit.

Il est exactement **9 h 45** lorsqu'il rentre en contact avec une opératrice de Verizon Customer Service. Celle-ci s'appelle Lisa Jefferson.

– Je suis dans un avion qui vient d'être détourné par des terroristes, lance-t-il d'une voix calme.

Dans un premier temps, Lisa Jefferson croit à une blague de mauvais goût. Elle veut en savoir plus.

Lorsqu'elles sont confrontées à ce genre de plaisanteries, les opératrices ont la consigne de bombarder leurs interlocuteurs de questions. C'est le meilleur moyen pour les déstabiliser et les pousser à raccrocher. Lisa Jefferson applique donc la technique qu'on lui a enseignée :

– Comment vous appelez-vous ? Quel est votre numéro de vol ? Quelle est la situation à bord ? Où se trouve l'équipage ? Y a-t-il des blessés ?

Les réponses de Todd Beamer sont si rapides et si précises que l'opératrice comprend qu'il ne s'agit pas d'une plaisanterie. D'autant que son interlocuteur précise qu'un passager et une hôtesse sont morts dans des conditions atroces.

L'opératrice lui pose des questions pour savoir ce qui est arrivé aux pilotes.

Todd est incapable de répondre. Il est à l'arrière, assis à côté d'une hôtesse et il ne peut pas se déplacer. À quelques mètres devant lui, il y a un pirate au milieu de l'allée. Il porte une ceinture avec des explosifs. Le type barre le passage d'un air mauvais. Todd est en train de décrire le visage de l'homme qui les menace (il s'agit d'Ahmed Alnami) lorsque soudain l'avion bouge brutalement.

– *Shit... Shit,* nous tombons, lance-t-il. On va mourir !

Il y a quelques instants de silence sur la ligne. Dans son standard, Lisa Jefferson a du mal à retenir ses larmes.

Elle n'aurait jamais cru vivre une situation aussi dramatique pratiquement en direct. Dans ses écouteurs, elle entend les passagers qui crient. C'est l'horreur.

Pendant quelque secondes, elle croit que l'avion s'est écrasé. Mais la voix de Todd Beamer revient dans ses écouteurs. Il reprend :

– Non, c'était un virage, mais on a perdu énormément d'altitude. Ils sont complètement dingues !

En fait, l'avion vient de prendre un cap vers le sud-est en direction de Washington. La comparaison des différents enregistrements et des tracés radars montre que c'est à ce moment précis que le transpondeur de l'avion a été coupé. D'après les descriptions que fait Todd Beamer, les mouvements du Boeing sont brutaux. Il semble que l'homme aux commandes ne soit pas très sûr de lui. L'appareil roule à droite et à gauche. Il fait de brusques changements d'assiette. À chaque fois, les passagers perdent l'équilibre.

Lorsque l'appareil se stabilise enfin, l'opératrice téléphonique entend Todd interpeller ses voisins :

– Il faut qu'on tente quelque chose !

Mais les premières réactions sont négatives.

– Vous êtes malade, ces types ont une bombe. Ils vont tout faire exploser.

Todd insiste.

– Et alors, on ne va pas les laisser nous massacrer sans rien faire. De toutes façons, on est fichu...

Jeremy Glick appelle sa femme Lizbeth à New York. Lui aussi raconte ce qui est en train de se passer dans l'avion. Il parle des hurlements épouvantables du passager qui a été égorgé. Il décrit le pirate à quelques mètres de lui avec ses boîtes rouges explosives accrochées à la ceinture. Il décrit les bandeaux autour du front et affirme lui aussi que ce sont des gens ressemblant à des Iraniens.

Et puis il raconte que beaucoup de passagers sont en train de téléphoner autour de lui. Tout le monde chuchote, de peur de déclencher la colère du gardien, mais cela finit par faire un véritable bourdonnement.

Les informations se recoupent entre les différents appels. Il y a des murmures... On apprend qu'un attentat vient d'avoir lieu à New York.

– Est-ce que c'est vrai que deux avions se sont écrasés sur le World Trade Center ? demande Jeremy Glick.

Son épouse est en larmes au bout du fil.

– C'est vrai... La télévision est allumée. Les « *Twins* » sont en train de brûler. Ça s'est passé il y a presque une heure... C'est terrible.

Jeremy Glick comprend alors qu'il se trouve impliqué malgré lui dans une gigantesque machination. Quelque chose qui les dépasse tous.

Il est persuadé qu'il va mourir.

– Appelle le 911 et dis-leur ce qui se passe. Je te rappelle dans un moment.

Puis quelques instants plus tard, il rappelle son épouse. Il lui explique alors le dilemme devant lequel se trouvent les passagers.

Tout le monde sait maintenant ce qui s'est passé à New York. Certains veulent attaquer les terroristes. D'autres pensent que c'est prendre un risque énorme parce que l'homme aux explosifs va faire sauter l'avion. On parle de voter pour prendre une décision.

Jeremy fait partie de ceux qui sont partisans de passer à l'attaque tout de suite. Si les passagers votent, ils vont perdre du temps. Il sera peut-être trop tard. À l'arrière, c'est la confusion…

Certains se collent le nez aux hublots pour tenter de savoir où ils se trouvent mais personne ne reconnaît les lieux. La seule chose dont ils sont certains, c'est qu'ils ne sont pas à New York car il n'y a aucune trace de l'océan. Jeremy parle au téléphone mais il continue simultanément à s'adresser aux passagers autour de lui.

– Il faut leur foncer dedans, insiste-t-il. Autrement, ils vont nous tuer…

Quelqu'un fait remarquer que c'est du suicide. Ils n'ont pas d'arme et leurs adversaires ont des couteaux.

– Je n'ai que les couverts en plastique des plateaux-repas, plaisante Jeremy. C'est un peu léger.

À l'autre bout de la ligne, Lizbeth est en larmes.

– Qu'est-ce vous allez faire ?

– Je ne sais pas, réplique Jeremy. On essaye de compter les voix. Pas facile de savoir où on en est.

Étant donné les circonstances, cette procédure démocratique semble surréaliste et pourtant elle a lieu.

Partout, on chuchote.

– Vous êtes pour ou contre ?

– Je suis pour…

– C'est de la folie, je vote contre.

Les otages comptent rapidement les voix. Pas facile de savoir où on en est sans attirer l'attention du pirate…

À première vue, ceux qui sont opposés à un assaut sont minoritaires, mais ils ont des arguments très forts : les pirates ont affirmé qu'ils n'allaient pas faire de mal aux otages. Si on les attaque, ils vont se venger. Ils sont capables de tout… On n'a pas le droit de risquer la vie de tout le monde simplement pour jouer les Rambo ! Une voix chuchote dans le téléphone de Jeremy Glick :

– Tu es pour ou tu es contre ?

– Je suis pour, réplique Jeremy d'une voix assurée. On va botter le cul de ces fils de putes...

Jeremy Glick parle encore de longues minutes avec son épouse. Ses paroles sont une sorte de testament : il veut qu'elle prenne soin d'elle après sa mort. Il veut aussi qu'elle s'occupe de leur fille. Le bébé a trois mois et il ne connaîtra jamais vraiment son père.

Désespéré, Glick termine par ces mots :

– Je t'aime Honey... Ne m'oublie pas.

Juste à coté de Jeremy Glick se trouve CeeCee Lyles, une hôtesse de l'air. Elle est en train de téléphoner chez elle pour tenter de parler à Lorne, son mari. Mais il n'est pas là et elle ne peut que laisser un long message d'adieu sur le répondeur. Ses paroles sont pathétiques. C'est une véritable prière : elle prie que son mari soit heureux sans elle, pour que ses enfants aient tout ce dont ils ont besoin. Pour finir, elle demande à Dieu de pardonner... aux pirates qui vont la tuer.

Elle termine par ces derniers mots :

– J'espère te revoir au paradis. Je t'aime...

C'est au moment où CeeCee Lyles est sur le point de couper la communication que son mari décroche enfin.

– J'arrive juste, qu'est-ce qui se passe ?

– Mon avion vient d'être piraté, explique-t-elle.

Dans les premières secondes, Lorne Lyles n'y croit pas.

– Arrête tes plaisanteries, réplique-t-il d'une voix amusée.

– Je ne plaisante pas, c'est la vérité.

Il ne faut qu'un quart de seconde pour que l'homme comprenne que la situation est grave.

– Ils sont combien ?

– Ils sont quatre... Ce sont des terroristes... Tu sais, j'ai la trouille. Je crois qu'on ne va pas s'en sortir.

– Qu'est-ce qu'ils veulent ?

– Je ne sais pas...

La voix tremblante, CeeCee Lyles met son mari au courant de ce qui est arrivé. Elle lui donne des détails, parle des bandeaux rouges. Elle a très peur. Le pirate qui barre le passage a l'air mauvais. Il a des explosifs autour de sa ceinture. Elle le croit capable de faire sauter l'avion si les passagers tentent quoi que ce soit.

Soudain, la voix de l'hôtesse se fait plus nerveuse. Elle ne peut plus rester au téléphone. Il va se passer quelque chose et il va falloir qu'elle y aille. Elle dit que la plupart des passagers ne veulent pas mourir comme ça. Mais elle ne précise pas ce qui va arriver.

Ses derniers mots sont des mots d'amour.

– Dis aux enfants que je les aime et que je pense très fort à eux...

Un peu plus loin, à côté de CeeCee Lyles, il y a Sandra Bradshaw, une autre hôtesse de l'air en train de parler avec Phil, son mari. L'homme est dans leur maison de Greensborou en Caroline du Nord. Celui-ci ne peut s'empêcher de réagir lorsque son épouse l'informe que les passagers sont en train de préparer quelque chose contre les pirates.

– Ne faites rien, c'est trop dangereux. Ils risquent de se venger. Ces types sont des dingues !

Mais la jeune femme est déterminée.

– On ne peut pas rester sans rien faire. De toutes façons, ils vont nous tuer.

– Mais avec quoi allez-vous les attaquer ? demande Phil. Vous n'avez pas d'arme...

– Je suis en train de faire bouillir de l'eau, réplique Sandra. On va les asperger.

Todd Beamer n'est pas le seul à utiliser un Airfone. Une rangée devant lui, un passager a également réussi à échapper à la vigilance du pirate. L'homme est accroupi derrière le dossier. Il vient de contacter sa mère à Saratoga en Californie. Il s'appelle Mark Bingham. C'est pour lui que l'équipage a accepté de rouvrir la porte de l'avion à la dernière minute. C'est un joueur de rugby. Il mesure 1,93 m et a la réputation de ne pas se laisser faire lorsqu'il est sur la pelouse. La description qu'il fait de la situation concorde exactement avec celle de Todd Beamer. Sauf que la conversation de Mark avec sa mère est particulièrement hachée. À tout instant, il s'arrête de parler pour discuter avec les autres passagers. Tous savent maintenant que deux avions se sont écrasés sur les tours du World Trade Center. Ils ont compris que leurs agresseurs appartiennent à la bande de terroristes qui ont organisé cette attaque incroyable.

Mark Bingham ne se fait aucun illusion :

– On est foutus, dit-il.

La mère entend son fils parler avec d'autres passagers. Ils sont quatre à parler de contre-attaquer. Affolée, elle le supplie d'être prudent.

Mais les hommes ne veulent rien entendre. Ils ne pensent qu'à en découdre. Les enquêteurs ont recoupé tous les appels téléphoniques passés à ce moment. Ils connaissent avec précision les passagers qui vont passer à l'attaque.

Ils sont quatre :

– Mark Bingham : sportif accompli, puissant et rapide, son talent au rugby est un atout non négligeable ;

– Jeremy Glick : étrange hasard, il est également rugbyman et ceinturc noire de judo ;

– Todd Beamer : il ne pratique aucun sport mais il mesure 1,80 m et pèse 100 kilos. Il est d'un tempérament bagarreur et n'aime pas se laisser marcher sur les pieds ;

– Lou Nacke : il mesure 1,79 m et pèse également une centaine de kilos... Pas vraiment sportif mais courageux et teigneux.

En chuchotant, Todd Beamer confirme à l'opératrice téléphonique que l'attaque est imminente : ils ont fini de voter... Finalement, la majorité des passagers est d'accord. Ils ont décidé d'attaquer de front l'homme au milieu de l'allée. Leur plan est très simple : ils vont le neutraliser puis le remonter jusqu'au poste de pilotage. Avant de partir à l'assaut, Todd prononce des paroles qui seront enregistrées. Elles marqueront profondément les Américains :

– Nous allons faire quelque chose. Je sais qu'on ne va pas s'en sortir... Mais on va se battre.

D'une voix calme, Todd Beamer donne alors le numéro de son domicile à Lisa Jefferson. Il lui fait alors promettre de téléphoner chez lui lorsque sa famille sera rentrée. Il a deux enfants Drew (4 ans) et David (2 ans) auxquels il adresse un message. Un pour chacun d'eux...

Il veut que l'opératrice dise adieu à sa femme de sa part. Surtout qu'elle n'oublie pas d'appeler ! Lorsqu'il est certain qu'elle a bien noté toutes ces informations, Todd demande à l'opératrice de réciter un « *Notre Père* » avec lui. Les larmes aux yeux, Lisa se recueille avec son interlocuteur. La prière dure environ deux minutes.

Puis elle l'entend murmurer :

– Est-ce que vous êtes prêts les gars ?

Il y a quelques murmures et puis un cri semblable aux encouragements rageurs d'un coach sur un terrain de football :

– Allez, on y va !

Tous les téléphones portables des passagers, ainsi que les deux Airfone sont branchés.

Dans la cabine, l'atmosphère se charge brusquement. CeeCee Lyles se met à hurler au téléphone.

– Ça y est, ils y vont... Ils y vont... Ils y vont... *Oh my God, my God, help us...*

Juste à côté d'elle, Sandy Bradshaw prévient également son mari.

– Tout le monde est en train de foncer vers la première classe. Je ne peux plus te parler. Il faut que j'y aille aussi.

C'est alors un formidable élan de courage qui dynamise les otages. Ils ne sont plus des victimes mais des Américains qui sont prêts à se battre et à mourir pour leur liberté.

Au moment de l'attaque, certains passagers posent leur mobile sur un siège sans couper la connexion pour que leurs proches puissent entendre ce qui va arriver.

Ainsi Honor Wainio dit au revoir à sa mère :

– Il faut que j'y aille, dit-elle. Ils sont en train de foncer vers le poste de pilotage. Ils vont avoir besoin de moi. Je t'aime... Je t'aime... Puis la voix devient plus lointaine.

– Au revoir maman !

On entend des hurlements de rage, des encouragements et même des applaudissements.

En première ligne, deux attaquants sont partis avec des cafetières remplies d'eau bouillante. Ils vont les jeter sur le pirate aux explosifs. Il est certain que les quatre hommes réussissent à neutraliser le premier pirate se trouvant à leur portée. On lui arrache sa ceinture d'explosifs. D'après les cris qui retentissent, les enquêteurs pensent qu'ils ne s'agissait que de leurres.

Animés par une puissante rage de survivre, les héros n'ont plus peur. Ils veulent détruire ces bêtes malfaisantes qui ont égorgé des innocents sous leurs yeux. Comme des joueurs triomphant sur un terrain, ils remontent jusqu'à la première classe. C'est une course à la vie. Le spectacle qu'ils découvrent sur leur passage doit être insoutenable. Cadavres ensanglantés... Gorges béantes. Vision d'horreur...

Rien ne les arrête.

Les quatre hommes se battent comme des tigres. Quelques secondes plus tard, ils parviennent à mettre le second pirate hors d'état de nuire. Celui-là surveillait le commandant et le copilote. En quelques secondes, la rébellion prend une ampleur inattendue. Les otages se bousculent devant le *galley* avant pour atteindre la porte du poste de pilotage. Tous ont compris qu'ils n'auraient la vie sauve qu'en faisant sortir les deux terroristes du cockpit.

La porte doit résister.

Coups d'épaule, peut-être coups de hache récupérée dans le matériel de sécurité. Ils parviennent à l'ouvrir. Mais le plus dur reste à faire...

Comment éjecter ces deux fanatiques prêts à mourir ? C'est pratiquement impossible. Les commandes d'un avion sont d'une extrême sensibilité. Il suffit qu'un des pirates refuse de desserrer la main sur le manche et rien ne pourra l'obliger à lâcher. C'est comme si le passager d'une voiture voulait forcer le conducteur à lâcher son volant pour prendre sa place. Si le véhicule roule à 200 à l'heure, il n'y arrivera jamais sans provoquer un accident.

Des cris retentissent sur la fréquence radio. Tous les avions en vol dans le secteur peuvent entendre :

– Sortez d'ici... Sortez d'ici...

La confusion est telle qu'il est difficile de savoir qui a parlé sur la fréquence : un passager, un pirate et ou un membre de l'équipage, tout est possible. Il y a des grognements, des bruits de lutte, des injures.

Une fois de plus, les contrôleurs sont les témoins impuissants d'un drame épouvantable. Quelqu'un essaie à nouveau de parler au micro. Sans succès... En quelques secondes, la lutte tourne à l'avantage des fanatiques. Bien qu'ils ne soient que deux, Ziad Samir Jarrah et Saeed Alghamdi sont en position de force. L'avantage du nombre ne joue pas en faveur des victimes qui ne peuvent accéder en masse au cockpit. Les pirates résistent en s'agrippant au manche... L'avion est déséquilibré Une légère poussée et il part en piqué. Une légère traction et il se dresse dans le ciel jusqu'à décrocher. Les otages n'ont aucune chance de les déloger...

Sur la fréquence, c'est brutalement le silence.

Lancé en piqué à plus de 900 kilomètres à l'heure, le Boeing 757 vient de percuter le sol.

Il est **10 h 03.**

Il s'écrase près de Shanksville en Pennsylvanie. La région est belle. Il y a un lac tout proche. C'est à une centaine de kilomètres au sud-est de Pittsburgh.

L'avion explose dans une gigantesque gerbe de flammes, creusant un profond cratère dans la terre meuble.

Les enquêteurs sont persuadés que les pirates avaient l'intention de jeter l'avion quelque part sur Washington, certainement la Maison Blanche. Sur ce point, ils ont échoué... Dans leur dernier souffle de fierté, les héros ont sauvé de nombreuses vies humaines au sol.

Cette extraordinaire leçon de courage aura valeur d'exemple. Quelque temps plus tard, Richard Reid, un membre d'Al Qaeda tentera de faire sauter un avion de ligne en utilisant une charge explosive dissimulée dans ses chaussures. Ses voisins se rendront compte de ce qu'il prépare. Unis dans une même volonté de survivre, ils parviendront à le neutraliser (voir page 76).

Comment les terroristes ont-ils appris à piloter ?

Nous l'avons vu, Mohamed Atta est le chef du commando. C'est lui qui a mis en place la logistique et s'est occupé de la formation aéronautique de ses hommes. Avant de comprendre comment il s'y est pris pour leur faire prendre des cours de pilotage, il est intéressant d'en savoir davantage sur sa personnalité. Qui est cet homme qui a déclaré la guerre aux États-Unis ?

Fils d'un avocat égyptien, il commence par étudier l'architecture au Caire avant de partir en Allemagne poursuivre des études de planification urbaine. Il passera onze ans à l'université de Hambourg.

L'homme parle couramment l'anglais, l'allemand et bien évidemment l'arabe. Pendant son long séjour en Allemagne, il portera la barbe et sera toujours vêtu de la tenue traditionnelle égyptienne. Les étudiants qui l'ont rencontré gardent le souvenir d'un homme austère avec un visage de pharaon impénétrable. Musulman pratiquant, il fait sa prière cinq fois par jour, quel que soit l'endroit où il se trouve. Parfois même jusque dans les couloirs de l'université. On ne lui a connu qu'une connaissance féminine : une Palestinienne prénommée Amal avec laquelle il ne semble avoir eu que des relations platoniques. L'amitié ne durera pas. Le jeune fille était trop émancipée à son goût et elle-même supportait mal sa rigueur d'esprit poussée à l'extrême.

Mohamed Atta est un étudiant brillant. Il est même tout à fait exceptionnel puisque, lorsqu'il soutient sa thèse, il obtient la plus haute note jamais attribuée dans cette matière. Tous les enseignants vanteront son intelligence supérieure associée malheureusement à une intolérance rare. Ainsi, lorsqu'il recevra les félicitations du jury, il acceptera volontiers les compliments des professeurs mâles mais refusera ostensiblement de serrer la main des femmes professeurs.

Après avoir quitté l'université d'Hambourg en 1999, Mohamed Atta disparaît pendant quelques mois pour effectuer un stage d'entraînement en Afghanistan. À son retour, afin de brouiller les pistes, il déclare aux autorités allemandes qu'il a perdu son passeport (à la même époque deux de ses complices dans l'attaque contre le World Trade Center effectuent la même démarche).

Le plus étonnant, c'est que pendant toute la période où l'intégriste étudie en Europe, les services de renseignements occidentaux gardent un œil sur lui. La surveillance est discrète mais omniprésente. Elle n'est justifiée par aucune action violente de la part de Mohamed Atta, il s'agit simplement de ne pas perdre de vue un étudiant un peu trop intégriste dans la pratique de sa religion.

Après un séjour en Espagne, Mohamed Atta effectue un rapide séjour à Prague où il rencontre un agent irakien, bien connu des services occidentaux. La visite ne dure qu'une journée. Le lendemain, l'Égyptien demande un visa pour les États-Unis. Il l'obtient sans difficulté.

Le 3 juin 2000, il débarque à New York.

L'opération contre le World Trade Center est programmée dans quinze mois. Les grandes lignes de l'action sont déjà définies. C'est Mohamed Atta qui recevra les fonds et sera responsable de l'organisation de l'attentat. Reste à tout mettre en place. Parmi les nombreuses tâches préparatoires dont il a la charge, l'une des plus importantes est de s'occuper de la partie « pilotage des avions » qui est vitale. En effet, quelle que soit la volonté suicidaire de ses hommes, rien ne pourra se faire s'ils ne sont pas capables de diriger les Boeing jusque dans les Twin Towers.

À partir du moment où il débarque sur le sol américain, Mohamed Atta change radicalement de visage et de personnalité.

Il se rase la barbe, abandonne ses vêtements traditionnels pour des tenues très chic. Son choix se porte sur des vêtements de la marque Tommy Hilfiger : costumes légers, sportswear et chemises de toile. Il s'habillera comme un immigré fortuné parfaitement intégré à la société américaine. Tous ceux qui le rencontreront seront frappés par son parfum. Une eau de Cologne à la senteur puissante dont il use et abuse.

Dès son arrivée à New York, il retrouve ceux dont le rôle sera de piloter les avions (Wail Mohamed Alshehri, Walid M. Alshehri, Marwan Al Shehi, Ziad Jarah, Saeed Alghamdi, Zacharias Moussaoui, Kahlid Almihdar, Majed Moqed, Abdulaziz Alomari).

Le groupe se rend en Oklahoma pour choisir l'école de pilotage dans laquelle ils vont prendre des leçons. Mohamed Atta a beaucoup d'argent. Il dispose d'une carte de crédit Visa et reçoit régulièrement des virements bancaires en provenance du Pakistan. Au cours des six premiers mois aux USA, ce sont environ 150 000 dollars qui seront affectés aux cours de pilotage.

Le choix de l'école est plus complexe qu'il n'y paraît car Mohamed

Atta est méfiant. Il souhaite préparer son opération dans les moindres détails. Ainsi, il se présente avec ses complices à l'aéroport de Norman en Oklahoma pour avoir des renseignements sur un centre de formation : Airman Flight School. Il prétend vouloir passer son brevet de pilote professionnel. C'est un instructeur et Shirley Franklin, une secrétaire, qui lui donnent les tarifs et les conditions d'admission.

Le terroriste pose beaucoup de questions...

Avec seulement 20 instructeurs, l'école est minuscule comparée à certaines grosses unités de formation américaines. Elle est équipée de Cessna et de petits bimoteurs Piper Seminole. À première vue, tout semble convenir : l'aérodrome de Norman se trouve à 40 kilomètres au sud d'Oklahoma City. Coincé entre le lac Thunderbird et l'Highway 35, c'est un coin discret pour prendre des leçons de pilotage. Et justement, c'est peut-être un peu trop discret. Mohamed Atta doit juger qu'il n'y a pas assez de stagiaires à l'école pour se fondre dans la masse. En outre, contrairement à d'autres États, l'Oklahoma n'offre pas de facilités aux stagiaires étrangers pour les procédures d'immigration. Les démarches y sont plus complexes et risquent d'attirer l'attention des services d'immigration.

Après avoir visité longuement l'Airman Flight School, Mohamed Atta décide que l'école ne lui convient pas. Il fait alors d'autres visites dans plusieurs États et décide finalement que les cours seront pris en Floride. La météo y est plus favorable que partout ailleurs et la multitude d'écoles de pilotage permettra de dissimuler les élèves-pilotes terroristes dans la masse des étudiants étrangers.

À la même époque, certains des complices de Mohamed Atta ne sont pas aussi discrets. Ainsi, Zacharias Moussaoui, un Franco-Marocain, se renseigne à Minneapolis pour prendre des cours. Le chef pilote ouvre des yeux stupéfaits lorsque le jeune homme lui dit qu'il souhaite apprendre à diriger un avion en vol, mais qu'il n'est pas intéressé par le décollage et l'atterrissage.

– Mais vous voulez faire quoi ?

– C'est juste pour me distraire.

– Ça vous coûtera 45 dollars de l'heure pour vous distraire, c'est un peu cher... Vous devriez faire du simulateur de vol sur votre ordinateur, ça serait plus économique !

Mohamed Atta et ses complices s'inscrivent donc dans différentes écoles de Floride. Il y en a plusieurs dizaines. Certaines comme Embry

Riddle Aeronautical University à Daytona Beach sont mondialement connues. Elles forment des pilotes de tous les niveaux, du privé au professionnel, sur des machines allant du petit biplace Cessna 150 au Boeing 737.

Les terroristes se transforment alors en stagiaires studieux. Studieux, mais pas très doués. Et surtout pas très enthousiastes. L'impression générale ressentie par leurs instructeurs est qu'ils n'ont pas ce « feu sacré » qu'on trouve chez les élèves et tous les pilotes en général. Les navigants constituent un monde de passionnés. Ce sont des gens qui aiment follement leur profession parce qu'ils en ont rêvé depuis leur plus jeune âge. N'importe quel stagiaire parle de son futur métier avec un enthousiasme débordant. Il ne rêve que du jour où il pourra enfin épingler ses galons de commandant de bord sur ses épaulettes.

Les terroristes n'ont pas cette lumière dans le regard lorsqu'ils s'installent derrière le tableau de bord. Ils ont évidemment d'autres idées en tête et apprennent à piloter comme des machines sans âme.

Et leurs instructeurs ne manquent pas de le remarquer !

Mohamed Atta s'inscrit à Huffman Aviation School à Venice en Floride. Cette école est l'une des plus connues de la région. Elle propose un enseignement théorique au sol et des cours en vol. Les élèves ont le choix entre des monomoteurs comme le Cessna 150 ou des bimoteurs Seneca ou Seminole.

Fidèle à sa stratégie de ne pas se faire remarquer en se positionnant dans la moyenne générale, Mohamed Atta décide de prendre des leçons sur un Piper Cherokee Warrior, un petit monomoteur quadriplace équipé pour le vol sans visibilité. L'avion n'a pas de grosses performances, mais il présente de bonnes qualités de vol et c'est le type d'appareil utilisé par la majorité des élèves.

Anne Greaves, une stagiaire anglaise, se rappelle parfaitement de Mohamed Atta. Elle en garde un souvenir mitigé… À l'époque où elle intègre l'école, il s'entraîne avec un autre futur pirate du nom de Marwan Al Shehi (c'est lui qui sera le pilote du vol United Airlines 175 percutant la tour sud des World Trade Center).

L'instructeur d'Anne Greaves lui dit qu'Atta est un prince arabe accompagné de son garde du corps. Elle le croit d'autant plus volontiers que les deux terroristes sont extrêmement distants. Ils ne parlent jamais à personne. Ils semblent totalement en dehors de ce monde de passionnés où chacun est prêt à raconter son expérience et ses difficultés en vol.

À mesure que les semaines passent, les rapports se tendent imperceptiblement entre les pirates et les autres stagiaires. Certains se plaignent que Mohamed Atta fait l'objet de faveurs anormales de la part des dirigeants de l'école. Les deux Arabes se voient toujours attribuer les meilleurs horaires de vol. Ils ont systématiquement la priorité pour voler et on leur accorde parfois des créneaux réservés depuis longtemps par des stagiaires. Comme par ailleurs ils disposent toujours des avions les plus récents et les mieux entretenus, certains élèves finissent par se plaindre à la direction. Les rumeurs vont bon train... Nombreux sont ceux qui doutent ouvertement que ces hommes soient des princes. Comment imaginer que des émirs richissimes puissent venir s'entraîner dans une petite école civile ouverte à tous ? Un véritable milliardaire aurait suffisamment de dollars pour acheter ses propres avions et engager des instructeurs à domicile... Et puis personne ne comprend pourquoi le garde du corps apprend à piloter avec son patron. On n'a jamais vu ça !

La direction rétorque que ce qui compte, c'est que les deux « stagiaires » soient d'excellents clients. Ils paient d'avance (en liquide) et volent presque deux fois plus que la moyenne des autres étudiants.

Certains stagiaires habitent dans le même hôtel que les deux hommes : The Homing Inn à Boyning Beach. Ils croisent souvent Mohamed Atta dans les couloirs. Mais, là encore, celui-ci ne parle à personne. D'autres terroristes qui apprennent à piloter dans des écoles voisines viennent souvent prendre les repas avec leur chef. À table, l'ambiance est surréaliste : personne ne parle, pas un mot sur les cours de la journée, pas même un sourire. Tous ceux qui côtoient ces étranges stagiaires s'interrogent sur leurs motivations réelles. Pendant les six mois de leur présence en cours, personne n'a jamais entendu un des hommes d'Atta évoquer ses projets de carrière dans l'aviation ni même parler d'acheter un jour son propre avion, comme c'est souvent le cas.

Lorsqu'ils ne volent pas, les pirates restent dans leur chambre d'hôtel.

Un groupe, comprenant Satam Al Suquami, Waleed M. Alsheri et Wail Alsheri, habite au Panther Motel à Deerfield Beach. Le patron Richard Surma se souvient de jeunes gens, tous très bien habillés, recevant la visite d'autres hommes aux regards noirs. Des personnages étranges qui se comportaient bizarrement. Ils n'écoutaient jamais de musique, ne recevaient jamais aucune fille dans leurs chambres. Il ne se souvient pas avoir entendu le moindre éclat de rire ni même avoir vu un de ces hommes lui sourire.

Les femmes de chambre qui faisaient leurs chambres aperçoivent des livres en arabe et des manuels de pilotage. Aucun doute, les pirates travaillent... Cela n'étonne personne, une bonne partie de la clientèle de l'hôtel est composée de stagiaires des écoles de la région.

Leur seule occupation à l'extérieur consiste à faire du sport. À ce sujet, ils suivent le conseil d'un instructeur qui leur a recommandé de se rendre dans un fitness Club : « Pour avoir de bons réflexes, un pilote doit être sain dans son corps. » Mohamed Atta a parfaitement retenu la leçon. En dehors des heures de vol, il exige que ses hommes aillent dans des salles de gymnastique. Six d'entre eux s'inscrivent au County Fitness Club de Broward.

D'autres vont chez Jim Woolard's World Gyms à Palm Beach. Ils vont s'entraîner tous les jours sur des machines à musculation. Là encore, ceux qui ont côtoyé Mohamed Atta et ses complices affirment que ces hommes ne parlent jamais aux autres membres du club. Leurs conversations avec les employés se réduisent au strict nécessaire et ils évitent systématiquement la présence des femmes.

Lorsqu'on pose des questions à l'un d'entre eux sur leur présence dans la région, c'est toujours Mohamed Atta qui répond : ils sont là pour un entraînement...

– Quel sorte d'entraînement ? demande un jour Jim Woolard, le patron du fitness.

– Un entraînement de pilote de ligne, réplique Mohamed Atta, avec un regard si noir que son interlocuteur est persuadé qu'il ment.

Un autre pirate de l'air, Ziad Samir Jarah (celui qui a pris les commandes du vol UAL 93), s'inscrit pour vingt heures de cours dans une salle d'arts martiaux à Dania Beach. Des cours qui lui coûtent un total de 500 dollars. L'homme paie d'avance et cash. Son instructeur, Bert Rodriguez, décrira un homme fort, musclé et disposant d'une très bonne coordination dans ses gestes d'attaque et de défense. Il ajoutera que, lorsque l'individu s'est présenté pour s'inscrire, il a été très surpris d'apprendre qu'il était stagiaire dans une école locale : « Il aurait pu l'imaginer dans n'importe quel métier sauf celui de pilote. »

Les leçons de pilotage se déroulent du début juillet 2000 jusqu'à la fin décembre.

D'après les instructeurs, les stagiaires progressent normalement sans toutefois montrer de grandes aptitudes. Une fois de plus, c'est dans les cours théoriques que Mohamed Atta est particulièrement brillant. Il retient les cours avec une rapidité stupéfiante et comprend tout sans aucune difficulté. Par contre, il est beaucoup moins doué dans la pratique. Il lui est même arrivé d'être malade pendant les vols et sa capacité de coordination aux commandes n'est pas très bonne.

Pendant les six mois de son apprentissage à Huffman Aviation School, le chef du commando effectue une soixantaine d'heures de vol. L'école lui facture l'heure de Cherokee Warrior à 65 dollars auxquels il faut ajouter 25 dollars pour l'instructeur. En tenant compte des cours théoriques et des heures de simulateur, on peut estimer que Mohamed Atta et son « garde du corps » ont dépensé environ 13 000 dollars dans l'école.

Étrangement, lorsqu'ils partent au mois de décembre, personne ne s'étonne de voir ces deux stagiaires avoir dépensé autant d'argent pour... rien. Car aucun des deux hommes n'a décroché un quelconque brevet. Ils n'ont pas effectué suffisamment d'heures de vol pour être pilotes professionnels. Ils sont très loin d'avoir le niveau autant sur le plan pratique que théorique. Tout juste pourraient-ils se présenter au Private Pilot Licence (licence de pilote privé), mais ils n'ont pas souhaité passer l'examen. Certainement par souci de discrétion. En fait, ils se sont contentés de suivre une progression initiale au cours de laquelle ils ont appris à manier l'avion (virages, montée et descente) puis ils ont effectués des *« touch and go »* pour apprendre à décoller et atterrir en faisant plusieurs types d'approches. Au cours de cette formation, on leur a inculqué des rudiments du vol sans visibilité mais cela ne leur permettrait en aucun cas de voler la nuit ou dans les nuages.

Détail étonnant, ils n'ont jamais effectué de vols en solo sans instructeur à bord comme cela aurait dû être le cas. Au cours d'une formation normale, un élève est « lâché » après une période d'instruction variant entre quinze et vingt heures. Voler en solo ne signifie pas pour autant qu'un élève n'ait plus rien à apprendre. Ce n'est qu'une étape dans son apprentissage. Il semble que ce soient les pirates eux-mêmes qui n'aient pas souhaité voler seuls.

Il peut y avoir deux raisons à cela. Ou bien aucun d'eux ne présentait les capacités indispensables pour voler seul, et c'est très peu probable. Ou bien, Mohamed Atta ne voulait pas risquer le moindre accident qui aurait pu lui faire perdre un de ses futurs pilotes.

Le futur kamikaze a donc préféré jouer la sécurité !

Peut-on piloter un avion de ligne après un tel stage ?

Un livre polémique mal informé a mis en doute qu'un élève pilote puisse prendre les commandes d'un avion de ligne avec aussi peu d'expérience (voir page 96).

C'est une erreur. La réponse est sans conteste : OUI, il est parfaitement possible de piloter un Boeing après une formation de ce type !

En fait, les deux terroristes ont obtenu de l'école ce qui les intéressait : ils sont maintenant capables de manier sommairement un avion et peuvent maîtriser le fonctionnement de certains instruments de bord.

Cela dit, ils sont incapables de faire décoller un Boeing, de le faire atterrir et encore moins de naviguer de nuit ou par mauvais temps. Mais ils peuvent le diriger dans le ciel clair. C'est d'ailleurs bien la raison pour laquelle Mohamed Atta a choisi d'attaquer un jour de très beau temps et à une heure matinale où il n'y a ni vent ni turbulence.

Répétons-le, un élève pilote ayant une soixantaine d'heures de vol peut diriger visuellement un avion de ligne pour atteindre deux gigantesques immeubles parfaitement réparables de loin.

Pire, il n'est même pas indispensable de totaliser autant d'expérience. On peut affirmer qu'avec seulement vingt heures de vol et quelques séances de simulateur sur un ordinateur personnel, un apprenti pilote pourrait refaire sans difficulté ce qui a été fait le matin du 11 septembre. Rappelons que Microsoft a été obligé de faire disparaître les tours du World Trade Center de Flight Simulator car n'importe quel gamin un peu entraîné pouvait s'amuser à frapper les Twin Towers avec un Boeing 737.

Or, ces logiciels de pilotage ne sont pas de simples jeux pour enfants. Les simulateurs de vol sont conçus avec les mêmes paramètres de vol que ceux des avions qu'ils reproduisent. Et ce qui est possible en simulateur l'est également dans la réalité[11].

Pour un apprenti pirate, la principale difficulté réside plutôt dans le

11. Aussi étonnant que cela puisse paraître, de nombreuses compagnies aériennes font aujourd'hui des qualifications de leurs commandants de bord avec « zéro heure de vol » sur l'avion considéré. Cela signifie qu'un pilote s'installe pour la première fois aux commandes en n'ayant jamais fait que du simulateur de vol.

repérage des différents boutons du tableau de bord : transpondeur, radio VHF, pilote automatique, etc., que dans le maniement de l'avion lui-même

De tels propos peuvent sembler inquiétants. Ils ont simplement pour but de montrer que les solutions pour éviter de telles agressions ne sont pas celles qui ont été prises au début par les Américains. Cela ne sert à rien de mettre un agent du FBI derrière tous les volontaires qui se présentent dans les écoles de pilotage. C'est une mesure inutile et impossible à appliquer. Il faut prévoir d'autres solutions mieux adaptées à la situation et dont nous reparlerons plus loin.

Le coût de la formation des pirates

Contrairement à ce qu'on pourrait imaginer, l'organisation des attentats du 11 septembre n'a pas été très onéreuse. Les frais engagés par Al Qaeda pour transformer ses kamikazes en « pilotes » peuvent être divisés en deux :

1. Les cours de pilotage

Seuls 15 terroristes se sont inscrits dans des écoles pour apprendre à piloter. Chacun d'eux a fait en moyenne 55 heures de vol, auxquelles sont venues s'ajouter des leçons sur simulateurs et des cours théoriques au sol. Sachant que les pirates ont volé sur des avions de catégories semblables (des monomoteurs d'une puissance variant entre 150 et 180 ch) et qu'ils ont suivi le même cursus, on peut raisonnablement estimer que chacun d'eux a coûté la somme de 6 500 dollars à Al Qaeda. Cela représente une facture globale de 97 500 dollars[12].

2. Les différents frais de déplacements

Que ce soit en avion de ligne ou en voiture de location, les pirates ont beaucoup circulé à travers les États-Unis pour chercher des écoles de pilotage. Ces déplacements représentent une charge importante dans leur budget. Les enquêteurs les ont évalués à 20 000 dollars.

Et puis, il y a le « vol final ». Bien que cela ne soit pas un véritable déplacement mais plutôt un départ définitif, les terroristes ont dû acheter leurs 19 billets d'avions en première classe. La somme globale dépensée est loin d'être négligeable puisque tous les trajets ont été achetés en aller-retour au prix unitaire de 4 354,50 dollars. Ce qui représente un investissement total de plus de 82 000 dollars. On ne peut s'empêcher de remarquer que les billets d'avions ont coûté pratiquement aussi cher que les cours de pilotage.

En additionnant tous ces frais, en y rajoutant le coût de l'hébergement de vingt personnes[13] pendant quinze mois, on peut estimer que la facture globale de leur formation de pilote a été de l'ordre de 250 000 dollars[14], ce qui est extrêmement faible pour une opération de cette importance.

12. Environ 1 040 euros à l'heure où ces lignes sont écrites (682 000 francs).
13. Zacharias Moussaoui a été arrêté trois semaines seulement avant les attentats.
14. Environ 214 000 euros (1 400 000 francs).

Mohamed Atta veut acheter un avion d'épandage agricole

Cela se passe au mois de février 2001...

Alors que Mohamed Atta a déjà bien avancé dans ses cours de pilotage, il se rend dans un bureau du Department of Agriculture[15]. Il veut savoir quelles sont les formalités à effectuer pour acheter un avion d'épandage agricole. Étrangement, il pense pouvoir obtenir un prêt du ministère. On lui répond que ce n'est pas le Department qui se charge de ces transactions. En ce qui concerne le prêt, un fonctionnaire lui conseille de contacter une banque. Pour l'achat d'un avion agricole, il doit s'adresser à une société privée. Il y en a plusieurs dizaines dans la région et leurs locaux sont généralement situés sur des aérodromes.

Mohamed Atta se rend alors sur l'aérodrome municipal de Belle Glade... Personne ne s'étonne de voir un étranger venir prendre des renseignements. Il existe une petite communauté de gens originaires du Moyen-Orient à Belle Glade. Ils y sont installés depuis plusieurs années et vivent paisiblement. Dans un premier temps, Mohamed Atta est donc reçu avec le sourire.

Le terroriste rencontre J.D. Willie Lee, le directeur général de South Florida Crop Care, une société spécialisée dans la vente et l'entretien d'avions agricoles. Après avoir discuté un moment avec lui, le directeur confie son visiteur à un de ses mécaniciens : James Lester.

Mohamed Atta se présente comme un pilote chevronné et lui demande des renseignements sur le traitement des cultures avec un avion. Il prétend vouloir monter une société d'épandage agricole en Floride.

Bien qu'il ait beaucoup de travail, James Lester parle longuement et répond à toutes les questions avec force détails. Au bout d'un moment, Mohamed Atta lui demande s'il lui serait possible de revenir le lendemain pour filmer l'intérieur d'un Piper Pawnee se trouvant sur le parking.

– Désolé, je ne pourrai pas vous laisser faire ça, réplique Lester poliment. Mon patron n'est pas commode et il n'apprécierait certainement pas de voir un inconnu filmer dans un de ses avions.

15. Ministère de l'Agriculture.

Mohamed Atta ne semble pas apprécier ce refus et il s'en va brusquement sans même dire au revoir.

Mais il revient une semaine plus tard avec trois individus, comme lui originaires du Moyen-Orient. Cette fois, l'un d'eux porte une caméra vidéo d'une taille imposante. Une nouvelle fois, Mohamed Atta demande s'il est possible de filmer l'intérieur d'un avion. Seul le tableau de bord l'intéresse. Avant que le mécanicien refuse, le terroriste lui suggère d'aller demander l'autorisation à son patron.

James Lester est un peu excédé par cette nouvelle visite. L'insistance de ces inconnus le dérange dans son travail. En outre, il est évident que ces types ne connaissent absolument rien aux avions agricoles. Ils posent des questions simplistes et s'attardent longuement sur des détails sans intérêt.

Comme le patron est absent, le mécanicien refuse une nouvelle fois de les laisser filmer.

Contrairement à la dernière fois, Mohamed Atta ne se vexe pas. Il se lance dans une nouvelle série de questions (en fait, c'est certainement pour détourner l'attention du mécano pendant que son complice filme discrètement avec la caméra en bandoulière).

James Lester voudrait bien en finir avec ses visiteurs mais ceux-ci ne veulent pas s'en aller. Au bout d'un moment, Mohamed Atta lui précise qu'il souhaiterait acheter un avion beaucoup plus gros que ceux qui sont en vente à South Florida Crop Care.

Où pourrait-il s'adresser ?

Trop heureux de se débarrasser des importuns, le mécanicien les aiguille alors vers un concessionnaire aéronautique qui vend ce genre de machines : Southern Aircraft Sales & Services dont les locaux sont situés à Fort Pierce en Floride.

C'est là que, quelques jours plus tard, Mohamed Atta rencontre Ray Dyson, le chef pilote de la société. Ce dernier lui présente l'Air Tractor AT-502, un énorme avion agricole équipé d'une turbine Pratt & Whitney PT6 de 1 100 chevaux. Un superbe engin jaune et noir immatriculé N 9192X.

Cette fois, Mohamed Atta semble séduit. Il veut tout savoir sur cette grosse machine volante. Parmi les nombreuses questions qu'il pose, il en est une qui revient à deux reprises :

– Quelle distance maximum l'avion peut-il parcourir lorsque la cuve de produits chimiques est remplie à ras bord ?

La réponse qu'il obtient semble le satisfaire pleinement. Il faut dire que, sur ce point, l'Air Tractor AT-502 est un engin idéal puisqu'il peut parcourir 800 kilomètres à pleine charge.

Pourquoi Mohamed Atta cherche-t-il un avion agricole à long rayon d'action ? Aujourd'hui la réponse est évidente : son idée était de porter une attaque chimique ou biologique contre un centre urbain puis d'aller atterrir le plus loin possible. La panoplie des armes utilisables est très large : anthrax, virus, souches de la variole ou gaz neurotoxiques.

L'Air Tractor porte bien son nom. Avec une énorme cuve pouvant contenir trois tonnes de produits chimiques, c'est un tracteur volant, bien plus performant que les autres avions d'épandage. Il n'a qu'un défaut, il coûte très cher... Celui que Ray Dyson propose à Mohamed Atta est d'occasion, mais il vaut quand même près de 450 000 dollars.

Malgré ses possibilités financières importantes, le pirate ne dispose pas d'une telle somme. Il va donc se renseigner auprès de la banque Epling pour un prêt éventuel. Ce sera un échec : le banquier exigera des garanties et des références que le terroriste ne pourra évidemment pas apporter. Mohamed Atta ne se décourage pas pour autant. Il va chercher un autre AT-502 beaucoup moins cher.

Entre février et août 2001, le chef du commando visite plusieurs dizaines d'aérodromes en Floride pour tenter de dénicher un avion à très bas prix.

Il n'en trouvera pas... Les AT-502 les moins chers sont de l'ordre de 300 000 dollars et, apparemment, Mohamed Atta ne les a pas (rappelons que le coût global de l'opération est de l'ordre de 250 000 dollars).

Pendant ces visites, il rencontre des pilotes agricoles auxquels il pose de nombreuses questions sur leur travail. Existe-t-il des risques que le pilote respire le produit se trouvant dans sa cuve ? Le vol agricole est-il particulièrement difficile ? Y a-t-il des qualifications spéciales ? Quelles sont les écoles où l'on apprend les techniques d'épandage ? La plupart des pilotes rencontrés le mettent en garde contre les risques du vol agricole. Ils racontent qu'ils peuvent être amenés à travailler sur des incendies de forêts, contre des moustiques ou, pire, faire de la lutte anti-acrydienne[16].

16. Lutte contre les sauterelles. L'auteur de cet ouvrage a lui-même volé pendant quelque temps comme pilote anti-acrydien et il peut attester de la difficulté et de la dangerosité extrême de ce type de vol.

Malgré ces avertissements, Mohamed Atta ne semble pas réaliser qu'il est incapable de réaliser ce genre de vols. On peut d'ailleurs regretter que les pirates n'aient pas essayé d'aller plus loin dans leur projet : ils se seraient plantés tout seul au premier entraînement !

Car, aussi étrange que cela puisse paraître, un avion agricole est très difficile à piloter.

Les avions sont des *tails draggers,* des machines que l'on qualifie de « trains classiques ». Ils sont équipés d'une petite roulette de queue qui les rend bien plus pointus que les avions-école utilisés par les pirates lors de leur formation.

Les *tails draggers* sont très instables au décollage et à l'atterrissage. Il faut une expérience et des qualités de pilote que Mohamed Atta et ses complices ne possèdent pas. Ce n'est pas avec une soixantaine d'heures de vol sur Piper Cherokee et un peu d'entraînement sur des jeux vidéo que les pirates pourront maîtriser ce genre de machine.

Il n'y a que trois écoles aux États-Unis capables de former des pilotes agricoles. Et, en général, elles ne prennent pas de jeunes pilotes inexpérimentés à cause des risques inhérents à ce type de vol.

Une fois formé, le stagiaire doit réussir un examen de la FAA[17] qui atteste de sa qualification spéciale.

Pour un navigant expérimenté, il faut environ une centaine d'heures d'entraînement spécifique avant de pouvoir maîtriser la technique d'un banal traitement agricole. Il faut apprendre à voler à très basse hauteur. Ainsi, le travail sur un champ de coton exige que les roues de l'avion soient à moins de deux mètres des cultures. Or non seulement Mohamed Atta est un débutant, mais ce qu'il souhaite faire est complexe : il envisage certainement d'effectuer une attaque chimique ou bactériologique sur une ville. Or, pour qu'un produit toxique soit efficace contre des êtres humains, il doit être largué au ras du sol. Tout largage effectué trop haut se diluerait inévitablement dans l'atmosphère et les effets sur les populations seraient nuls.

Un tel travail est extrêmement difficile.

En outre, un pilote agricole doit avoir de très bonnes connaissances en aérologie. Au cours d'un largage de produits toxiques, toute erreur peut lui être fatale. En particulier s'il repasse dans son propre sillage sans tenir compte du vent. Mohamed Atta ne possède pas ces connais-

17. Federal Aviation Authority.

sances. Comme tous les débutants, il a déjà beaucoup de mal à intégrer la composante traversière du vent lorsqu'il atterrit.

Il n'empêche que Mohamed Atta et ses complices s'entêtent pendant plusieurs mois pour tenter de monter leur projet meurtrier. Plus tard, les enquêteurs retrouveront le manuel de vol d'un avion agricole dans les affaires de Zacharias Moussaoui... Il y a des notes dans les marges avec certaines remarques qui montrent à quel point les terroristes n'y connaissent rien : « *Il faudrait traiter le champ à moyenne altitude pour éviter que le pilote soit malade* (???). »

Ce n'est que deux semaines avant les attentats du 11 septembre que le chef du commando semble abandonner définitivement l'idée d'une attaque chimique avec un avion d'épandage.

À ce sujet, on peut se poser deux questions importantes :

– Quel type de produit toxique Mohamed Atta allait-il utiliser ?

– Ce produit était-il déjà sur le territoire américain ?

Pour l'instant, les enquêteurs n'ont pas été capables de répondre à ces questions... C'est pourtant là que réside le véritable problème car s'il existe des stocks importants de produits toxiques quelque part aux USA, il est évident qu'ils réapparaîtront un jour d'une manière ou d'une autre !

Une chose est certaine, si les futurs terroristes se documentent vraiment, ils ne choisiront pas un avion agricole pour leur prochaine attaque !

Suite à ces différentes découvertes, les fédéraux ont réagit : mal... Deux semaines après les attentats contre le World Trade Center, ils ont cloué tous les avions agricoles au sol pendant plusieurs jours C'est une mesure stupide et injuste contre ceux qui en vivent. De tous les projets fous des terroristes, c'était, de loin, celui qui avait le moins de chance d'aboutir.

Le rôle de la chasse américaine

Beaucoup de commentateurs se sont posés la question de savoir quel avait été le rôle de la chasse américaine pendant les détournements des quatre avions de ligne. S'il est incontestable que les trois premiers appareils se sont écrasés à cause de la volonté suicidaire des pirates, on peut effectivement se demander si le dernier vol UAL 93 n'a pas été abattu par l'US Air Force.

Le militaires américains ne cachent pas qu'ils ont fait intervenir des F-16 et des F-15 au cours des événements du 11 septembre. Trois bases aériennes ont été concernées : la base de Langley en Virginie, la base d'Otis de l'Air National Guard et la base d'Andrew à Camp Springs dans le Maryland.

Avant de chercher à comprendre ce qui s'est passé, il est particulièrement intéressant d'étudier le timing des différentes interventions :

À 8 h 40, la FAA[18] avertit le Norad[19] que le vol AAL 11 vient d'être victime d'un détournement.

À 8 h 43, la FAA avertit de nouveau le Norad qu'un second vol (UAL 175) a également été piraté. Étrangement, il semble y avoir une confusion dans les communications et certains contrôleurs militaires pensent qu'il s'agit du même message d'alerte qui a été répété deux fois. Ils ne tiennent donc pas compte immédiatement de l'information.

À 8 h 45, le premier Boeing s'écrase sur la tour nord du World Trade Center. À cet instant, aucun pilote de chasse n'est encore en vol, ni même prévenu.

À 8 h 46, deux pilotes de F-15 de l'Air National Guard basée à Otis (à 162 miles au sud de Boston) reçoivent l'ordre de décoller en urgence en direction de New York : cap vers le sud au 200 pour 110 miles nautiques à parcourir (200 kilomètres).

Pratiquement au même moment, deux autres pilotes de F-15 reçoivent également l'ordre de décoller immédiatement. Leur objectif leur sera indiqué par le radar.

Le temps moyen pour un décollage « *Scramble*[20] » est de l'ordre de six minutes et c'est effectivement ce qui se passe.

18. Federal Aviation Administration.
19. North American Aerospace Defense Command : Commandement de la Défense Aérienne.
20. En urgence.

À 8 h 52, les deux premiers F-15 décollent d'Otis pour se diriger vers le World Trade Center sur lequel le vol AAL 11 s'est écrasé il y a déjà sept minutes.

Quelques secondes plus tard, les deux autres chasseurs F-15 décollent de la même piste d'Otis. Par radio, les contrôleurs militaires leur indiquent que leur mission est d'intercepter le vol United Airlines 175 pour lequel il y a une forte suspicion de détournement.

Pour les pilotes de chasse, une mission d'interception ne signifie pas qu'ils vont devoir abattre l'avion pourchassé. La plupart du temps, ils s'agit simplement de se rapprocher de l'appareil suspect et de l'examiner en se plaçant éventuellement en patrouille à ses côtés. Les pilotes doivent tenter de rentrer en contact avec lui pour obtenir des informations sur ce qui se passe à bord. Ils doivent bien évidemment faire un compte-rendu par radio de leurs différentes observations : donner l'immatriculation et le type d'appareil. C'est une mission assez banale dite de « police de l'air ».

Dans certains cas, les chasseurs peuvent être amenés à faire des signes conventionnels pour demander à l'avion suspect de les suivre. Il est bien évident que le 11 septembre cette dernière éventualité n'a jamais été à l'ordre du jour.

Notons qu'un chasseur qui intercepte un avion est toujours armé (canon et missiles) et peut éventuellement être amené à tirer. Nous y reviendrons.

À 9 h 02, le second Boeing percute la deuxième tour du World Trade Center. À cet instant, les deux premiers F-15 se trouvent à 71 miles (130 kilomètres) des Twin Towers. Les chasseurs volent à Mach 0.90. À cette vitesse, ils parcourent environ 9 miles nautiques à la minutes (16 kilomètres/mn). Il leur faudra donc encore huit minutes de vol avant d'arriver sur place.

C'est trop tard !

À 9 h 24, la FAA prévient le Neads[21] que le vol American Airlines 77 vient à son tour d'être piraté. Les militaires réagissent immédiatement et ordonnent le décollage *scramble* de deux F-16 de la base de Langley (près de Hampton en Virginie à 230 kilomètres au sud de Washington).

À 9 h 30, les deux F-16 décollent.

21. North East Air Defense Sector. Secteur de défense du nord-est pour le Norad.

À 9 h 38, le vol American Airlines 77 percute le Pentagone. À cet instant, les deux chasseurs F-16 sont encore à 100 miles de l'endroit (180 kilomètres). Il leur faudrait encore onze minutes pour être sur place.

C'est encore trop tard...

Du fait de l'évolution rapide de la situation, les deux chasseurs en vol reçoivent alors l'ordre de changer de « *Target*[22]. » Le leader doit continuer sa route vers Washington pour se mettre en place au-dessus du Pentagone. Il doit protéger le bâtiment de toute autre attaque éventuelle.

Le numéro 2 reçoit des instructions pour se diriger vers l'endroit où le vol UAL 93 a été repéré pour la dernière fois (c'est à l'intérieur de ce vol que les passagers vont se battre contre les terroristes). Cette séparation d'une patrouille est très inhabituelle, pour ne pas dire rarissime. Elle montre qu'à cet instant précis la défense aérienne américaine manque cruellement de chasseurs prêts à décoller en urgence.

Du côté des contrôleurs, les choses se passent plutôt mal... Comme le Boeing n'a plus de transpondeur, il y a confusion dans l'interprétation des échos radars primaires. Il faut préciser qu'il y en a des dizaines sur les écrans. Ils correspondent à des petits avions qui se déplacent sans plan de vol dans des zones non contrôlées. Il y en a d'autant plus aujourd'hui 11 septembre que la météo est clémente. Les contrôleurs reçoivent l'ordre de chercher à repérer un appareil qui se déplace à grande vitesse.

On ne le trouve pas...

Le pilote du F-16 cherche également, mais il ne dispose que d'un radar de tir moins performant qu'un radar au sol et il ne le trouve pas d'avantage.

C'est le grand cafouillage !

Rétrospectivement, les militaires ont du mal à l'avouer mais, quelques instants après la coupure du transpondeur du vol 93, ils perdent complètement le Boeing. Aucune trace nulle part d'un écho primaire se déplaçant à grande vitesse.

En désespoir de cause, les « superviseurs » des centres aériens demandent à leurs contrôleurs de surveiller tout particulièrement certains points stratégiques sensibles. On pense notamment à la rési-

21. Objectif poursuivi.

dence présidentielle de Camp David dans le Maryland qui se trouve dans un rayon de 150 km de l'endroit où l'on a perdu le Boeing. Bien que la demeure soit très difficile à repérer au milieu de la campagne, ses coordonnées n'ont rien de secret. Elles sont marquées sur toutes les cartes aéronautiques et donc trouvables pour des agresseurs déterminés.

En fait, et répétons-le, à cet instant, la défense aérienne américaine est totalement dépassée.

À 10 h 03, le vol UAL 93 s'écrase près de Shanksville en Pennsylvanie. À cet instant, le F-16 qui le traque est certainement en rapprochement, mais il est encore au minimum à 100 miles nautiques de l'endroit (180 kilomètres). En supposant que le pilote du chasseur connaisse la position exacte du crash (ce qui n'est pas le cas), il lui faudrait encore onze minutes de vol pour y arriver.

En tout et pour tout, ce sont donc six chasseurs, quatre F-15 et deux F-16, qui ont été mis en œuvre pour tenter d'intercepter les avions de ligne détournés.

Sans aucun résultat...

Six avions seulement ! Le grand public estimera que c'est très peu pour contrer une attaque d'une telle envergure. Et pourtant, c'est tout ce que les États-Unis peuvent mettre en œuvre en ce matin du 11 septembre. Et c'est tout à fait normal : la densité des avions en alerte dans la région de New York est semblable à celle que l'on trouve dans nos pays européens. Ni plus ni moins. Bien évidemment, les États-Unis disposent de plusieurs centaines d'avions de combat dans la région mais ils ne sont pas prêts. Et cela demanderait beaucoup de temps avant de pouvoir les faire décoller : il faudrait prévenir les pilotes, leur laisser le temps de s'équiper (anti-g, briefing, installation, harnais, etc.), préparer les avions, les armer (car pendant les entraînements normaux, la plupart des chasseurs ne sont pas armés), et les guider vers les cibles... Tout cela prendrait au minimum une heure et demie, si ce n'est davantage.

Seuls des avions en alerte peuvent donc décoller dans un délai opérationnel.

Tous les états-majors disposent en permanence d'un certain nombre d'avions de chasse en alerte. Ainsi, en France, il y a chaque nuit six patrouilles composées chacune de deux Mirage 2000 prêts à décoller pour surveiller un secteur déterminé de l'Hexagone. Les pilotes attendent dans une salle située juste à côté de leur avion. Ils sont équipés de leurs combinaisons anti-g et le décollage doit se faire en moins de sept minutes[23].

En cas d'alerte grave et prévisible[24], les pilotes ne sont pas dans une salle mais ils attendent aux commandes de leur avion. Dans ce cas, ils peuvent décoller en moins de deux minutes. Le matin du 11 septembre, les Américains n'étaient évidemment pas dans ce type d'alerte renforcée. Personne n'avait cru aux avertissements de certains services secrets occidentaux sur la réalité de la menace. Et même si cela avait été le cas, les chasseurs ne seraient pas arrivés à temps !

En examinant le timing ci-dessus, on se rend compte qu'à aucun moment, les pilotes n'ont été en mesure d'apercevoir les vols piratés. Ce qui ne signifie aucunement qu'ils n'auraient pas pu les abattre puisque les missiles modernes permettent de tirer un adversaire à plusieurs dizaines de kilomètres. Pourtant, nous verrons que, même avec des missiles sophistiqués, il semble fort peu probable que les chasseurs aient été en mesure de tirer. Bien évidemment ces données sont fournies par les militaires américains et on peut les mettre en doute mais ce ne serait pas logique. En fait, s'il y a eu des falsifications, elles ont plutôt été faites dans le but de masquer des carences dans le système de la défense aérienne des États-Unis. Car, en ce matin du 11 septembre, l'armée américaine a été totalement prise au dépourvu. Tous les chasseurs sont systématiquement arrivés en retard sur les lieux du drame.

Étonnant pour la première armée du monde ? On pourrait le croire et pourtant, une affaire similaire se reproduira quatre mois plus tard à Tampa avec Charles Bishop dont la triste histoire est racontée plus loin.

Plusieurs facteurs sont a l'origine de cette étonnante inefficacité. Il faut se rappeler qu'au moment de l'attaque :

- les Américains sont en temps de paix,
- ils sont sur leur territoire avec le sentiment d'être dans un sanctuaire où personne ne viendra jamais les attaquer,
- l'heure est relativement matinale et il n'y a que peu d'avions disponibles,
- jusqu'à ce jour, les alertes de « police de l'air » ont toujours été déclenchées pour des faits sans gravité (ce sont pour la plupart des

23. Les pilotes américains sont censés décoller en six minutes mais la réalité est souvent un peu supérieure d'une trentaine de secondes.
24. Période de guerre ou situation de crise grave.

avions en panne radio), ou des jeunes pilotes privés qui s'égarent dans des zones interdites de survol. Parfois même ce ne sont que des exercices pour entraîner les pilotes de chasse,

• les contrôleurs militaires sont peu habitués à gérer des attaques soudaines en ne disposant que des échos radars primaires au-dessus de leur territoire.

L'effet de surprise joue donc à fond en faveur des terroristes. Lorsque le premier avion s'écrase sur le World Trade Center, les Américains se trouvent confrontés à un scénario d'attaque totalement imprévu. Est-il possible que, dans la précipitation, un gradé ait ordonné au dernier F-16 d'abattre le vol UAL 93 ? Avant de répondre, il est intéressant de voir comment les choses auraient pu se passer du point de vue purement technique :

Un chasseur F-16 est équipé d'un canon Gattling de 20 mm type Vulcan M 61A1 d'une portée de 2 kilomètres. Notons qu'à cette distance maximum, le tir est très imprécis et qu'il vaut mieux que le pilote se rapproche pour espérer atteindre sa cible... Ce canon peut tirer 6 600 coups à la minute mais, contrairement à ce qu'imaginent les néophytes, on ne peut pas tirer comme au cinéma.

Le F-16 possédant un chargeur de 515 obus, il peut tirer pendant une durée totale de... 5 secondes au maximum. Il serait très difficile d'abattre un avion de ligne au canon car le pilote devrait se rapprocher si près qu'il risquerait d'être lui-même frappé par les débris de l'avion qui explose.

Restent les missiles...

Le F-16 peut être équipé de plusieurs types de missiles. Les engins à courtes portées : ce sont les air-air AIM-9P Sidewinder. Des missiles à guidage infrarouge qui sont attirés par la chaleur des réacteurs. Leur portée maximum est de l'ordre de 18 kilomètres mais cette distance est théorique car, à l'instar du canon, le taux de réussite est assez faible dès que l'on est loin de la cible.

Dans ce cas, ils sont souvent attirés par la chaleur du soleil et ont tendance à grimper dans le ciel. D'après les quelques rares enregistrements radars réalisés le 11 septembre, aucun chasseur ne s'est approché assez près du vol UAL 93 pour pouvoir le tirer au missile Sidewinder. Il aurait donc fallu utiliser un autre type de missile.

Le F-16 peut également être équipé de missiles à moyenne portée de type AIM 120 AMRAAM qui peuvent atteindre leur cible jusqu'à

45 kilomètres de distance. Ceux-là sont guidés par radar. Certains, comme le Mica montés sur les avions américains sont de fabrication française.

Ce sont des engins efficaces qui facilitent le travail du pilote. Il suffit d'accrocher la cible sur le radar de tir. Une fois celle-ci verrouillée, on appuie sur la détente et on oublie : « *Fire and Forget* », disent les pilotes.

Le missile Mica de Matra accélère jusqu'à la vitesse de Mach 4 et il est relativement rare qu'il manque sa proie surtout lorsqu'il s'agit d'un avion de ligne sans défense électronique, ni contre-mesure.

L'US Air Force ne donne aucune indication sur le type de missiles qui équipait le F-16 envoyé vers le vol UAL 93. On sait seulement qu'aucun chasseur n'a jamais été repéré à moins de 45 kilomètres d'un « spot primaire rapide. »

Bien évidemment, les enregistrements radars peuvent avoir été remplacés par l'armée américaine et les informations soigneusement contrôlés pour dissimuler un tir. Personnellement, je n'y crois pas... Non pas que les gens du Pentagone soient des adeptes de la vérité médiatique à tout prix, mais parce que le tir d'un missile représente une somme de difficultés bien plus complexes à résoudre que le public pourrait l'imaginer. Il ne suffit pas d'appuyer sur la détente.

Un pilote ne fait pas feu de sa propre initiative. Il lui faut un ordre clair et précis. Et *qui aurait pu donner cet ordre ???*

Les militaires américains sont des gens parfaitement organisés qui ne fonctionnent qu'au travers de plans établis longtemps à l'avance. Chaque détail est prévu, avec ses avantages et ses inconvénients. Disons-le simplement, nos alliés américains sont excellents lorsqu'ils ont du temps devant eux mais ils sont très mauvais dans l'improvisation. Or, il n'existait aucun plan prévoyant une attaque de ce type. La décision d'abattre le Boeing n'aurait pas pu être prise par n'importe quel gradé, fusse-t-il chef d'état-major de l'US Air Force. AUCUN responsable militaire n'aurait pu, de son propre chef, ordonner d'abattre un avion civil. Surtout en sachant que cet avion de ligne transportait des Américains !

Le seul qui aurait pu prendre une telle décision, c'est le Président des États-Unis en personne... Georges W. Bush.

Obtenir un ordre de sa part ? C'est peut-être ce qu'ont essayé de faire certains stratèges impliqués. Mais il leur a fallu remonter jusqu'à la Maison Blanche. Problème... le Président n'y est pas... Il est à Saratosa en Floride en train de faire la lecture aux élèves d'une classe primaire. Cela prend du temps pour le joindre... (10 minutes, 15 minutes, peut-être même 20). Or, le temps, c'est justement le paramètre qui manque cruellement en ce mardi matin 11 septembre. Comment imaginer qu'en moins d'une demi-heure les plus haut-gradés de l'état-major aient pu analyser sainement la situation, faire une proposition et en référer au chef de l'État pour obtenir un feu vert ?

Comment imaginer qu'en si peu de temps les conseillers du Président aient pu discuter du bien-fondé de cet acte terrible, qu'ils en aient mesuré les conséquences politiques, les répercussions sur la cote de popularité du Président et qu'ils aient réussi à convaincre l'intéressé de donner l'ordre d'abattre l'avion ?

Tout cela en vingt-deux minutes ! Car c'est seulement au moment où le vol 77 s'écrase sur le Pentagone qu'on envoie vaguement un F-16 dans le secteur où on a perdu le contact avec le vol 93. C'est seulement à ce moment-là que l'on réalise qu'il s'agit d'un véritable complot contre les États-Unis. Et à ce moment-là, c'est la panique dans le Pentagone qui vient d'être durement frappé et dont une aile est en flammes.

Pour illustrer cette lourdeur dans la décision opérationnelle américaine, on peut rappeler que Moulay Omar, le bras droit de Ben Laden, a eu beaucoup de chances pendant sa fuite de Kaboul à la fin de l'année 2001 : alors qu'il quitte la capitale, il se trouve dans le collimateur d'un avion américain. Il suffit de lâcher une bombe guidée laser et on peut le tuer. Le pilote attend des instructions de ses chefs pendant plus d'une heure... En vain, l'ordre n'arrivera jamais parce que l'officier responsable des opérations ce jour-là n'était pas habilité à prendre une telle décision. Il avait besoin d'être couvert par un général injoignable. Moulay Omar s'enfuira tranquillement avec un convoi de plusieurs dizaines de véhicules et on perdra définitivement sa trace... Quand on sait que la hiérarchie militaire américaine n'a pas été assez rapide pour éliminer l'un des pires ennemis des États-Unis, on comprend qu'il est totalement impossible qu'on ait pu donner l'ordre d'abattre des civils américains en moins d'une demi-heure !

Même si la décision avait été prise, il n'est d'ailleurs pas certain que le chasseur ait accepté de tirer. Un pilote de F-16 est avant tout un Américain avec une conscience bien trempée. On n'imagine pas un instant qu'il ait pu tuer des compatriotes sans se poser des dizaines de questions et sans faire répéter l'ordre à plusieurs reprises. Certains objecteront que les militaires obéissent et ne réfléchissent pas. Voire ! Même au-delà du « rideau de fer », du temps de la toute-puissante URSS, un pilote soviétique a refusé d'abattre un avion de ligne coréen.

Et pourtant il en avait reçu l'ordre à plusieurs reprises !

Les antécédents

On objectera, à juste titre, que les avions de ligne qui ont été abattus par la chasse sont plus nombreux qu'on ne le pense. Il est vrai que l'on dénombre plus de 800 victimes en trente ans.

• Vol Aer Lingus 712 en Irlande (60 morts).

• Vol Lybian Airlines 114 abattu par la chasse israélienne (100 morts).

• Vol Itavia 870, missile « indéterminé » pendant des manœuvres en Méditerranée (81 morts)[26].

• Vol KAL 007 : Boeing 747 de la Korean Airlines abattu par les Soviétiques (260 morts).

• Vol KAL 902 Boeing 707 de la KAL abattu également par la chasse soviétique (deux morts seulement).

• Vol Iran Air 655 abattu par l'US Navy (290 morts)[27].

Il y en a d'autres... Pourtant, parmi ces exemples, aucun n'a été abattu délibérément par des avions appartenant à son propre pays. Et beaucoup ont été descendus suite à des erreurs (de tirs, de cibles ou d'interprétation).

À chaque fois, les conséquences politiques, diplomatiques et humaines ont été catastrophiques pour les dirigeants qui ont pris la décision. L'URSS a été mise au ban des nations pendant plusieurs mois après le terrible épisode contre le Boeing 747 de la Korean Airlines.

Du coup, lorsqu'il s'est agi d'abattre délibérément un avion pour assurer la sécurité des populations au sol, les gouvernants n'ont jamais osé passer à l'action. Jamais ! Ainsi, le 25 octobre 1999, le célèbre golfeur Payne Stuart aurait pu être abattu dans son avion. À cause d'un problème de pressurisation, tout le monde à bord était déjà mort (y compris l'équipage). Mais l'US Air Force n'a pas osé tirer de peur que l'avion ne fasse des victimes au sol[28].

De même, le Premier ministre Édouard Balladur aurait pu être confronté à ce dilemme insoluble si, en 1994, l'Airbus d'Alger avait pu atteindre Paris. Les pirates intégristes voulaient en effet le jeter sur la capitale.

26. Voir dans cet ouvrage le récit « Des Libyens sous un avion de ligne ».
27. Voir dans cet ouvrage le récit « L'Airbus est abattu par l'US Navy ».
28. Voir Pourquoi ils sont tombés publié aux Éditions Altipresse (même auteur).

Il y a fort à parier qu'il n'aurait jamais fait abattre l'avion.

Mieux, l'état-major français ne s'est pas résolu à abattre un Mirage IV à bord duquel il n'y avait absolument personne... Celui-ci a tourné de longues minutes au-dessus de la France grâce à son pilote automatique. Il a survolé Bordeaux sans que l'on sache s'il fallait l'abattre ou le laisser s'écraser de lui-même. Il est finalement tombé tout seul, à court de carburant.

29. *Voir dans cet ouvrage « Les intégristes attaquent l'Airbus ».*
30. *Voir Frissons dans le ciel (même auteur, même éditeur).*

La logique du « parapluie cynique »

Tous les conseillers, tous les stratèges militaires tiennent aujourd'hui le même raisonnement : quelles que soient les circonstances, il n'y a jamais intérêt à intervenir pour descendre un avion. C'est la logique du « parapluie cynique. »

Abattre un appareil présente en effet des risques politiques absolument gigantesques. Si, par la volonté suicidaire des pirates, un appareil s'écrase sur une grande ville, le gouvernement n'y est pour rien. S'il est abattu par des chasseurs et qu'il fait des victimes au sol, c'est évidemment le donneur d'ordre qui est responsable et le risque est énorme !

Pour un homme politique, mieux vaut 3 000 morts au sol dont vous n'êtes pas responsables que 10 qui vous sont imputables. D'autant qu'il y aura toujours des petits malins pour affirmer après coup que les pirates étaient de gentils pacifistes qui souhaitaient seulement manifester leur mécontentement et qu'ils n'avaient nullement l'intention de provoquer une tuerie.

Si Georges W. Bush avait eu à choisir, nul doute qu'il aurait pris l'option « parapluie cynique ». Il est probable qu'il n'en ait pas eu le temps car tout le système de la défense aérienne américaine semble avoir été dépassé par les événements.

Un Airbus s'écrase sur New York... Nouvel attentat ?

Le lundi 12 novembre 2001, soit deux mois après les attentats du 11 septembre, le monde replonge brusquement dans un nouveau cauchemar. Un Airbus 300[31] décolle de la piste 31 gauche de l'aéroport de JFK. Il appartient à la compagnie American Airlines et porte le numéro de vol 587. Il part pour Saint-Domingue.

Il est **9 h 34.**

Après avoir rentré le train d'atterrissage, le commandant de bord part en virage à gauche au-dessus de Jamaica Bay. Il y a exactement cinquante-huit secondes qu'il est en vol[32] lorsqu'un grand bruit résonne dans l'avion. C'est une sorte de crissement de métal enregistré distinctement par la première boîte noire (le *Cockpit Voice Recorder*). Le bruit s'accompagne d'une très violente turbulence avec un fort mouvement de roulis à droite.

Aussitôt, le pilote signale à la radio qu'il vient certainement de passer dans la turbulence de sillage de l'avion qui le précède.

Le bruit se répète. La turbulence augmente.

À cet instant, l'avion est à 2 800 pieds... Sa vitesse est de 505 kilomètres à l'heure. Pendant quatre secondes, l'avion est secoué de droite à gauche. Puis le bruit se reproduit une troisième fois avec un craquement très fort. Brusquement, la dérive verticale de l'Airbus se détache. L'immense pièce de métal tombe en tournoyant dans Jamaica Bay, juste devant le rivage de Rockaway.

L'Airbus devient alors incontrôlable. Malgré tous ses efforts, le commandant de bord ne peut rien faire pour le stabiliser. L'appareil pique du nez, puis il se redresse et repart en avant comme un petit avion de voltige. Sous la violence des secousses, ses deux réacteurs se détachent presque simultanément. Désemparé, le gros porteur s'écrase sur la 131e rue dans Belle Harbor, un quartier résidentiel du Queens. C'est une étroite presqu'île qui s'étire le long de Beach Channel Drive. Les dégâts au sol sont importants et des maisons sont détruites. Les habitants du quartier ont joué de malchance ce jour-là. La bande de terre mesure 15 kilomètres de long mais seulement *800 mètres de large.*

31. C'est un A 300B4-605R. Il est immatriculé N 14053.
32. En fait, 1 minute 47 secondes après le lâcher des freins.

Si l'avion était tombé quelques centaines de mètres plus au sud ou plus au nord, il serait tombé dans l'eau et rien n'aurait été détruit.

Dès que la nouvelle parvient aux agences de presse, le monde se retrouve brusquement en état de choc. Une nouvelle fois, toutes les télévisions interrompent leur programme pour diffuser des images dramatiques. La Bourse accuse le coup. Le maire de New York déclenche une alerte de niveau 1 en envoyant immédiatement 44 véhicules de pompiers sur les lieux du drame.

Dans tous les esprits, ce crash ne peut pas être un accident. Il y a trop de similitudes avec les attentats du 11 septembre : date anniversaire... même compagnie aérienne... même ville... même météo particulièrement clémente... mêmes images chocs d'un avion gros porteur s'écrasant sur des habitations... des flammes... des scènes de panique... et des morts. Les 260 occupants de l'appareil sont tués sur le coup et il y a 5 victimes au sol. Sans attendre, de nombreux journalistes parlent d'une attaque terroriste.

Aucun doute, Al Qaeda a de nouveau frappé !

Et pourtant ce n'est pas le cas...

L'enquête va très vite. On retrouve les deux boîtes noires. On repêche la dérive de l'Airbus. Elle est cassée net au niveau de la partie arrière du fuselage comme si toutes les attaches avaient cédé en même temps. Il n'y a aucune trace d'explosifs, ni de déflagration.

Il ne faut pas beaucoup de temps aux enquêteurs pour trouver l'explication du drame. Elle est claire et sans équivoque.

L'avion est passé dans le souffle d'un Boeing 747-400 qui a décollé juste devant lui (le vol Japan Airlines 047 partant pour Tokyo/Narita). Il a été pris dans la turbulence de son sillage.

Ces tourbillons sont d'une très grande violence. Un petit avion passant derrière un Jumbo-Jet n'y résisterait pas, il serait retourné et plaqué au sol comme un fétu de paille. Bien que l'Airbus 300 soit un gros appareil, les risques sont très importants pour lui aussi. Ce n'est pas la première fois que ce genre d'accident survient[33]. Pour éviter ces problèmes, les contrôleurs aériens espacent systématiquement les décollages.

Les temps laissés entre chaque avion varient suivant les pays mais

33. Le 8 septembre 1994, un Boeing 737 de la compagnie US Air (vol UA 427) s'est écrasé à côté de Pittsburgh après être passé dans le sillage d'un autre appareil (voir Pourquoi ils sont tombés, même éditeur).

ils sont en général de l'ordre de deux minutes[34]. C'est le cas ce jour-là puisque l'Airbus a lâché les freins 1 mn 54 après le vol de Japan Airlines.

Le passage de l'Airbus dans une turbulence de sillage n'est donc pas suffisant pour expliquer la rupture de la cellule. Il est évident que l'appareil (datant de 1987) présentait une faiblesse au niveau de la queue. On n'en connaît pas encore l'origine avec précision : corrosion, fatigue du métal, mauvais entretien, mauvaise technique de pilotage[35] ou défaut de conception ?

L'examen des documents d'entretien de l'Airbus du vol 587 montre que le matin même du drame, l'équipage avait signalé que l'amortisseur de lacet refusait de s'engager au niveau de la gouverne de direction. Après réinitialisation de l'ordinateur de bord, le problème avait disparu mais il est la preuve que quelque chose ne collait pas dans la queue de l'appareil.

Le 16 novembre 2001, la FAA[36] émet un bulletin de service urgent. Elle demande à toutes les compagnies aériennes exploitant des Airbus A 300-600 de procéder à des inspections immédiates sur leurs avions pour vérifier l'état de la fixation de la dérive et de la gouverne de direction (Service Bulletin Emergency AD 2001-23-51).

Dix jours après la catastrophe, un autre Airbus A 300-600 d'American Airlines est arrêté de vol parce que les pilotes se plaignent de mouvement latéraux incontrôlés au niveau de la gouverne de direction. L'appareil semble donner des « coups de queue latéraux à la manière d'un poisson » (sic). Au cours de l'inspection, les mécaniciens découvrent des points de fatigue à la base de la dérive.

En conclusion, on sait aujourd'hui avec certitude que le crash du vol AAL 587 n'est pas un attentat. À ce jour, l'enquête officielle se poursuit[37] pour connaître le phénomène exact qui a affaibli la fixation de la dérive et ne lui a pas permis de résister à la turbulence de sillage, mais Al Qaeda n'y est pour rien.

35. Dans certaines compagnies américaines, les procédures habituelles étaient de contrer certaines formes de turbulences par des actions fermes et soutenues sur la direction (en particulier lors des passages en turbulence de sillage). Certains enquêteurs pensent que cette technique de pilotage aurait pu fatiguer anormalement les attaches de la dérive.

36. Federal Aviation Administration.

37. La NASA procède à des tests de résistance des métaux.

Les émules des terroristes du 11 septembre

LE CAS « *SHOE BOMBER* »

Samedi 22 décembre 2001...
Vol American Airlines 63 (Roissy – Miami).
Boeing 767.

Richard Reid est assis à la place 29 C (le long de l'allée).

Le moins que l'on puisse dire est qu'il ne passe pas inaperçu. Il est très grand : près de deux mètres... Le teint mat, un visage incroyablement dur, un nez proéminent, des yeux noirs globuleux, des cheveux frisés visiblement sales et une petite barbe clairsemée... L'homme a 28 ans, il porte un grand burnous blanc dont il a rabattu la capuche sur sa tête. Peut-être cherche-t-il à dissimuler ses longs cheveux crépus ramenés en arrière en une queue de cheval ? Il n'a pas dit un mot depuis son installation dans l'avion. Pas le moindre sourire aux hôtesses qui lui ont apporté des rafraîchissements et un plateau-repas. Cela fait trois heures et demie que le Boeing a quitté Roissy à destination de Miami, et depuis tout ce temps, l'étrange passager est resté parfaitement immobile.

À bord de l'avion se trouvent 185 passagers et 12 membres d'équipage.

Sur la même rangée que lui, près du hublot, à la place 29 A se trouve une passagère. C'est une jeune comptable d'IBM qui rentre aux États-Unis après deux semaines de vacances en France. Entre elle et Richard Reid, il y a une place vide.

Alors que l'avion est sensiblement à mi-chemin sur l'Atlantique Nord, la passagère se lève. Elle souhaite se rendre aux toilettes. Sans un mot, l'homme se lève à son tour pour libérer le passage.

Mais au lieu de se rasseoir près de l'allée, il se déplace de deux sièges vers la cloison et prend la place de sa voisine. Rien d'anormal... Le passager veut certainement profiter de cette absence momentanée pour regarder l'océan par le hublot.

Quelques instants plus tard, une hôtesse passe dans l'allée. Alors qu'elle distribue des écouteurs pour le film qui va être projeté, elle est intriguée par l'attitude de Richard Reid. Celui-ci est courbé vers le plancher comme s'il cherchait quelque chose par terre.

– Je peux vous aider ?

L'homme ne répond pas.

Étonnée, l'hôtesse se penche pour essayer de comprendre ce qui se passe et elle ne peut retenir un mouvement de stupeur. L'homme au burnous est en train de craquer une allumette.

La navigante réagit aussitôt.

– Monsieur, je vous rappelle qu'il est strictement interdit de fumer à bord, lance-telle. Voudriez-vous éteindre cette cigarette immédiatement ?

Le ton est autoritaire et la voix est si forte que les autres passagers se retournent pour voir le visage de cet homme qui se conduit comme un collégien irresponsable.

Richard Reid lui adresse un regard étonné. Il semble ailleurs.

Comme il ne répond pas, l'hôtesse insiste.

– Éteignez cette cigarette, s'il vous plaît.

En réalité, elle ne parvient pas à voir l'objet qu'il tient dans la main. Elle a simplement aperçu une boîte d'allumette et elle est persuadée que l'homme essaye de fumer en cachette.

Au bout de quelques secondes, Reid se redresse et montre l'allumette qui se consume au bout de ses doigts.

Il souffle dessus et murmure.

– *I am sorry.*

– Ne recommencez pas, avertit l'hôtesse, ou je serai obligée de prévenir le commandant de bord. Je vous rappelle que fumer à bord des avions de notre compagnie est un délit grave...

Richard Reid a un vague murmure :

– *OK...OK...*

Puis il se tourne vers le hublot et se plonge dans la contemplation de l'océan.

Quelques minutes plus tard, la passagère qui est allée aux toilettes revient à sa place. Juste derrière elle se trouve l'hôtesse qui vient de donner un avertissement à Richard Reid. Les deux femmes discutent lorsqu'un passager interpelle la navigante.

– Excusez-moi mademoiselle, vous ne trouvez pas qu'il y a une drôle d'odeur. Comme du brûlé. On dirait du soufre.

L'hôtesse respire longuement et approuve.

– C'est vrai, on dirait du soufre…

Pendant ce temps-là, la passagère s'adresse à Richard Reid.

– Excusez-moi monsieur, est-ce que je pourrais reprendre ma place ? demande-t-elle gentiment.

L'homme ne répond pas. Une nouvelle fois, il est penché en avant comme s'il relaçait ses chaussures.

La femme n'a pas le temps de comprendre ce qui se passe. L'hôtesse arrive dans son dos et lui demande de s'écarter.

Elle semble vraiment furieuse.

– Non mais je rêve… Ce type a recommencé à fumer.

Sans hésiter, la navigante s'engage entre les sièges et se penche vers Richard Reid pour tenter d'attraper ce qui lui semble être des allumettes.

– Voulez-vous me donner ça ?! ordonne-t-elle d'une voix ferme. C'est formellement interdit !

Tout en parlant, elle agrippe la main de l'homme qui tient effectivement une boîte d'allumette. Mais il n'a pas de cigarette… Incroyable, on dirait qu'il est en train d'essayer d'allumer le talon de sa chaussure.

– Vous êtes complètement malade !

Tout va alors très vite. Avant qu'elle n'ait pu saisir les allumettes, l'homme lui agrippe le poignet et il l'attire fortement jusqu'à lui.

Sous la traction, l'hôtesse perd l'équilibre et se retrouve le visage collé contre le dossier du siège du milieu. Elle n'a pas le temps de se demander ce qui s'est passé qu'elle ressent une violente douleur au poignet.

Richard Reid vient de la mordre férocement !

Paniquée, elle tente de dégager sa main mais l'homme ne lâche pas prise. Elle hurle de toutes ses forces :

– I need help… Oh my god… I need help.

Le cri est si strident qu'on l'entend d'un bout à l'autre de l'avion. Dans un premier temps, on croit à une blague et les passagers sourient. Puis comme les hurlements se poursuivent, on comprend que ça va mal quelque part dans l'avion.

Dix rangées devant Richard Reid se trouve Monique Danison (place 19 C). Elle frémit. « Quand quelqu'un hurle de cette manière, c'est qu'il se passe quelque chose de très grave».

L'hôtesse continue à hurler :

– *Help... Help...*

Il ne faut que quelques secondes pour que les passagers réagissent. À la place 30 C, juste derrière Richard Reid se trouve Éric Debry. Il a 42 ans. Cela faisait déjà un moment qu'il surveillait les faits et gestes de son étrange voisin. Il lui trouvait un visage inquiétant. Sans hésiter, il se précipite par dessus l'appuie-tête et agrippe fermement le bras du kamikaze.

– Je le tiens, hurle-t-il. Aidez-moi, Bon Dieu.

Immédiatement deux autres personnes se précipitent. Et c'est une mêlée indescriptible... Pour les passagers, le combat n'est pas facile. Il n'y a pas beaucoup d'espace et ils doivent se faufiler entre les dossiers pour atteindre le pirate. Celui-ci se débat furieusement. Il est d'une force peu commune. Il mord, il griffe, plante ses ongles dans les yeux des ceux qui se trouvent à sa portée. Et il cogne de toutes ses forces. Malgré leur avantage numérique, les trois hommes ne parviennent pas à le maîtriser.

Dans l'avion, la rumeur circule comme une traînée de poudre.

– *Hijacker... Hijacker...* Il y a un pirate à bord qui veut nous faire sauter...

De partout des hommes se lèvent. C'est la ruée... À cet instant, les attentats du 11 septembre sont dans tous les esprits. C'est une question de vie ou de mort. Tout le monde veut atteindre l'agresseur. Mais il est difficile d'arriver jusqu'à lui au milieu de la bousculade.

Un jeune basketteur professionnel, James Kwane, vient à la rescousse des trois hommes. Pour rentrer dans la mêlée, il passe carrément par-dessus les dossiers des sièges. Il a 23 ans... Malgré une forme physique parfaite, il a l'impression de se heurter à un fauve enragé. Le pirate est aussi grand que lui. Il est très fort et semble animé d'une rage terrible. Pendant quelques instants, les passagers se demandent s'ils vont parvenir à le maîtriser. Il sont maintenant quatre sur lui, puis cinq et il se débat toujours.

Parmi les passagers se trouve Thierry Dugeon, un journaliste de Canal Plus. Il était assis une dizaine de rangées derrière Richard Reid. Mais dès qu'il a entendu l'hôtesse hurler, il s'est précipité.

Il dira plus tard :

– « Quand vous êtes dans un avion et que vous entendez une hôtesse appeler à l'aide, vous ne réfléchissez pas. Vous vous levez et vous allez vous battre. C'est de l'instinct de défense. »

À six contre un, les passagers parviennent enfin à faire sortir Richard Reid de sa place et à l'allonger dans l'allée. Mais la tâche est difficile. On s'assoit sur lui pour l'immobiliser. On le cogne mais l'homme se débat comme un démon.

Quelqu'un hurle dans la foule.

– Donnez vos ceintures.... Donnez vos ceintures...

Sans hésitation, les passagers envoient des dizaines de ceintures de cuir. Il en arrive de partout pour entraver les membres du forcené.

Puis une hôtesse apporte du ruban adhésif. L'homme lutte toujours. Il faut plus d'un quart d'heure pour parvenir à l'épuiser.

On lui met les mains dans le dos pour lui attacher les poignets mais les ceintures ne tiennent pas en place. Au bout de quelques instants de repos, Richard Reid réussit à se libérer et recommence à se débattre. Instinctivement, il cherche à atteindre ses chaussures. Quelqu'un hurle dans la mêlée :

– *His shoes... His shoes...*

Tout le monde a compris. C'est de là que vient le danger. Ce sont des chaussures de sport d'une marque connue. Un look branché, des couleurs vives, des semelles très épaisses comme on en voit dans le monde entier aux pieds des adolescents.

Tout le monde crie.

Il faut lui enlever ces trucs. C'est une bombe...

Soudain alors qu'on est en train de le déchausser, une hôtesse se rend compte qu'une des chaussures fume étrangement.

– Vite... De l'eau, n'importe quoi... De l'eau, de l'eau...

En quelques secondes, il se forme une chaîne. On apporte tout ce qui peut servir pour éteindre un incendie : les gobelets d'eau qui traînaient sur les plateaux... mais aussi du thé, du café, des sodas, des restes de bières. Affolée, une hôtesse vide carrément une bouteille d'eau minérale sur le pied et sur la jambe de Richard Reid.

Après plusieurs minutes de combat acharné, on pourrait penser que l'homme est exténué. Il n'en est rien... Il continue à se débattre de plus belle. On le tient par sa queue de cheval. On lui tord les bras sans ménagement. Folle de rage, une passagère lui donne des coups de sac à main sur la tête. Au cours de la lutte, une autre hôtesse est sévèrement mordue à la main et au bras. Un passager a l'arcade sourcilière ouverte. La chef de cabine fonce dans le poste de pilotage pour faire un rapport au commandant de bord.

Finalement, une voix grave retentit dans les haut-parleurs :

– *Ladies and gentlemen, this is your captain speaking...* Vous savez que nous avons un problème grave avec un passager. S'il y a un médecin à bord, il est prié de se faire connaître immédiatement auprès d'un membre de l'équipage. Il nous faut quelqu'un qui soit capable d'utiliser notre équipement médical de premier secours.

Quelques secondes plus tard, deux médecins français se présentent au *galley* avant. Fébrilement, ils fouillent dans la trousse à pharmacie de l'avion et découvrent un sédatif. À toute vitesse, ils préparent une seringue et injectent le calmant au terroriste. Mais ce n'est pas vraiment efficace et ils doivent se résoudre à faire une seconde injection.

On s'inquiète.

– Il va déchirer le ruban adhésif !

L'homme est transporté vers l'avant de l'appareil où il reste sous la surveillance de plusieurs volontaires qui acceptent de se relayer sans interruption jusqu'à l'atterrissage. On le fouille. Il n'a pas grand-chose sur lui. Juste deux cassettes audio et un passeport britannique au nom de Richard Reid. Ses chaussures lui ont été enlevées et placées le plus loin possible à l'arrière de l'appareil.

Lorsqu'on lui demande s'il est de nationalité anglaise, il répond avec hargne.

– Je ne suis pas Britannique, je suis Jamaïcain !

Quelques instants plus tard, le commandant de bord fait une nouvelle annonce au micro. Il pense qu'il existe un risque que le pirate ait des complices à bord. Il demande donc à chaque passager d'exercer une forme d'auto-surveillance générale et de ne pas hésiter à donner l'alerte au moindre mouvement suspect.

Richard Reid est attaché au premier rang sur un des sièges des *business class.* Autour de lui, les passagers vont et viennent sans cesse pour le surveiller de très près.

Lorsque certains lui demandent pourquoi il voulait faire sauter l'avion, il répond d'un air agressif :

– Vous verrez bien ce qui arrivera un jour !

Ce sont les seules paroles qu'il prononcera.

La suite du vol est plus calme. Pour détendre l'atmosphère, l'équipage projette un second film, une comédie *(Leggally Blonde)*. Les passagers suivent la projection mais à tout instant des gens se lèvent d'eux-mêmes pour aller vérifier les liens de leur agresseur. Tout le monde craint qu'il se libère.

En approchant des côtes américaines, deux F-15 de la base d'Otis viennent escorter le Boeing. Contrairement à ce qu'on pourrait croire, la présence des deux chasseurs ne rassure pas les 197 occupants de l'appareil. Chacun se rappelle la rumeur concernant le vol UAL 93 et on se dit qu'en cas de problème grave, la seule chose que pourraient faire ces deux Eagle serait de les abattre.

En réalité, tout se passe bien...

Le commandant de bord décide de ne pas poursuivre jusqu'à Miami comme prévu. Il préfère se dérouter sur l'aéroport de Boston-Logan où il atterrit à **12 h 50** (heure de la côte est).

Quelques instants après que le Boeing soit au sol, les policiers récupèrent les chaussures de Richard Reid pour les examiner aux rayons X. Ils découvrent que la semelle a été vidée et remplie d'un explosif suffisamment puissant pour déchirer le fuselage de l'avion. C'est surtout au niveau du talon que la substance létale a été stockée. Dans un premier temps, les enquêteurs croient qu'il s'agit de plastic C4 mais une analyse poussée révèle que c'est en réalité du TATP[38]. Il y en a exactement 283,5 grammes. Le TATP est une substance explosive hautement volatile qui peut être fabriquée artisanalement à partir d'éléments simples. Une sorte de bombe « faite à la maison » mais qui aurait pu provoquer la désintégration du Boeing.

Après avoir entendu Richard Reid affirmer qu'il était Jamaïcain, puis Sri-Lankais, les enquêteurs découvrent qu'il est en réalité Britannique (il est né dans la banlieue de Londres).

Il a payé son billet cash. Il n'avait pas de bagages et a manqué le vol de la veille parce que les policiers français se sont méfiés de lui et l'ont interrogé pendant plusieurs heures...

Avant d'embarquer sur le vol American Airlines 63, Richard Reid a voyagé à bord de plusieurs compagnies occidentales. Son dernier voyage s'est effectué sur la compagnie israélienne El Al, la compagnie

38. Tri-acétone Tri-peroxyde.

la plus sûre du monde, sans attirer l'attention des agents de sécurité. Pendant les mois qui ont précédé sa folle tentative, le terroriste est allé en Israël, en Égypte, au Pakistan, et en Turquie.

Que cherchait-il à repérer ? À l'heure où ces lignes sont écrites, les enquêteurs ne le savent pas encore.

L'homme s'est muré dans le silence.

Pour la petite histoire, on ne peut s'empêcher de raconter l'anecdote qui s'est déroulée lors d'une conférence de presse accordée par les autorités américaines. C'était cinq jours après la tentative de destruction du vol AAL 63.

Devant un parterre de journalistes, un porte-parole du FBI commence son exposé par la phrase suivante :

– Mesdames, messieurs, je peux vous assurer que nous venons de faire échouer une catastrophe majeure...

Le rapporteur n'a pas le temps d'en dire plus. Une journaliste du *Seattle Post* lève la main pour l'interrompre.

– Excusez-moi... Est-ce que j'ai bien entendu ? Vous avez dit « nous »... Je crois qu'il y a effectivement des gens qui ont évité une catastrophe mais ce ne sont pas les agents du FBI... Ce sont les passagers du vol 63. Ce sont eux les héros et pas vous...

La salle approuve dans un tonnerre d'applaudissements.

Le Cessna de Tampa

On ne peut parler des attentats du 11 septembre sans dire quelques mots sur l'influence que ces événements ont pu avoir sur certains esprits simples y compris dans le monde de l'aviation.

Le cas du Cessna de Tampa en est un exemple frappant.

Charles J. Bishop est un jeune adolescent de 15 ans. C'est un des meilleurs élèves de son lycée. Comme de nombreux jeunes américains, il a rêvé d'apprendre à piloter le plus tôt possible. C'est ainsi que, dès l'âge de 13 ans, sa mère qui l'élève seule lui a fait prendre des cours dans une école de pilotage de Floride.

Sans être exceptionnellement doué, l'adolescent a de bonnes aptitudes. Avec 29 heures de vol à son actif, il serait capable de voler en solo depuis déjà plusieurs mois. Malheureusement, la réglementation américaine ne l'autorise pas à partir sans instructeur avant l'âge de 16 ans[39]. Il continue donc à prendre des cours en attendant impatiemment le jour où il se retrouvera seul aux commandes d'un avion.

Le samedi 5 janvier 2002 à **16 h 30,** Karen Johnson, sa grand-mère, le dépose à l'aérodrome de St Petersburg Clearwater International pour qu'il prenne son cours de pilotage. Elle a convenu avec lui qu'elle reviendrait le chercher à 19 heures. Un baiser, un sourire d'adolescent heureux, Charles J. Bishop semble parfaitement dans son état normal.

L'avion l'attend sur le parking. C'est un Cessna 172 R Skyhawk rouge et blanc presque neuf. Un petit quadriplace à ailes hautes de 160 chevaux[40]. Immatriculé N 2371N, l'appareil est sorti d'usine il y a quatorze mois et appartient à la société National Aviation Holding.

Comme d'habitude, l'instructeur demande au jeune Charles Bishop d'effectuer la « visite prévol »[41] de l'avion. Pendant ce temps-là, il termine son débriefing avec un autre élève. Il fait très beau ce jour-là à Tampa. Il n'y a pas besoin de remplir un plan de vol pour un simple cours de pilotage.

Tranquillement, le jeune Charles effectue sa *préflight check :* il enlève les cordes qui attachent l'avion aux anneaux d'amarrage sur le parking[42]. Il vérifie ensuite le niveau d'huile, purge les réservoirs d'essence et s'assure que tout est en ordre pour voler. Puis il s'installe tranquillement aux commandes en attendant son instructeur. L'adolescent ne semble pas particulièrement nerveux. Avant de refermer la porte de l'avion, il adresse un petit signe amical de la main au mécanicien qui passe à proximité. Son attitude est la même que d'habitude, sauf qu'à peine assis dans le Cessna, il met le moteur en route.

Tout va alors très vite…

Le moteur rugit. Sans contacter la tour de contrôle, Charles Bishop s'engage sur le taxiway et fonce vers la piste en service. C'est la 35

39. En France l'âge minimum pour pouvoir être lâché en vol est de 15 ans (il est également de 15 ans pour voler seul sur un planeur). Par contre, il n'y a aucune restriction d'âge pour commencer à prendre des cours de pilotage avec un instructeur.

40. Hasard, c'est le même type d'appareil qui a croisé la route du vol American Airlines 11 au moment de son décollage le 11 septembre.

41. Opération de routine pour un pilote qui doit faire certaines vérifications extérieures sur son avion avant de s'installer à bord.

42. L'avion n'a pas volé depuis la veille.

droite. Affolé, l'instructeur court derrière son avion mais il ne parvient pas à le rattraper. Trois minutes plus tard, le jeune garçon s'aligne sur la piste principale et décolle. Il n'a pas branché son transpondeur qui lui permettrait d'être identifié par le radar de St Petersburg.

Il est exactement **16 h 51.** C'est la première fois de sa vie que Charles Bishop vole seul à bord d'un avion...

Sans hésitation, il vire d'abord par la droite et met le cap vers l'est pour traverser la grande baie d'Old Tampa. Dans un premier temps, il suit exactement le grand pont de l'Highway 275 qui mène vers le centre-ville[43].

Au sol, c'est l'affolement général. Bien évidemment, les attentats du 11 septembre sont encore dans tous les esprits. Pourtant, personne n'imagine qu'un jeune adolescent puisse présenter un quelconque danger pour les personnes au sol. On craint juste pour sa vie.

Le contrôleur de service à la tour de St Petersburg donne immédiatement l'alerte. Il prévient également la tour de contrôle de Tampa International, le grand aéroport situé de l'autre côté de la baie.

Un Boeing d'American Airlines reçoit l'ordre de remettre les gaz et d'aller se mettre en attente au nord du terrain.

Pendant ce temps-là, les contrôleurs aériens tentent de contacter l'avion sur toutes les fréquences disponibles mais ils n'y parviennent pas. La tension monte... À partir de **16 h 56,** tout le trafic aérien est arrêté dans la zone terminale de Tampa.

L'US Air Force est alertée... Même si les circonstances sont moins graves que lors des attentats du 11 septembre, les militaires américains ressentent le même sentiment d'impuissance. Et les choses ne vont pas s'arranger pour eux... Car, au lieu de se diriger vers le centre-ville comme on le croyait d'abord, le Cessna vire maintenant à droite pour mettre le cap en direction de la base de l'US Air Force de MacDill.

Située au centre de la baie dans une sorte de presqu'île de 7 kilomètres de largeur, c'est une zone strictement interdite de survol aux avions civils.

Charles Bishop y pénètre sans hésiter. Il fonce vers les installations militaires, passe au ras des grandes antennes peintes en rouge et blanc, puis il survole la piste à moins de 100 pieds de hauteur (30 mètres). Il y a deux avions de transport qui sont en instance de décollage (un

43. Le pont de l'Highway 275 sur Old Tampa Bay fait 13 kilomètres de longueur.

Hercule C 130 et un Starlifter). Le contrôleur les bloque au sol. Il attend des ordres précis avant d'agir !

Pendant quelques instants, les militaires pensent que l'adolescent a décidé d'atterrir chez eux. Mais celui-ci n'en fait rien. Il reprend un peu d'altitude et effectue deux larges virages à la verticale des installations radar, puis il survole successivement la tour de contrôle et trois hangars à l'intérieur desquels se trouvent des avions de chasse.

Quelles sont les intentions du jeune garçon ?

Plus tard, les enquêteurs se demanderont s'il n'a pas cherché à repérer un bâtiment névralgique pour s'écraser dessus et occasionner un maximum de dégâts. C'est en effet sur le base de MacDill que se trouve le centre de commandement des forces américaines en opération en Afghanistan. C'est de là que partent les ordres de ceux qui se battent contre Al Qaeda et Oussama Ben Laden.

Après quelques minutes de vol erratique, le jeune pilote décide de quitter la zone militaire. Il continue sa route vers le nord-est et traverse à présent la baie de Hillsborough.

Où va-t-il ?

Les militaires font alors appel à un hélicoptère des US Coast Guards pour se lancer à sa poursuite. Par chance, ils ont un HH-60 Jayhawk qui patrouille dans le secteur. L'hélicoptère est rapide. Il réussit à repérer le petit avion au niveau de Davis Islands. En quelques minutes, il vient se placer à côté du Cessna. Avec la porte grande ouverte, l'équipage fait des signes de la main au jeune garçon pour lui demander de faire demi-tour et d'atterrir immédiatement.

Pour les gardes-côtes, ce moment est particulièrement dramatique. Ils peuvent voir distinctement le jeune pilote. De temps en temps, celui-ci tourne les yeux dans leur direction d'un air indifférent. Avec ses joues rondes et ses cheveux bruns coupés court, il a vraiment un visage d'adolescent, c'est presque un enfant. Malgré tous les efforts des gardes-côtes, Charles Bishop ignore délibérément les instructions.

Il fait d'étranges mouvements avec la main comme s'il leur demandait de s'écarter. Puis brusquement, il vire à gauche vers le nord et continue sur la ville, s'engageant le long de Hillsborough River.

Il est maintenant au-dessus des habitations.

Que peut-on faire pour l'arrêter ?

La réponse est claire : rien !

On ne peut absolument rien faire. Impossible de l'abattre ! D'une part parce que l'hélicoptère n'est pas armé et d'autre part parce que, pour le moment, l'adolescent n'a fait que voler un petit avion. C'est un délit qui ne mérite tout de même pas la mort. Et puis surtout parce qu'en s'écrasant son appareil risquerait de faire des victimes au sol.

La panique va alors s'emparer des responsables du Norad[44] qui vont patauger une nouvelle fois dans une gaffe tragi-comique : il y a des avions de chasse sur la base militaire de MacDill, celle-là même que le jeune pilote vient de survoler. Au sol, certains pilotes de F-16 ont pu apercevoir le petit Cessna qui passait et repassait au-dessus de leur tête.

S'il y avait des avions en alerte sur la base, ils pourraient décoller en urgence. Il faudrait six minutes pour que les pilotes soient prêts et une minute pour intercepter le Cessna (même si on n'a aucune idée de ce qu'ils pourraient faire).

Malheureusement, il n'y a aucun F-16 en alerte à MacDill...

Alors, les gens du Norad doivent se résoudre à ordonner à des F-15 de la base de Homestead de venir intercepter le Cessna. Le problème, c'est que cette base est située à plus de 300 kilomètres de Tampa[45]. Bien évidemment, une fois encore, lorsque les chasseurs arriveront, il sera trop tard.

Encore raté !

Seul l'hélicoptère des gardes-côtes est donc sur place au-dessus de la ville pour observer les faits et gestes de l'adolescent. Le pilote du HH 60 s'est maintenant mis en retrait pour ne pas gêner le petit avion. Il transmet des informations à la radio.

Au sol, tout le monde attend avec angoisse.

Quelques minutes plus tard, les gardes-côtes voient le Cessna perdre de l'altitude. Il se dirige vers les immeubles qui bordent Hillborough River. Pas la moindre trace d'hésitation... Le jeune pilote semble savoir où il va exactement. Le plongeon s'accentue. C'est un piqué...

Il est **17 h 01.**

Effaré, l'équipage du Jayhawk le voit s'encastrer dans un immeuble de 42 étages. Une superbe construction de verre et d'acier ressemblant

44. North American Aerospace Defense Command. Commandement de la défense aérienne des États-Unis.
45. La base de Homestead est située au sud-ouest de Miami en bordure des Everglades.

vaguement aux tours du World Trade Center et appartenant à la Bank of America[46].

Il n'explose pas et ne prend pas feu. Par chance à cette heure tardive de l'après-midi, l'immeuble est quasiment vide.

Charles Bishop est tué sur le coup.

À part lui, il n'y a aucune victime au sol. L'avion reste simplement encastré au niveau du 28e étage dans la façade comme une étrange protubérance. Le bâtiment ne subit aucun dommage structurel[47].

Le premier vol en solo du jeune Charles J. Bishop a duré douze minutes exactement ...

Les deux chasseurs F-15 arrivent sur place une demi-heure plus tard ! Passant au-dessus de la ville dans un bruit de tonnerre, ils ne peuvent que constater que le Cessna est planté dans la façade de l'immeuble. Par sécurité, ils se relaieront pendant une heure et demie pour survoler la zone de Tampa. Comme cela s'était produit le 11 septembre, la chasse américaine est arrivée trop tard.

Pendant quelques heures, les enquêteurs se demandent ce qui s'est passé. Dans un premier temps, c'est la thèse de l'accident qui est privilégiée. L'enquête est donc confiée au NTSB[48] et non au FBI. On pense que l'adolescent a été paniqué par la présence rapprochée de l'hélicoptère. Manquant d'expérience, il aurait perdu le contrôle de son avion ! On étudie également l'hypothèse d'un pari stupide avec des copains. L'immeuble qu'il a percuté était tout proche d'un autre bâtiment assez semblable. A-t-il essayé de passer entre les deux bâtiments comme certains en France sont passés sous la tour Eiffel ?

En fait, les enquêteurs découvriront une lettre d'adieu dans la poche du jeune garçon. Il y explique qu'il se suicide pour montrer sa solidarité totale avec Oussama Ben Laden et les terroristes qui ont détruit le World Trade Center. Il précise qu'il a agi seul sans aucune complicité.

Élevé par sa mère, Charles Bishop répétait souvent que son père était d'origine arabe et qu'il se sentait très proche des gens du Moyen-Orient. Il voulait « mourir en héros » *(sic)* et il considérait comme un signe du destin que les pirates aient appris à piloter comme lui dans

46. L'immeuble est situé au 101 Kennedy Blvd.
47. Il sera réparé en quelques jours.
48. National Transportation Safety Board : Equivalent du Bureau enquêtes accident en France

des écoles de Floride. À ce sujet, on ne peut que remarquer les nombreuses similitudes entre ce mini attentat et ceux du 11 septembre : volonté suicidaire du pilote... immeuble de verre et de métal... deux tours côte à côte... proximité du bord de mer... symbolique de l'immeuble (Bank of America). Et même si ce n'est pas une volonté de l'adolescent : impossibilité pour la chasse américaine d'être d'une quelconque utilité dans ce nouveau drame. Car force est de reconnaître une fois de plus que les F-15 Eagle sont arrivés après la bataille et que, de toutes les façons, ils n'auraient pas pu faire grand-chose. Il peut paraître stupéfiant que la nation la plus en pointe dans la défense aérienne soit incapable d'empêcher un petit avion de tourisme de survoler le QG des forces stratégiques en Afghanistan puis d'aller se planter dans un immeuble et pourtant c'est bien le cas. Ce n'est pas la première fois que ce genre d'aventure se produit. Quels que soient les pays, les gouvernements sont restés impuissants pour stopper l'intrusion aérienne d'un petit avion. Ainsi, on peut citer comme exemple :

• Le 28 mai1987, un jeune élève pilote allemand, Mattias Rust, 19 ans, décolle d'Helsinki avec un Cessna 172. Franchissant tranquillement, le « rideau de fer » et ses milliers de batteries de missiles, il va se poser sur la place Rouge à quelques mètres du Kremlin. Aucun radar ne l'a repéré. L'alerte n'a même pas été donnée. Le jeune étudiant voulait faire un coup de publicité, mais il aurait pu tout aussi bien jeter son appareil sur le centre névralgique de l'URSS sans que personne n'ait le temps de faire le moindre geste pour l'arrêter.

• Le 11 septembre 1994 (déjà !) aux USA, Frank Eugene Corder ne résiste plus à ses problèmes de dépression. Son père est mort d'un cancer quelques semaines plus tôt. Son mariage est un désastre. Cet homme de 38 ans boit et se drogue. En pleine nuit (à 1 heure du matin), alors qu'il est en état d'ébriété, il décolle de Baltimore[49] à bord d'un petit Cessna 150L immatriculé N 6625A. En une demi-heure de vol, il rejoint Washington et précipite son avion sur la Maison Blanche. Le président Bill Clinton n'est pas là[50] et l'avion tombe dans le parc, ne causant aucun autre dégât que quelques branches cassées dans un arbre centenaire et une vitre cassée par la projection d'un débris. Le pilote est tué sur le coup.

49. A 80 kilomètres au nord-est de Washington.
50. Il y a un problème de climatisation à la Maison Blanche. Le Président et Hilary Clinton dorment à Blair House, de l'autre côté de Pensnylvania Avenue. Malgré la proximité des lieux, le couple n'a même pas été réveillé par le crash...

L'enquête montre qu'il n'y a aucun geste politique dans ce suicide mais juste la volonté d'Eugene Corder de « faire savoir au monde la réalité de sa souffrance » *(sic)*.

• En France, dans les années 1980, un ancien pilote privé qui se surnomme lui-même « le Baron noir » a nargué le ministre de l'Intérieur de l'époque (Pierre Joxe) en survolant Paris la nuit pendant plusieurs semaines. L'homme se paye même le luxe de traverser les axes des pistes d'Orly. Malgré des centaines de policiers scrutant l'obscurité avec des jumelles de vision nocturne, le petit malin, un brin mégalo, n'a jamais été intercepté ni confondu.

En ce qui concerne le cas du jeune Charles Bishop à Tampa, l'enquête montrera que c'est l'acte isolé d'un jeune garçon vulnérable ne disposant d'aucune complicité avec Al Qaeda. Cela n'empêchera pas le FBI de clouer au sol tous les avions-école pendant quelques jours. Une mesure aussi dérisoire que ridicule.

À travers cet acte de folie, les États-Unis découvrent une nouvelle fois à quel point il est facile pour quelqu'un de malintentionné ou de mentalement fragile de prendre un avion pour le jeter sur un immeuble. Il y a des dizaines de milliers d'avions privés et commerciaux aux États-Unis. À moins de les clouer tous au sol, il sera impossible de tous les surveiller.

Alors que faire ?

Les solutions pour éviter que de tels attentats ne se reproduisent

Le risque zéro n'existe pas !

Quelles que soient les mesures qui seront prises à l'intérieur des avions ou dans les aéroports, il sera toujours possible à des malfaisants de trouver le défaut de la cuirasse et de s'y engouffrer.

Depuis le 11 septembre, les utilisateurs des transports aériens ont pu constater que des mesures ont déjà été adoptées :

• De nouveaux détecteurs d'explosifs ont été installés dans certains grands aéroports américains.

• La fouille des passagers et de leurs bagages est plus minutieuse.

• Les portiques de détection ont tous été réglés à leur sensibilité maximum et les chaussures des passagers américains sont souvent vérifiées. Elles ne le sont pratiquement jamais en Europe.

• À bord des vols sensibles (vers les USA en particulier), la plupart des grandes compagnies ont placé des agents de sécurité armés. Presque toujours installés en première classe, ils sont d'ailleurs un peu trop repérables (crâne rasé et sac de sport émettant des bruits métalliques un peu trop sonores...). Des efforts doivent être faits pour fondre ces spécialistes dans la masse des passagers.

• D'une manière générale, un état de vigilance s'est instauré dans les milieux aéronautiques. À tous les niveaux, les personnels sont maintenant hautement sensibilisés aux risques d'attentats.

Mais ces mesures ne sont pas suffisantes. Il existe de nombreux points sur lesquels la sécurité peut-être améliorée.

En voici quelques-uns :

• **Changer les portes des cockpits** (cette mesure est en cours de réalisation). En cas d'agression, le poste de pilotage doit devenir un sanctuaire inviolable. Or les portes sont fabriquées en plastique léger. Jusqu'à aujourd'hui, la priorité des constructeurs n'a pas été la protection du cockpit mais une recherche de gain de poids dans les matériaux de fabrication. Il suffit d'un coup de hache incendie (souvent présente à côté du cockpit) ou même d'une bourrade d'épaule pour faire sauter les verrous. Il n'est pas question de poser des portes en acier blindé qui seraient lourdes et pénalisantes, mais il existe aujourd'hui des matériaux composites (comme la fibre de carbone ou certains alliages légers) qui sont d'une résistance supérieure à l'acier. Inviolables et à l'épreuve des balles, ces portes empêcheraient toute intrusion violente dans les cockpits.

•**Modifier les procédures de responsabilité.** Depuis le 11 septembre, les navigants doivent faire face à un nouveau type d'agresseurs dont la principale caractéristique est d'adopter une attitude suicidaire. Pour contrer ces nouveaux ennemis, il est indispensable d'user de nouvelles stratégies qui passent par une modification du sens de la responsabilité des pilotes. Ceux-ci ne seront plus seulement responsables de leurs passagers mais également des gens au sol que leur avion pourrait tuer.

Les mentalités doivent changer. Confronté à certaines situations dramatiques, un commandant de bord réagit comme n'importe quel être humain et cherche à épargner les vies qui lui ont été confiées. Actuellement, les consignes qu'il a reçues sont de ne jamais rien tenter contre les pirates qui pourrait mettre en danger la vie de ses passagers. C'est parfois un véritable cas de conscience.

On comprend qu'il est insupportable de voir égorger une hôtesse sous ses yeux sans réagir. Devant ce genre de menaces épouvantables, les commandants ont donc laissé leurs agresseurs rentrer dans le cockpit et ont cédé leur place aux commandes.

De nouvelles procédures doivent être prévues par les compagnies pour définir l'attitude à adopter devant certaines formes d'agressions.

On peut les résumer en quelques mots : quelles que soient les menaces, le pilote doit rester aux commandes et l'agresseur ne doit jamais pénétrer dans le cockpit.

En clair, cela signifie qu'un pilote pourra être amené à sacrifier certaines vies à bord de son appareil afin d'en protéger d'autres au sol.

• **Les interrogatoires.** Pour les vols très sensibles, il est capital de prévoir des interrogatoires effectués par des spécialistes formés à reconnaître les failles. Ces entretiens sont longs et imposent que les passagers se présentent au moins trois heures avant le décollage. C'est beaucoup mais la sûreté des vols passe aujourd'hui par de nouvelles contraintes.

Certaines compagnies aériennes comme El Al pratiquent ces techniques depuis plusieurs dizaines d'années. Grâce à ces interrogatoires d'un genre particulier, de nombreux attentats ont pu être déjoués. D'autres compagnies occidentales commencent à s'y mettre timidement mais tant que ces mesures ne seront pas systématiques, les responsables commerciaux s'y opposeront car ils auront peur de décourager leur clientèle.

• **La formation des équipages de cabine.** Bien évidemment, ce n'est pas le travail des hôtesses de se transformer en vigiles musclés. Ce sont pourtant elles qui ont souvent le premier contact avec les agresseurs.

Elles doivent être vigilantes et pouvoir se défendre en disposant d'armes incapacitantes, qui ne présentent pas de risques pour la sécurité de l'avion. Les systèmes les plus efficaces sont les moyens électriques qui fonctionnent jusqu'à une distance de trois mètres. Certaines compagnies européennes équipent déjà discrètement leurs navigants de ces moyens de défense. D'autres compagnies moins nombreuses doivent faire face à des réticences internes. Il faudra bien y venir un jour pour tout le monde.

Quant aux pilotes, notamment en Amérique, ils demandent à être armés. Sans aller jusqu'à leur fournir des armes à feu, il serait bon qu'ils soient équipés de ces mêmes systèmes électriques.

• **Les accessoires de contrainte.** Lorsqu'un agresseur est neutralisé, il faut pouvoir l'immobiliser. Les ceintures fournies spontanément par les passagers ne sont jamais satisfaisantes. Il est donc important de prévoir à bord des moyens de contrainte physique efficaces: menottes, ruban adhésif ou straps.

• **Équipements médicaux.** À de nombreuses reprises, il a été nécessaire de calmer médicalement un agresseur. Parfois même, il s'est agi de passagers violents (voir « Coup de folie à bord » dans cet ouvrage). La trousse de secours de l'avion doit comporter des sédatifs puissants, inoffensifs et aisément injectables. À l'heure actuelle, on trouve des calmants doux à bord des avions. Ils sont destinés aux passagers qui ont le mal de l'air ou des difficultés à s'endormir sur les longs trajets. Ce ne sont pas des médicaments destinés à neutraliser un agresseur. De nouvelles molécules doivent être mises à la disposition des équipages.

• **Changer l'état d'esprit des passagers.** À notre époque où personne n'intervient lorsqu'une dame âgée est agressée au milieu de la foule, les passagers des vol UAL 93 et AAL 63 ont montré l'exemple à suivre. Confrontés à une agression qui va de toute manière se terminer par un crash, les otages n'ont pas le choix. La passivité ne sert à rien. Elle ne protège personne, bien au contraire. Le journaliste Thierry Dugeon l'a dit (vol AAL 63) : « Quand on ne peut rien faire d'autre que se battre, il faut y aller sans hésiter. »

Il n'existe aucune procédure écrite qui permettra de changer les mentalités. La peur sera au fond de chacun de nous lorsque nous serons confrontés à ce type d'agressions terribles. Il faut seulement être convaincu que les terroristes eux-mêmes hésiteront à attaquer lorsqu'ils sauront qu'il leur faudra affronter systématiquement la colère d'une meute de passagers.

• **Atterrissage automatique en « emergency ».** Chacun sait que, de nos jours, les avions sont équipés de pilotes automatiques perfectionnés. Un Airbus 340 ou un Boeing 737-800 est capable de suivre sa route tout seul jusqu'à sa destination. Nul besoin d'intervention humaine... Ce que l'on sait moins, c'est que ce même avion peut également effectuer son approche tout seul. Il peut même atterrir et freiner sur la piste sans que le pilote ait jamais à toucher aux commandes. À partir de ce constat, il est possible d'envisager la conception d'un système relativement simple à mettre en œuvre. On peut mettre à la disposition du commandant de bord une fonction « Atterrissage en *emergency* sur l'aéroport le plus proche ». Ce mode de secours serait activé par le pilote en cas d'agression suicidaire. Une fois le système déclenché, il ne serait plus possible d'arrêter la procédure d'atterrissage automatique. Simple et sûr ! Il est étonnant que personne n'y ait encore songé[51].

• **Pilotage à partir du sol.** À ce niveau de technologie sur-informatisée, il serait également envisageable que les futures générations d'avions soient contrôlables par des intervenants au sol. En cas de détournement, l'avion serait pilotable à partir d'une tour de contrôle. Si ce système est beaucoup plus complexe que le précédent, il n'exige pourtant aucune technologie que nous ne possédions déjà avec les drones. Pourtant, ne nous y trompons pas, il sera beaucoup plus coûteux à mettre en place[52]. Il demandera beaucoup de temps avant d'être opérationnel. Pour des raisons évidentes de responsabilité, on ne sait pas comment, ni qui, pourrait prendre les commandes d'un avion à partir du sol. Sur ce point, nous sommes donc encore dans le domaine d'un projet assez flou.

• **Ne pas sombrer dans des mesures administratives ridicules.** Rien ne sert d'interdire le survol des villes, de réglementer à outrance

51. C'est sur les Airbus que ce système semble actuellement le plus simple à concevoir car ces avions sont équipés de commandes de vol électriques et d'un mini-manche qui permet au pilote de contrôler l'avion uniquement à travers un ordinateur de bord.
52. Avions espions sans pilotes.

certaines zones, ou encore de clouer des avions au sol par milliers. Contrairement à leurs habitudes libérales, les Américains n'ont pas pu résister à cette accès momentané de réglementation aiguë. C'est une erreur qui ne fera que pénaliser les honnêtes gens et n'arrêtera jamais les pirates. Peut-on imaginer un instant que les terroristes du 11 septembre n'aient pas attaqué le World Trade Center si on leur avait dit que le survol de New York était interdit ???

La rumeur

Scoop ! Concorde ne s'est jamais écrasé sur un hôtel de Gonesse ! En réalité, c'est un coup monté par un lobby industriel français, qui souhaite détruire l'image du vieux supersonique afin de relancer la construction d'un nouveau SST.

Vous n'y croyez pas parce que vous avez vu des images de Concorde en flammes ? Ce sont des trucages des médias qui sont complices du complot. Chacun sait que, de nos jours, toutes les images peuvent être falsifiées !

On a retrouvé des morceaux de l'avion à l'endroit de l'impact ? Foutaises : ce ne sont que des débris mineurs déposés quelques heures à l'avance ! D'ailleurs, juste avant le crash, on a vu des camionnettes de livraison sur le parking de l'hôtel... C'est une preuve !

Pourtant, l'explosion a été aperçue de loin ? Vous êtes naïfs. C'était une bombe couplée à des dizaines de fûts de carburant...

Mais enfin, des milliers de banlieusards ont vu l'avion tomber sur Gonesse ? Cela n'a aucune valeur. Vous voulez une autre preuve : personne n'a réussi à filmer le crash en lui-même !

On a retrouvé des restes humains sur les lieux du drame et l'analyse ADN a montré qu'ils s'agissait bien des passagers du vol ? Vous êtes naïfs : les pauvres ont été tués ailleurs et on a apporté quelques morceaux de viande sur place. C'était facile puisque tout le monde est dans le coup, Chirac, Jospin, et surtout les militaires avec Dassault, Airbus et puis il y aussi les Anglais et les Allemands, les Russes, la DGSE, la CIA, l'ancien KGB... Ils sont tous complices dans ce complot ! C'est effroyable...

Tout cette théorie vous paraît absolument aberrante ? Et pourtant elle ne l'est pas davantage que celle qui est apparue en France en mars 2002 à propos du crash du vol 77 sur le Pentagone.

Tout est parti d'un site Internet très bien conçu... L'émission de Thierry Ardisson « Tout le monde en parle » a servi de caisse de résonance à une fantastique opération médiatique. Puis il y a eu des interviews et des dizaines d'articles de presse. Le but ? Faire la promotion du livre de Thierry Meyssan *L'Effroyable impostur*e qui s'est immédiatement installé en tête des ventes. Un véritable best-seller... Aucun doute sur ce point, c'est certainement le canular qui a rapporté le plus d'argent à ses auteurs.

Pour faire court, on rappellera que l'inventeur de cette théorie fumeuse prétend que les attentats du 11 septembre ont été montés de toute pièce par un lobby militaro-industriel américain (afin de relancer la course aux armements ?). Aucun avion ne serait tombé sur le Pentagone. Le vol American Airlines 77 aurait été éliminé d'une manière que l'auteur n'explique pas mais il ne se serait jamais écrasé sur le Pentagone. Les militaires américains auraient placé une bombe pour faire sauter une aile de leur propre quartier général... Des affirmations qui ne sont étayées par aucune preuve. Juste des interprétations de sept photos du crash et « décryptées » par des « spécialistes ».

Car le plus incroyable, c'est que l'auteur du livre reconnaît qu'il a travaillé à partir de photos. Il n'est jamais allé sur les lieux du drame ni avant le crash, ni pendant, ni surtout après. L'auteur reconnaît implicitement avoir effectué une visite virtuelle du Pentagone sur... Internet.

Intrigué par des anomalies qu'aucun expert n'avait remarqué avant lui... Thierry Meyssan aurait réuni des pilotes, des pompiers, des architectes, des artificiers. Notons au passage qu'il ne donne pas les noms de tous ses spécialistes mais seulement leurs initiales, comme si ces derniers refusaient de cautionner le livre. À quoi sert de citer les conclusions d'un expert qui refuse de donner son identité ? Et toute cette joyeuse bande d'anonymes aurait compris en regardant les sept photos qu'aucun avion ne s'est jamais écrasé sur le Pentagone !

Étrange méthode d'enquête !

Nous ne rentrerons pas dans des explications trop techniques pour montrer à quel point les « arguments » apportés par l'auteur sont des élucubrations sans fondement. On ne peut malgré tout résister au plaisir de citer quelques « perles » qui mériteront de rester dans les annales aéronautiques : au fil des pages, on apprend notamment que les trains d'atterrissage des avions « sortent automatiquement lorsqu'on baisse l'altitude » (???)[53], ou que les avions sont faits dans la « même matière que les camions » (en acier ???)[54], ou encore qu' « une ou deux balises » ont été installées dans les tours du World Trade

53. Les trains d'atterrissage ne sortent évidemment pas tout seuls. Cette explication est tellement grotesque que, depuis la parution du livre, elle est devenue un sujet de plaisanterie de la part des pilotes dans les cockpits !
54. Un fuselage d'avion est généralement fabriqué en alliage d'aluminium avec certaines parties en titane ou en matières composites telles que la fibre de carbone. Tous ces matériaux brûlent dans les incendies. L'acier n'est jamais utilisé en aéronautique pour des raisons évidentes de poids.

Center pour attirer les avions sans que les pilotes ne puissent rien faire. Des radio-amateurs auraient capté des signaux qui auraient été enregistrés (évidemment, l'auteur ne donne ni les noms ni les adresses des radio-amateurs concernés). L'auteur utilise le mot « balise » en imaginant certainement un petit boîtier noir avec un voyant rouge comme on en voit au cinéma. En réalité, pour porter à 500 kilomètres, (distance à laquelle se trouvait le vol 77 au moment du détournement), il aurait fallu que ce soit une antenne type Beacon/NDB. Une telle antenne est particulièrement facile à transporter et à dissimuler : elle pèse plusieurs tonnes, mesure 20 à 30 mètres de hauteur et autant en largeur avec les câbles qui la soutiennent. Il aurait fallu en outre un générateur électrique très puissant pour permettre une telle émission. On imagine mal comment une installation de ce type aurait pu être montée à l'intérieur des Twin Towers sans que personne ne s'en aperçoive !!!

Voilà donc un homme qui n'a jamais touché les commandes d'un avion, qui n'a pas la moindre connaissance aéronautique mais qui se pose en expert pour nous expliquer que les pirates n'auraient jamais été capables de percuter les tours du World Trade Center. Chaque exposé technique est truffé d'erreurs qui font pleurer de rires les élèves de l'Enac[55]. Ainsi, on vous raconte sur un ton doctoral que « le premier avion est arrivé parfaitement de face, dans le sens du vent, ce qui a facilité la stabilisation. Mais que le second a été obligé de réaliser une manœuvre complexe de rotation, particulièrement difficile face au vent. Il a pourtant percuté lui aussi une tour à la bonne hauteur et au centre ».

Outre le fait que, ce matin-là, le vent était pratiquement nul à New York (270 pour 5 nœuds), tout ce charabia concernant une « pseudo-rotation par rapport au vent » ne veut absolument rien dire pour un pilote. Et tout le livre est de la même veine. D'ailleurs si vous n'aviez pas encore compris que l'auteur n'y connaît rien, il en rajoute en nous expliquant que la demi-largeur des tours mesurait 55,65 mètres et que du fait que les Boeing volaient à 700 kilomètres à l'heure, ils parcouraient 55,65 mètres en 3/10e de seconde et donc qu'il est impossible de contrôler la trajectoire à une telle vitesse. De toute évidence, l'auteur pense que, dans ses mouvements latéraux, l'avion se déplace également à 700 kilomètres à l'heure. Il ne sait pas ce qu'est une composante de

55. *École nationale de l'aviation civile : centre de formation des pilotes de ligne français.*

déplacement latéral : même en vol supersonique, à faible inclinaison, un avion ne se déplace latéralement que de quelques mètres à la seconde.

Étrange « enquête » qui, répétons-le, ne se fonde que sur l'interprétation lointaine de sept photographies officielles obtenues sur Internet[56]. À partir de ces documents, Thierry Meyssan tire des conclusions qui sont exactement le contraire de celles qu'un spécialiste des crashs peut déduire. Ainsi, l'un des arguments de l'auteur pour affirmer qu'il n'y a pas eu d'avion sur le Pentagone est que l'on n'aperçoit aucun débris au niveau de la façade.

Admettons que cela peut paraître étonnant pour le grand public...

Cela ne l'est pas pour les experts. En ce qui me concerne, j'ai eu le triste privilège d'assister en direct à plusieurs accidents aériens[57], et ce qui frappe toujours lorsque l'on examine les débris de l'appareil, c'est justement qu'il ne reste pratiquement rien d'autre qu'une trace noircie sur le sol. Et les restes sont d'autant plus réduits que l'énergie était importante au moment de l'impact. Dans le cas du vol 77, la vitesse était certainement de l'ordre de 450 nœuds (810 kilomètres à l'heure). C'est énorme et il est tout à fait normal qu'on ne voit aucun débris, tout simplement... parce qu'il n'y en a pas.

Par ailleurs et contrairement aux affirmations de Thierry Meyssan, on distingue nettement l'impact noirci des ailes sur la façade du Pentagone avec les incendies que le carburant a déclenché.

Non seulement, l'auteur de *L'Effroyable imposture* n'a aucune connaissance aéronautique mais il n'a même jamais fait corriger son texte par un pilote, fusse-t-il un débutant dans un aéro-club.

Il faut simplement savoir qu'une opération de manipulation comme celle imaginée dans le livre de Meyssan supposerait un gigantesque complot impliquant des dizaines de milliers d'Américains. Il aurait fallu mettre dans le coup : les contrôleurs aériens[58], les pompiers, les policiers et les employés du Pentagone qui n'ont pas été tués, sans

56. D'une manière générale, Thierry Meyssan ne cite aucun nom d'expert, ni aucune référence inédite. Il se contente de donner des adresses Internet de sites officiels qui sont aisément consultables (Maison Blanche, gouvernement américain, FBI, discours de secrétaire d'État, etc.).

57. L'auteur de cet ouvrage est pilote de présentation en meetings aériens et en salons aéronautiques. Ces manifestations très populaires sont malheureusement souvent endeuillées par des accidents dramatiques.

58. Dans les pages précédentes, le lecteur a pu lire l'enregistrement du contrôleur d'Indy qui a suivi le vol pratiquement jusqu'à son crash sur le Pentagone.

compter les habitants de Washington car l'avion a bien été aperçu par des milliers de témoins en ville (malheureusement, il n'a pas été filmé). Il aurait fallu également des tueurs pour éliminer les passagers du vol 175, des dizaines de soldats fossoyeurs pour enterrer les victimes qui auraient dû être achevées ailleurs. Il aurait fallu également des ferrailleurs pour découper l'avion (c'est dur l'acier !) qui aurait disparu dans un coin perdu des USA et sans que personne ne remarque rien.

On atteint même le comble du délire en songeant que certaines familles des victimes seraient complices du « lobby militaro-industriel »... Ainsi, le mari de Barbara Olson, la présentatrice de CNN qui a téléphoné depuis l'avion, serait dans le coup !!! (à moins bien entendu qu'un crime passionnel ne soit venu se greffer sur l'affaire ?).

Cette théorie serait ridicule si elle n'était insultante pour les victimes et leurs familles. Comment imaginer qu'au pays de la Liberté où la vie de chaque citoyen américain est vitale, d'autres Américains aient pu faire disparaître sciemment plusieurs milliers de leurs compatriotes. Comment imaginer que le lobby militaro-industriel ait autant de complices dans la population ? Comment imaginer que, dans un pays où la presse peut virer un Président menteur, les médias se laisseraient abuser par une supercherie aussi grossière.

N'ayons pas peur des mots, cette rumeur et ce livre sont avant tout une opération financière honteuse... Honteuse pour les familles des victimes qui n'avaient pas besoin que des petits malins viennent rajouter une couche. Honteuse parce que, dans beaucoup de pays étrangers, notamment dans les pays arabes, ces informations seront prises au premier degré et qu'elles resteront très longtemps dans les esprits. Tout comme dans certaines régions du monde, on suspecte encore les Américains de ne jamais être allés sur la Lune. Honteuse parce que malgré autant d'arguments techniques débiles relayés par certains médias, on est atterré de voir l'homme de la rue finir par y croire.

Calomnier, calomnier, il en restera toujours quelque chose !

Pour conclure, on ne peut que reconnaître qu'il y a bien eu une opération de manipulation concernant le crash du vol 77 sur le Pentagone. Mais elle a été montée par l'auteur de *L'Effroyable imposture...* Rarement un livre aura aussi bien mérité son titre. C'est une telle réussite financière qu'on nous sortira certainement un autre scoop sous peu ! *Le Titanic* n'a jamais coulé ? La guerre du Golfe a été tournée entièrement en studio ? À moins que nous n'apprenions que ce sont les Japonais qui ont lancé eux-mêmes une bombe atomique sur Hiroshima ?

Tout cela n'est pas sérieux !

On ne peut regretter qu'une chose... L'auteur de *L'Effroyable imposture* n'a pas cherché à vendre son ouvrage dans les librairies de Washington, les résultats auraient certainement été moins bons qu'en France !

Car, malheureusement, quatre avions de ligne ont bien été piratés le 11 septembre par des fanatiques de Ben Laden et ils ont bien fait plusieurs milliers de victimes civiles et militaires.

Répétons-le, les autorités américaines ne sont pas des adeptes de la vérité médiatique à outrance. Il est évident qu'elles n'ont pas dévoilé tout ce qu'elles savaient sur ces terribles événements. Mais s'il y a eu des dissimulations, elles n'avaient qu'un but : masquer le fait que, dans les premières heures du drame, les Américains ont été totalement dépassés par cette attaque surprise.

Et tout autre pays occidental confronté à une telle situation aurait aussi mal réagi car nos sociétés démocratiques ne sont pas encore prêtes à se défendre.

Une seule chose est certaine : il y aura d'autres attaques sur les USA. Et il y en aura en Europe...

ABATTEZ CET AVION DE LIGNE !

20 avril 1978.
Aéroport d'Orly.
Vol KAL 902.

La voix du copilote retentit dans le poste de pilotage :

– *V One...*[1]

Il est 14 h 38 en heure universelle... Sous la poussée de ses quatre réacteurs, le Boeing 707 vient tout juste d'atteindre 160 nœuds[2]. C'est la vitesse de décision au-delà de laquelle il n'est plus possible de renoncer au décollage. Le pilote ne peut pas freiner. S'il le faisait, ce serait la catastrophe, l'avion dépasserait inévitablement l'extrémité de la piste et il finirait sa course dans la nature... en l'occurrence sur l'autoroute A6 qui passe à proximité des pistes d'Orly. Même si un moteur tombait soudainement en panne, l'équipage n'aurait aucune autre solution que de décoller malgré tout avec trois moteurs, puis d'essayer d'atterrir immédiatement sans faire trop de casse....

Aujourd'hui, à bord de l'avion, tout se passe bien. Les quatre réacteurs Pratt & Whitney JT3D-7 délivrent leur poussée maximale de près de 9 tonnes. Ce sont des vieux moteurs à simples flux d'une technologie ancienne. Ils consomment énormément et ils sont terriblement bruyants. Pour les riverains d'Orly, c'est l'enfer au quotidien. Chaque avion déclenche un véritable tonnerre qui s'entend à plusieurs dizaines de kilomètres... En cette année 1978, les normes antibruit ne sont pas encore en vigueur et il ne fait pas bon habiter à proximité d'un aéroport.

1. V1 : Vitesse de rotation avant le décollage
2. 290 kilomètres à l'heure.

Dans le poste de pilotage du Boeing, les navigants sont concentrés au maximum.

Sur le tableau de bord, les EPR[3] atteignent leur valeur optimum : 1,40. La puissance est stable... L'aiguille de l'indicateur de vitesse continue à progresser. Tous les paramètres sont normaux.

La voix du copilote retentit de nouveau.

– *V Two...*

Le commandant Kim Chang Kyu exerce une traction ferme sur le manche. Il affiche 12 degrés d'assiette sur l'horizon artificiel. Le nez du Boeing se soulève lentement et les roues du train principal quittent le ciment de la piste 25.

C'est le décollage...

Autour de Paris, la visibilité est relativement bonne, on peut apercevoir la tour Eiffel au loin sur la droite de l'appareil.

Bien qu'il soit encore dans une phase délicate de vol, le commandant Kim Chang Kyu prend son *public adress*[4] et dans un anglais approximatif et nasillard, il informe ses passagers qu'ils peuvent admirer « quelques-uns des monuments de la plus belle ville du monde sur la droite de l'appareil ».

Le taux de montée n'est pas très fort. Il faut dire que l'avion est particulièrement chargé. Il est à son poids maximum de 100 tonnes... Il y a 97 passagers à bord et 12 membres d'équipage et les réservoirs sont pleins de carburant. C'est un Boeing 707-321 B appartenant à la compagnie sud-coréenne KAL. L'appareil est immatriculé HL-7429 et il est sorti d'usine en 1967[5].

Autant dire que ce n'est pas un appareil de toute première jeunesse !

Le vol KAL 902 part pour Séoul... Mais il ne lui est pas possible de rejoindre la Corée directement. L'avion n'a pas assez d'autonomie pour cela. Une escale de ravitaillement est donc prévue à Anchorage en Alaska. En prenant la route la plus courte, celle qui passe par le pôle Nord, cette première partie du vol représente déjà 7 500 kilomètres !

Une fois le plein de carburant refait à Anchorage, le Boeing devra encore effectuer une seconde étape de 6 500 kilomètres, ce qui signifie

3. Engine Pressure Ratio. Indication de la puissance délivrée par un réacteur.
4. Micro permettant au pilote de parler à ses passagers.
5. Il porte le numéro de série 19363 / 623.

que la durée total du voyage entre Paris et Séoul-Kimpo représentera environ dix-huit heures de vol pour les passagers. Inutile de préciser qu'avec le décalage horaire, les malheureux vont arriver à destination, complètement épuisés.

La première partie du vol est simple à visualiser sur la carte : après le décollage de Paris, le Boeing va se diriger vers l'Irlande, puis ce sera l'Islande et le Groenland. Il passera alors à proximité du pôle Nord magnétique qui se situe dans les îles Axel Heiberg. L'appareil filera ensuite vers le nord du Canada pour rejoindre finalement Anchorage dans le golfe de l'Alaska.

C'est pendant cette première étape entre Orly et Anchorage que les choses vont très mal se passer...

Avant de poursuivre ce récit, il est indispensable de donner quelques précisions techniques sur le Bocing 707. Tous les navigants qui ont eu l'occasion de se mettre à ses commandes le confirmeront : c'était un avion particulièrement délicat à piloter. Lourd, peu manœuvrant et sujet à certains phénomènes inhabituels comme le *dutch roll*[6], il a été la source de bien des mauvaises surprises pour certains pilotes aux réflexes un peu lents. Comparé aux avions « ordinateurs » d'aujourd'hui, le Boeing 707 était un avion qui se pilotait réellement et exigeait une surveillance de tous les instants.

Par ailleurs, l'appareil coréen qui vient de décoller d'Orly possède un énorme handicap par rapport à la plupart des long-courriers de cette époque. C'est un modèle très mal équipé pour la navigation à longue distance. Il lui manque en particulier un instrument apparu dans les années 1970 qu'on appelle la « centrale inertielle ».

Grâce à ce système gyroscopique sophistiqué, le pilote peut parcourir de longues distances en connaissant en permanence sa position avec une précision de l'ordre de 2 à 3 kilomètres. À l'époque, la centrale inertielle est une aide tout à fait remarquable[7] qui apporte une grande sécurité pour les vols au-dessus des étendues océaniques ou désertiques.

Malheureusement, le Boeing 707 du vol Korean 902 est dépourvu de

6. Roulis hollandais : mouvement secondaire difficilement contrôlable se produisant à basse vitesse et qui prend rapidement de l'amplitude si le pilote ne le contrôle pas immédiatement. Ce phénomène désagréable et dangereux apparaissait surtout sur les modèles de 707 de la série A.

7. La plupart des avions de ligne sont équipés de trois centrales inertielles (INS) afin de permettre un lever de doute au cas où l'une d'elles tomberait en panne.

ce superbe équipement. La raison ? Elle est très simple : les INS[8] sont terriblement chères à l'achat. Chaque avion doit être équipé de trois centrales inertielles et celles-ci représentent environ le tiers du prix global de l'appareil. Or, en 1978, la Korean Airlines n'a pas les moyens de procéder à de tels investissements sur ses avions anciens.

Alors, aussi incroyable que cela puisse paraître, les pilotes coréens naviguent en utilisant une technique « ancestrale ». Ils ont recours à un... sextant. Un instrument comparable à celui que les marins utilisent depuis plusieurs siècles sur toutes les mers du globe. Certes, le sextant aéronautique est un peu différent du sextant maritime... c'est un appareil « à bulle » qui travaille par rapport à la verticale au lieu de prendre comme référence le niveau de la mer[9]. Mais le principe est le même, puisqu'il permet de mesurer la hauteur d'une étoile (ou du soleil) au-dessus de l'horizon. À la différence du sextant des marins, celui des aviateurs est suspendu au sommet d'un petit dôme en Plexiglas aménagé dans le poste de pilotage. L'endroit est appelé « astrodôme ». Il a été spécialement conçu par Boeing pour qu'un spécialiste puisse y travailler à son aise.

Le navigateur dispose sur place d'une horloge sidérale et d'un théodolite qui lui permet de mesurer les coordonnées horizontales d'un astre.

Cette technique de repérage est évidemment plus complexe que l'utilisation d'une centrale inertielle et, pour être fiable, elle impose la présence d'un navigant particulièrement qualifié[10].

C'est ainsi que, pour les vols « polaires », il y a quatre hommes dans le poste de pilotage. On y trouve le commandant de bord, le copilote, un mécanicien navigant et un navigateur dont la fonction est uniquement de donner des instructions au pilote lorsque l'avion se trouvera dans les régions polaires.

On l'aura compris, la navigation astronomique est une technique pointue qui requiert par ailleurs, des conditions météorologiques particulières. Car, pour faire le point, il faut évidemment voir les astres et il est donc impératif que le ciel soit parfaitement dégagé au-dessus de

8. Inertial Navigation System : système utilisant la propriété des gyroscopes de rester fixes par rapport aux étoiles.
9. Le sextant à bulle qui équipait le 707 était un Fairchild Mark IX.
10. Beaucoup de compagnies aériennes exigeaient de leur pilotes qu'ils soient diplômés en « cosmographie » afin de prendre le relais du navigateur au cas où celui-ci serait défaillant. Ce n'était pas le cas dans le Boeing de la Korean Airlines où seul le navigateur faisait le point.

l'appareil. C'est généralement le cas puisque les avions à réaction volent aux environs de 30 000 pieds, mais il peut arriver que les couches nuageuses soient épaisses et très élevées. Lorsque cela arrive, le navigateur ne voit évidemment plus rien. Dans ce cas, il ne peut plus se repérer et n'a pas d'autre solution que de patienter en attendant que le ciel se découvre au-dessus de l'avion.

Après son décollage d'Orly, l'avion a viré à droite et il s'est stabilisé au niveau de vol 350 (35 000 pieds). Vingt minutes plus tard, il survole la ville de Caen puis traverse la Manche pour se diriger vers Plymouth, Dublin et mettre ensuite le cap en direction de Reykjavik en Islande. Pendant cette période du vol, il est en contact avec le contrôle britannique de Shannon.

Dès que l'avion a été stabilisé en croisière, les hôtesses ont servi une première collation en cabine. Les repas sont de grande qualité. Les passagers ont le choix entre une spécialité de poisson cuisiné à la coréenne ou de la viande en sauce à la mode bourguignonne. La plupart des occupants optent pour le plat traditionnel de leur pays. Tous semblent satisfaits. Ils discutent paisiblement de leur séjour en Europe et de leur retour au pays.

Tout va bien.

Une heure plus tard, lorsque les plateaux sont desservis, on projette un film : *Rio Bravo,* un western classique avec John Wayne mais que les Coréens apprécient toujours particulièrement. Étant donné la durée interminable du voyage, trois autres films sont prévus avant l'atterrissage à Séoul. Dans le poste de pilotage, l'équipage est parfaitement décontracté. Tant que l'avion se trouve dans les régions du nord de l'Europe, la navigation ne pose aucune difficulté particulière.

Les aides radioélectriques au sol sont très nombreuses et pour se repérer, il suffit d'utiliser les balises VOR classiques comme le ferait n'importe quel avion de ligne effectuant un trajet normal. C'est si simple que le commandant Kim Chang n'a pas recours aux compétences de son navigateur.

À 18 h 34, le Boeing 707 passe par le travers de l'Islande. La visibilité vers le sol est bonne et chacun à bord apprécie le spectacle superbe qui défile sous les ailes. C'est extraordinaire... En mer de Norvège, on aperçoit déjà les premiers icebergs qui dérivent vers le sud. À plusieurs reprises, le steward chef de cabine prend le micro pour donner la position de l'avion et attirer l'attention des passagers sur la beauté du paysage...

– Au loin, sur la droite de l'appareil, vous pouvez admirer l'archipel de Svalbard et le Spitsberg.

En y regardant bien, on voit la mer disparaître peu à peu sous la calotte de glace... Puis, encore plus loin derrière, c'est l'océan glacial arctique avec ses glaces permanentes.

À mesure que l'avion progresse vers le nord, les occupants de l'avion ont l'impression de changer d'univers. Ils foncent à 900 kilomètres à l'heure vers le Groenland. Les passagers se collent le nez à leur hublot pour apercevoir l'immense continent recouvert des neiges. C'est un désert blanc qui les émerveille et leur fait peur. Les voyageurs savent qu'ils approchent d'un milieu terriblement hostile dans lequel il vaut mieux ne pas tomber car l'espérance de survie n'y est que de quelques heures. Il peut faire moins 40 degrés lorsque le blizzard se déchaîne... En cabine, la température est de 22 degrés.

Dans le poste de pilotage, le commandant Kim Chang fredonne une vieille chanson coréenne. Pour l'instant, la route suivie par l'appareil est exactement celle qui est prévue dans son plan de vol. L'appareil est passé à la verticale de Keflavik à l'heure prévue.

Tout va bien...

Scoresbysund est juste devant le pare-brise à moins de 240 kilomètres. À la vitesse de 480 nœuds[11], le Boeing y sera dans une quinzaine de minutes.

Dans le poste de pilotage, le navigateur s'est installé sous son dôme de Plexiglas. Il est en train d'effectuer un relevé de la position de l'appareil.

Son travail dure une dizaine de minutes, puis il se rassoit et confirme ce que le pilote prévoyait : tous les paramètres de navigation sont excellents. Il suffit de conserver le cap actuel qui emmène l'avion exactement dans la direction du Nord magnétique.

Le commandant doit donc maintenir le cap 000 sur son compas. Dans un premier temps, il arrivera à l'île Ellesmere puis Axel Heiberg dans la baie de Norvège... Il approchera alors du Pôle et c'est à cet instant que les véritables difficultés de navigation commenceront pour lui. En effet, lorsqu'un avion se trouve dans les environs du pôle Nord, quelle que soit la route choisie, celle-ci sera toujours orientée vers le Sud puisqu'il existe une infinité de méridiens partant du pôle Nord.

11. 870 kilomètres à l'heure.

Il est aisé de comprendre que, dans ces conditions, le compas magnétique n'est plus d'aucune utilité pour le pilote. D'où l'importance d'avoir un navigateur qualifié à bord.

C'est lorsque l'avion arrive à environ 1 500 kilomètres du pôle Nord magnétique que les premiers problèmes surviennent. L'équipage a la désagréable surprise de constater qu'il ne parvient pas à maintenir le contact HF avec le contrôle islandais qui gère la région du pôle Nord. Malgré plusieurs tentatives, personne ne semble recevoir les appels radio. Le pilote fait même un essai sur Kulusuk Information mais il n'obtient pas davantage de réponse.

Quel que soit l'endroit du monde où l'on se trouve, il n'est jamais très agréable de réaliser qu'on a perdu tout contact avec le sol. Pour les navigants, il devient alors impossible de demander une assistance radar, de changer de niveau de vol ou même d'obtenir une banale information météorologique.

En plein centre de l'Europe, la sensation est pénible. Elle provoque des sueurs froides, mais elle n'est pas dramatique. Par contre, lorsque le problème survient dans les régions polaires, ce manque d'information peut causer d'énormes difficultés.

Inquiet, le copilote s'active sur son poste HF pour retrouver le contact radio avec les Islandais.

Il essaie les principales fréquences disponibles... En vain... Personne ne lui répond. Seuls des parasites désagréables brouillent les écouteurs.

– *Jal ihae not ha got ffepmida...*[12] Est-ce que c'est nous qui sommes en panne ou ce sont eux qui sont tous en grève ? demande le commandant Kim Chang avec un demi-sourire.

Son adjoint ne peut qu'avouer son ignorance.

– Je n'ai aucune idée. Pourtant, le poste semble fonctionner normalement mais je n'ai que de la friture...

– C'est peut-être la météo... Ils ont annoncé de gros orages sur Lonyearbyen. Il faut qu'on avance un peu plus vers le nord. Ça devrait aller mieux quand on arrivera dans les environs de Victoria.

En désespoir de cause, le copilote décide d'essayer d'autres fréquences HF utilisables au-dessus du Groenland, il les passe toutes en revue : Ilulisat, Sondrestrom, Narsarsuaq... Le navigant s'escrime

12. Je n'y comprends rien...

pendant plusieurs minutes mais, malgré tous ses efforts, il n'obtient pas davantage de résultat.

Aucun doute n'est donc plus permis : c'est la radio HF du Boeing qui est défaillante.

– Qu'est-ce qu'on fait ? interroge le mécanicien navigant.

Le commandant Kim Chang hausse les épaules.

– On continue, évidemment... On ne va pas retourner à Orly.

Puis se retournant vers son navigateur, il demande d'une voix ferme.

– *Kil el karu pcuo jou ffeyho*[13].

Le navigateur obéit immédiatement et se remet au travail. Sextant, cartes et règles de navigation... L'homme semble apporter le plus grand soin à son travail. Tout le monde lui fait confiance.

Dix minutes plus tard, il confirme que l'avion est sur la bonne route. Enfin presque... Il doit y avoir un peu de vent qui souffle de la droite car ils ont dérivé sensiblement vers l'ouest.

– On doit corriger de 10 degrés vers la droite...

Le commandant exécute les instructions et le voyage se poursuit donc dans le silence radio le plus total.

L'équipage reste confiant sur la suite du vol.

À **19 h 04,** l'équipage croit reconnaître la petite ville de Dundas au bord de la mer de Baffin. Une légère turbulence oblige le commandant à faire allumer les consignes lumineuses « *Fasten Seat Belt* ».

Rien de bien méchant, pourtant, tous les passagers regagnent docilement leur place en attendant que le calme revienne.

À travers la brume glacée qui recouvre maintenant le Groenland, les quatre navigants réussissent à apercevoir la petite bourgade plantée au bord du fjord Wolstentrolme.

Une fois de plus, le spectacle est magnifique. Le Canada est à 1 500 kilomètres sur la gauche du Boeing. Juste devant, c'est l'île Ellesmere et là-bas, au bout de l'horizon, c'est à nouveau l'immense océan glacial Arctique.

Une fois de plus, le commandant Kim Chang va demander à son navigateur de lui confirmer qu'il s'engage sur la bonne route.

À ce moment, l'avion ne devrait plus être qu'à 850 kilomètres du

13. Indique-moi la route à suivre...

pôle Nord magnétique[14], cela représente à peine une heure de vol pour le long-courrier.

Le « sommet » du monde approche.

Sur le tableau de bord, les indications du compas ne sont plus vraiment cohérentes. Par moments, la rose des vents exécute des rotations soudaines comme pour bien montrer que les lignes de forces du champ magnétique terrestre sont de plus en plus fantaisistes. Lorsque l'avion aura passé le pôle Nord, l'instrument indiquera obstinément le sud quelle que soit la trajectoire qui sera suivie. Plus rien alors ne permettra de vérifier la route avec certitude. Ce sera la banquise permanente. Une immense étendue de glace qui s'étend sur des milliers de kilomètres sans jamais dégeler. Aucun moyen de s'y repérer visuellement puisqu'il n'y a rien d'autre à voir que du blanc. À perte de vue !

– Confirme-nous la route, ordonne Kim Chang.

– J'y retourne, murmure le navigateur.

Prestement, le Coréen remonte dans l'astrodôme. On est au printemps et le soleil est toujours bien visible au-dessus de l'horizon.

Il se passe environ un quart d'heure pendant lequel le navigateur fait et refait ses calculs. Il semble soucieux et son crayon court rapidement le long de sa règle.

Que se passe-t-il à cet instant ?

Le Coréen est-il fatigué ? Son sextant est-il défaillant ? C'est peu probable car c'est un instrument d'une fiabilité à toute épreuve. Toujours est-il que l'indication que fournit le navigateur est particulièrement étrange.

– Il faut virer franchement à droite. On n'est plus du tout sur la bonne trajectoire, annonce-t-il.

Le commandant Kim Chang Kyu fronce les sourcils.

– De combien on vire ?

L'homme reprend sa règle et ses papiers. Il réfléchit longuement...

– Il faut qu'on prenne... heu... 112 degrés à droite.

– Tant que ça !

14. Nord indiqué par l'aiguille du compas magnétique. Ne doit pas être confondu avec le Nord géographique par lequel passe l'axe de rotation de la terre. Le Nord géographique est situé dans l'océan glacial Arctique à 1 250 kilomètres du Nord magnétique.

– Oui, il doit y avoir du vent très fort. On n'est pas bon du tout.

Kim Chang réfléchit longuement. Cette correction de route semble absolument énorme. C'est la première fois de sa vie qu'il est obligé d'afficher une dérive tellement forte qu'elle le ramène pratiquement en arrière.

– Tu es sûr ?

Le navigateur secoue la tête affirmativement.

– Certain... J'avais sous-évalué la force du vent et on a beaucoup dérivé.

Après quelques secondes d'hésitation, le commandant décide de suivre les indications de son navigateur. D'ailleurs, que peut-il faire ? Il n'a pas d'autre solution que de faire confiance à cet homme qui est le seul vraiment qualifié à bord pour effectuer ce genre de calculs.

– D'accord, on prend 112 degrés à droite mais j'espère que tu sais vraiment ce que tu fais...

Avec précision, Kim Chang fait pivoter la mollette du pilote automatique de sorte que l'avion vire de 112 degrés à droite. Aussitôt, l'appareil s'incline doucement et il effectue un long virage pour venir se placer sur son nouveau cap.

Et la progression se poursuit au-dessus du désert blanc. La vitesse du Boeing est toujours de 900 kilomètres à l'heure. Son altitude de croisière est maintenue à 35 000 pieds[15].

Dans la cabine, les passagers somnolent paisiblement. Ils se sont rapidement lassés d'admirer un paysage finalement bien monotone : de la glace à perte de vue. Ils attendent donc qu'on leur projette un nouveau western.

À mesure que les minutes passent, la météo se dégrade légèrement. Rien de bien dramatique, sauf que la couche nuageuse est plus dense sous les ailes et beaucoup plus haute. De ce fait, le Boeing vole la plupart du temps à l'intérieur d'une couche de cirrus assez épaisse. On n'aperçoit plus rien de la banquise. Par moments, l'horizon disparaît complètement dans les nuages. Il n'y a plus rien à voir.

La turbulence a cessé. Les consignes lumineuses ont été éteintes... Dans le poste de pilotage, les trois hommes se détendent de nouveau. Les conversations deviennent banales : on parle de l'incroyable explo-

15. Environ 11 000 mètres.

sion démographique qu'a connue l'agglomération de Séoul pendant les trois dernières années. Le copilote et le navigateur ne sont pas d'accord sur le nombre d'habitants qui peuplent la ville nouvelle. L'un avance le chiffre de 6 millions d'habitants, l'autre de plus de 8 millions[16]. Finalement, les deux hommes parient un repas dans le meilleur restaurant du Business Center. Ils décident de se renseigner dès l'atterrissage à Séoul. Pour sceller le pari, un papier est rédigé en Hangui[17]. Il est signé entre les deux protagonistes et, pour lui donner plus de valeur, le commandant Kim Chang accepte de contresigner le document.

Vers **19 h 30 GMT**, une hôtesse pénètre dans le poste de pilotage. Soucieuse de respecter scrupuleusement la hiérarchie, elle s'adresse en premier lieu au commandant de bord.

– Est-ce que vous voulez que je vous apporte quelque chose ? Un café ou quelque chose à manger ?

Kim Chang fait non de la tête... Les yeux tournés vers la glace latérale de son pare-brise, il semble chercher quelque chose dans le ciel parsemé de nuages.

– Non, merci. Je préfère attendre encore une heure. Je vous appellerai pour avoir un plateau-repas.

La jeune Coréenne s'incline et sourit. Puis elle se tourne alors vers le copilote pour lui poser la même question. Mais elle n'a pas le temps d'ouvrir la bouche. Brusquement, le commandant lui fait signe de ne pas intervenir.

– *Joy Ong hihaseyyho !*[18]

Le doigt tendu, il montre quelque chose sur la droite de l'appareil.

– Regardez ça...

Étonné par le ton soudainement autoritaire, le mécanicien navigant se penche en avant pour essayer d'apercevoir ce qui intrigue son patron. Il a beau chercher, il ne comprend pas.

– Qu'est-ce qu'il y a ?

– *Possey ho !*[19] Le soleil ! Bon sang, vous avez vu ? Le soleil !

Un silence de plomb tombe brusquement dans le poste de pilotage.

16. L'agglomération de Séoul comprend aujourd'hui 14 millions d'habitants. Elle en comprenait 8 millions en 1978.
17. Alphabet phonétique coréen.
18. Taisez-vous tous !
19. Regardez !

Les yeux noirs de colère, Kim Chang se tourne vers son navigateur. Il pointe toujours un doigt incertain en direction du soleil... Comme toujours dans les régions polaires, l'astre rougeoyant est très bas sur l'horizon. Ses couleurs irisées sont à demi noyées dans la couche nuageuse. Mais ce n'est pas à cause de la couleur que le commandant de bord a sursauté...

Il crie :

– Est-ce que tu peux nous expliquer ce qu'il fait de ce côté de l'avion ?

Le navigateur ne répond pas. Il semble soudain très gêné.

Kim Chang explose littéralement.

– Explique-moi !

L'homme bafouille littéralement. Les mots ont du mal à franchir ses lèvres. Tout le monde dans le poste a maintenant compris ce qui se passait : d'après la route suivie, le soleil devrait être sur la gauche de l'avion.

Or il est franchement à droite !

– Je ne sais...

– Est-ce que tu sais ce qui se passe en ce moment ?

– ...

– Tu ne comprends pas qu'on est en train de se perdre. *Bapo !!!*[20] Qu'est-ce qu'on fait ? On tourne en rond !

En tremblant de tous ses membres, le navigateur remonte dans l'astrodôme et se remet en place sous le Plexiglas. Nerveusement, il tourne les lunettes de visée du sextant, il vérifie l'angle du miroir puis il griffonne des chiffres sur une feuille de papier.

Même son écriture est incertaine.

Le mécanicien quitte son pupitre et vient se pencher par-dessus son épaule pour surveiller ses calculs. En fait, il a un peu oublié ses cours d'astronomie mais il veut mettre la pression au maximum sur son collègue. Il a compris qu'il n'est plus possible de le laisser faire n'importe quoi.

Dans le poste de pilotage, c'est brusquement l'angoisse. Des gouttes de sueur perlent sur le front du copilote.

20. Imbécile.

– Bon sang... Où est-ce qu'on est ?

Le commandant pointe un doigt rageur en direction de son navigateur. Sous l'emprise de la colère, il mélange la langue coréenne, l'anglais et même des bribes de japonais.

– Tu as intérêt à nous remettre sur la route le plus rapidement possible, ou je fais un rapport.

Dans la tête de Kim Chang, les chiffres tournent à toute vitesse. Tout se bouscule. Il est évident que ce virage à droite était beaucoup trop fort... C'est ça qui les a mis dans le pétrin. Il cherche à se rappeler combien de temps s'est écoulé depuis que le navigateur lui a donné ce conseil stupide ? Vingt minutes ? Une demi-heure tout au plus ? Le pire c'est que l'équipage n'a même pas noté cette étrange correction de route sur le log de navigation.

Le commandant de bord sent de violentes poussées d'adrénaline lui courir dans le dos... Que pourrait-il faire pour retrouver sa route initiale ? Est-ce qu'il doit tenter de faire un demi-tour ? Est-ce qu'il ne devrait pas reprendre une trajectoire parallèle en attendant de passer le Pôle.

En fait, c'est un cercle vicieux... S'il ne fait rien, il ne va pas retrouver sa route et s'il en fait trop, il n'aura pas assez de carburant pour atteindre Anchorage. Un flash terrible s'impose dans son cerveau. Le Boeing 707 tourne pendant plusieurs heures au-dessus de la banquise avant de tomber en panne sèche....

– Dépêche-toi, intime-t-il à son navigateur. Je veux savoir où on est !

– Je fais le maximum...

La voix est presque geignarde. Le gars est bien conscient qu'il a commis une erreur terrible qui risque de lui coûter son job et peut-être même sa vie.

– Les cirrus sont gênants... Je ne vois pas grand-chose.

Malgré ses efforts, le navigateur a beaucoup de difficultés pour faire le point. En effet, l'avion traverse de nouveau des couches nuageuses très élevées et le ciel est à peine visible.

– Il faudrait monter au niveau 370, murmure le copilote. Ça nous dégagerait de ces barbules de cirrus.

Kim Chang secoue la tête.

– Pas la peine d'essayer... On n'y arrivera pas.

Étant donné le poids du 707 et la température élevée de l'atmosphère[21], l'avion est pratiquement à son plafond maximum. Si le pilote tente de monter plus haut, l'appareil va devenir très instable et il risque tout simplement de décrocher. Et puis il n'ont aucun contact radio avec les contrôleurs islandais. Impossible de grimper de 2 000 pieds sans les avertir. Même si le risque est extrêmement faible, ils pourraient se retrouver à la même altitude qu'un autre avion. Il est déjà ridicule de se perdre, si en plus, ils risquent une collision...

Tout à coup, le commandant de bord réalise que l'hôtesse est toujours avec eux dans le poste de pilotage. Bien involontairement, la malheureuse a assisté à cette conversation surréaliste où le commandant de bord râle parce qu'ils sont perdus. Elle semble terrorisée par ce qui arrive.

Kim Chang a besoin de travailler sans témoin extérieur. Il se retourne brusquement vers la jeune navigante.

– Vous... Retournez immédiatement en cabine et pas un mot à personne.

Tout en reculant précipitamment, la jeune femme se courbe poliment et sort.

C'est à l'instant même où la porte du poste se referme que le copilote pose la main sur l'avant-bras de Kim Chang. Les yeux tournés vers la glace latérale droite, il lâche d'une voix grave :

– Commandant, je crois qu'on a des ennuis...

Ils sont venus se placer en formation à moins d'une centaine de mètres du Boeing. Deux flèches aiguisées comme des dagues...

Des chasseurs !

Les deux appareils sont de type semblable mais leurs peintures sont radicalement différentes. L'un est vert sombre avec des taches brunes, l'autre est gris acier, ce qui accentue encore son profil en lame de couteau. Sur leur dérive, les deux appareils sont frappés de l'étoile rouge de l'Union soviétique.

Le mécanicien frémit... Il s'y connaît bien en avions de chasse. Il a déjà vu plusieurs photos qui ressemblaient à ceux-là, mais c'est la première fois qu'il en voit en vrai. Il se serait volontiers passé de ce triste privilège.

Ce sont des Sukhoi 15...

21. Étrangement, c'est au niveau des pôles que les couches d'air élevées sont les plus chaudes du globe.

Pour les experts militaires de l'Otan, ces chasseurs sont répertoriés sous le nom de code de « Flagon ». Ce sont des puissantes machines de guerre qui volent à plus de deux fois la vitesse du son. Des biréacteurs de 16 tonnes capables d'intercepter n'importe quel intrus pénétrant dans l'espace aérien soviétique.

En cabine, certains passagers ébahis pensent que le Boeing approche déjà d'Anchorage et ils croient à une escorte de bienvenue. Naïvement, certains saisissent leur appareil photo pour immortaliser la scène. C'est grâce à certains clichés qui seront pris à cet instant que les chasseurs seront plus tard parfaitement identifiés. Chaque appareil porte un chiffre au niveau du cockpit. Celui qui est le plus proche a le numéro 24 et l'autre 51.

Aucun doute... Ce sont des tueurs surarmés qui escortent à présent l'avion de ligne. Ils sont tous les deux équipés de missiles Anab à moyenne portée.

Grâce à leur puissant radar de combat logé dans le radôme avant, ils peuvent repérer leur ennemi à plusieurs dizaines de kilomètres et l'abattre sans difficulté.

Même si le Boeing était piloté par les meilleurs pilotes du monde, il n'aurait aucune chance d'échapper aux Soviétiques...

Le commandant de bord ne peut retenir un méchant juron à l'intention de son navigateur.

– *Bapo !* Espèce de crétin... Tu te rends compte que tu nous as amenés directement chez les Rouges.

Toujours réfugié sous son dôme de Plexiglas, le navigateur essaie maladroitement de nier l'évidence.

– Peut-être qu'on se trouve juste en bordure de leur espace aérien. Ces gars-là sont très chatouilleux. Ils ont tendance à intervenir dès qu'on s'approche un peu trop près de leur frontière.

Kim Chang Kyu soupire de dépit.

– J'espère que tu as raison. En attendant, donne-moi une route pour filer d'ici au plus vite. Ou ça va mal finir !

Le pilote croise les doigts pour que son navigateur ne se soit pas planté à ce point, car s'ils doivent se poser en URSS, ce sera une véritable catastrophe diplomatique.

Les relations entre les deux pays n'ont rien d'amicales. Elles sont même terriblement tendues depuis les événements des années 1950 où les Américains sont intervenus militairement en faveur de la Corée du Sud.

– Je suis certain qu'on n'est pas dans leur espace aérien, murmure le navigateur à plusieurs reprises.

Malheureusement, l'utilisation de la méthode Coué ne servira à rien. En fait, il est déjà trop tard... Car, contrairement aux vœux pieux du navigateur, le Boeing n'est pas en bordure de la frontière soviétique, il est très loin à l'intérieur de l'URSS.

Plus tard, l'enquête montrera qu'au moment de l'interception par le Sukhoi, le Coréen se trouve... à plus de 1 650 kilomètres de l'endroit où il devrait être. En fait, il est au sud-est de Severomorsk à 200 kilomètres de Mourmansk.

– Dépêche-toi de me donner une route, insiste le commandant de plus en plus inquiet car la présence des deux Sukhoi provoque une effervescence proche de la panique dans le poste de pilotage.

– On peut essayer de les contacter sur 121.5[22], propose le copilote.

– D'accord. Vas-y.

Immédiatement, le copilote permute les fréquences sur sa VHF et tente de joindre les pilotes des Sukhoi.

– Ici Korean Airlines 902 qui appelle les chasseurs soviétiques. Est-ce que vous me recevez ?

Il n'y a aucune réponse...

L'appel est répété à plusieurs reprises, tout en allumant et éteignant les feux de position en bout d'ailes pour attirer l'attention des pilotes.

– Ici Korean Airlines 902 qui appelle les chasseurs soviétiques. Est-ce que vous me recevez ?

– ...

Silence radio total...

Plus tard, les Soviétiques nieront que les Coréens aient tenté de les appeler sur la fréquence de détresse. Ils prétendront avoir veillé en permanence 121.5 sans avoir jamais reçu aucun appel. Pourtant leur appel a été entendu et enregistré par les contrôleurs finlandais de Rovaniemi. La bande attestera que personne n'a jamais répondu à l'appel.

Pendant ce temps-là, le navigateur gribouille nerveusement sur ses

22. Fréquence VHF internationale pour les avions en détresse.

cartes. Il reprend l'examen de son sextant, tire des traits à toute vitesse mais il ne semble pas avancer dans ses calculs.

– Je fais ce que je peux mais il ne faut pas que je me trompe...

Tout à coup, le mécanicien s'inquiète.

– Regardez... Il y en a un qui s'approche.

En effet, le SU-15 gris est en train de se serrer sur le 707. La manœuvre est rapide et précise... Le chasseur s'approche à une vingtaine de mètres. En quelques secondes, l'appareil est si près que l'équipage peut distinguer sans difficulté les énormes entrées d'air rectangulaires des réacteurs et le large panneau de l'aérofrein placé sur l'épine dorsale du monstre. À l'exception de l'étoile rouge et du chiffre 51 peint en blanc, il n'y a aucune autre inscription sur le fuselage. Le pilote a sa visière de casque baissée et on ne voit rien de son visage. Il fait un signe étrange avec sa main droite mais personne dans le poste du Boeing ne comprend ce que cela signifie.

– Bon sang, qu'est-ce qu'on va faire ? demande le copilote d'une voix de plus en plus inquiète.

Kim Chang Kyu désigne son navigateur d'un geste méprisant.

– On ne peut rien faire tant que celui-là ne nous aura pas donné un cap de dégagement. On ne va tout de même pas filer dans n'importe quelle direction. Je n'ai pas envie de me retrouver à la verticale de Moscou !

Visiblement, l'homme au sextant fait des efforts de rapidité, mais c'est laborieux. Il lui faut presque huit minutes pour qu'il réussisse à faire un point précis et fournisse enfin un cap cohérent.

– Il faut qu'on fasse un 160 degrés par la gauche. Ça devrait nous ramener vers Lonyearbyen.

Kim Chang ne se fait pas répéter l'information deux fois. Il débranche le pilote automatique et sans prendre les précautions habituelles pour préserver le confort des passagers, il effectue le virage demandé. La manœuvre est exécutée avec une certaine brutalité. Quelques murmures de protestation montent dans la cabine. Il y a même des cris mais cela ne dure pas. Car plus le temps s'écoule et plus les passagers sentent qu'il se passe quelque chose d'anormal. La présence des deux chasseurs ne présage rien de bon. D'autant que l'hôtesse a parlé à ses collègues et que tout le personnel de cabine affiche une mine sombre que les passagers remarquent immédiatement.

À cet instant, les récits des deux pays divergent une nouvelle fois...

Les Soviétiques prétendent avoir tenté de rentrer en contact radio avec le Boeing. Ce que l'équipage coréen conteste fermement. Qui dit la vérité ? Tout le monde... En effet, on peut raisonnablement admettre que les Soviétiques aient tenté de contacter le Boeing sur une des fréquences HF équipant les Sukhoi. Car quelles que soient leurs intentions, ils ont certainement souhaité parler à l'intrus pour lui ordonner de les suivre. Malheureusement, ce système radio étant en panne sur l'avion de ligne, ils n'avaient aucune chance d'obtenir une réponse. Les Coréens appellent sur 121.5 en VHF et les Soviétiques en HF sur des fréquences inconnues. Pas étonnant qu'on soit resté dans un dialogue de sourds !

Quoi qu'il en soit, lorsque le pilote coréen a terminé son virage, il a une surprise très agréable : les deux chasseurs ne sont plus là.

– Je les vois plus, annonce le copilote d'une voix dans laquelle on perçoit un soulagement évident.

Kim Chang n'en croit pas ses yeux...

– Où sont-ils ?

Le mécanicien se lève de son siège pour se contorsionner à côté de la glace latérale droite.

– J'ai bien l'impression qu'ils ne sont plus là...

– *We are lucky*... Ils ont compris qu'on fichait le camp de leur zone et ils sont rentrés vers leur base, rajoute le copilote ravi.

Malheureusement, l'équipage prend ses désirs pour des réalités. Car les deux Sukhoi 15 ne sont absolument pas rentrés chez eux. S'ils ne sont plus visibles, c'est tout simplement parce qu'ils sont venus se placer dans les *six heures* du Boeing...[23] Maintenant, ils sont juste derrière lui. Très légèrement en dessous du souffle pour ne pas se faire secouer... C'est la meilleure position avant de passer à l'attaque.

Mais étrangement, ils n'ouvrent pas le feu. Ils se stabilisent à une distance de 800 mètres et conservent leur place comme des fauves aux aguets.

Les minutes passent... Qu'attendent-ils ?

Dans le poste de pilotage du Boeing, Kim Chang se croit définitivement sorti d'affaire. C'est le soulagement.... L'avion de ligne s'éloigne en direction de la mer de Barents. Bien évidemment, dans sa précipita-

23. *Juste derrière.*

tion, le navigateur coréen s'est encore trompé dans ses calculs. Le malheureux a commis une nouvelle erreur de 30 degrés par rapport au cap qui le remettrait sur la route vers le Pôle. Mais cette fois, il y a moindre mal car l'avion file quand même vers la frontière.

L'équipage démontre sa bonne volonté de quitter le territoire soviétique. En quelques secondes, tous les radars de la presqu'île de Kola vont retransmettre l'information à l'état-major de Mourmansk qui va aussitôt en référer en haut lieu.

Le problème, c'est qu'au Kremlin, on n'est pas vraiment décidé à laisser filer cet intrus aussi facilement.

Les Soviétiques se sentent dans leur bon droit. À leurs yeux, la situation est inacceptable : un avion de ligne a pénétré profondément à l'intérieur de leur espace aérien. Il n'a aucune autorisation[24]. En outre, il appartient à la Corée du Sud, pays considéré comme un véritable ennemi. Il faut donc faire un exemple.

L'ordre tombe comme un couperet.

– Abattez-le !

La décision est d'autant plus aberrante que les dirigeants du Kremlin font semblant d'oublier que, depuis des années, les puissants Tupolev 95 de l'Armée Rouge[25] s'écartent régulièrement des routes aériennes établies pour violer les frontières des pays occidentaux avec tout un arsenal de caméras d'espionnage à bord.

Ce ne sont que des « erreurs » de pilotage, bien entendu !

Ces incursions se sont produites des centaines de fois pendant la guerre froide et elles se sont toujours terminées de la même façon. Les chasseurs occidentaux ont escorté les avions espions et les ont reconduits fermement jusqu'à la frontière mais jamais un seul obus n'a été tiré sur le contrevenant...

– Abattez-le !

Les deux Sukhoi sont toujours derrière le Boeing. Ils sont en position de tir. Les *master arms* ont été enclenchés. Pour les pilotes, il suffit d'appuyer sur la détente pour envoyer un missile Anab détruire l'intrus.

– Abattez-le !

24. *Un scénario tout à fait semblable se reproduira quelques années plus tard au-dessus de l'île de Sakhaline en septembre 1983 avec un Boeing 747 de la même compagnie coréenne.*
25. *Le code de l'OTAN des TU - 95 est : Bear.*

Dans les écouteurs de son casque, le leader des deux Sukhoi n'en croit pas ses oreilles... En ce qui le concerne, il est évident que cet appareil n'est pas un espion. Ce n'est même pas un avion militaire ! Le logo de la compagnie coréenne est bien visible sur la dérive. Nul besoin d'être un expert pour comprendre que le commandant de bord coréen s'est simplement égaré en traversant la banquise.

Le pilote soviétique connaît suffisamment les difficultés de la navigation polaire pour savoir que de telles bourdes sont fréquentes dans la région.

Est-ce que cela mérite la mort ?

Pour le chasseur, le dilemme est terrible... Quelques minutes plus tôt, il s'est approché suffisamment pour apercevoir les passagers qui l'observaient à travers les hublots. À moins de 20 mètres, il a pu discerner dans leurs yeux un mélange de curiosité et d'inquiétude. Certains lui ont même fait des signes de la main pour lui dire bonjour. Il a vu des visages de femmes.

Il y a des enfants à bord...

Et voila les gérontes de l'état-major de Moscou qui lui ordonnent de tuer froidement ces civils innocents ! Comment peut-il commettre une telle horreur ?

L'homme réfléchit à toute vitesse. S'il appuie sur la détente, il ne pourra plus jamais se regarder dans une glace.

Refuser d'obéir ?

C'est une option mais, dans ce cas, sa carrière est fichue à tout jamais. L'Armée Rouge est une machine de guerre implacable qui ne tolère aucune défaillance de la part de ses soldats quel que soit leur grade. Le pilote sera puni pour l'exemple et la sanction sera terrible[26].

Alors il tente de discuter...

Lorsque le « rideau de fer » s'écroulera, treize ans plus tard, certains dossiers secrets de l'Armée Rouge seront mis sur la place publique. On apprendra que le pilote s'appelait Vladimir C... Il était major... C'était un Ukrainien de 38 ans. On saura qu'il a palabré

23. *Juste derrière.*
26. *Il est probable que la punition exemplaire infligée par la suite au pilote ait servi d'exemple puisque lors de l'interception d'un Boeing 747, les intercepteurs ne se poseront aucune question morale. Ils exécuteront les ordres sans discuter. Cette affaire provoquera la colère de la communauté internationale et mettra l'URSS au ban des nations pendant plusieurs mois. Lire :* Catastrophes aériennes – Les passagers ont le droit de savoir (Éditions Altipresse).

maladroitement pendant de longues minutes pour tenter de convaincre ses chefs qu'ils étaient en train de commettre une erreur monstrueuse.

À l'époque, une telle attitude est exceptionnelle de la part d'un militaire soviétique et on ne peut que saluer son courage et son intelligence. Ce jour-là, les conversations entre le sol et les chasseurs ont été interceptées par un satellite espion américain. Une phrase revient en permanence dans la bouche du Soviétique.

– Je peux vous assurer qu'il n'y a que des civils dans cet avion... On ne peut pas les tirer comme des lapins.

Mais l'homme se heurte à un véritable mur d'incompréhension. Dans le centre d'opération militaire de Mourmansk, le contrôleur se borne à répéter les instructions qu'il a reçues de la part de l'officier de tir. Les ordres sont implacables.

– Abattez l'avion et répétez les ordres. Ensuite, vous ferez un compte-rendu.

– Bon sang, est-ce que vous avez compris ce que je viens de vous dire : ce sont des civils...

– Détruisez la cible.

– Est-ce que vous comprenez ce que je dis ?

– Détruisez la cible et faites un compte-rendu.

– On ne peut pas...

– Détruisez la cible et faites un compte-rendu.

Comme le pilote discute encore, on finit par lui passer un gradé de haut rang. L'homme est responsable des opérations aériennes de Kola. Il s'identifie par son grade et son nom puis confirme les instructions de l'état-major.

– Abattez cet avion... C'est un ordre.

Le temps passe... Le pilote ne tire pas.

Pendant six longues minutes, il cherche une solution qui apaiserait à la fois sa conscience et sa hiérarchie. Son cerveau tourne à toute vitesse... Il ne trouve rien. Et personne ne peut l'aider. Même pas son équipier aux commandes du second Sukhoi 15. L'autre type a une trouille terrible. En aucun cas, il ne veut se mouiller dans un sens ou dans l'autre... D'autant qu'en ce qui le concerne, les choses sont beaucoup plus simples. Ce n'est pas lui le responsable de la patrouille, il exécutera les ordres de son chef. S'il lui ordonne de tirer, il tirera sans état d'âme. S'il se dégonfle, il fera comme lui...

Dans tous les cas, il ne risque rien.

Puis tout à coup, le leader prend une décision. Ses chefs veulent qu'il tire, alors il va le faire.

La mort dans l'âme, l'Ukrainien ajuste le Boeing dans son viseur. Le soleil est très bas sur l'horizon et la luminosité est faible. L'avion de ligne n'est qu'une ombre noire qui se découpe sur le soleil couchant. On ne voit plus grand-chose... Si seulement il pouvait le manquer !

L'homme respire un grand coup... et il lâche un premier missile Anab à guidage infrarouge. Une longue flamme se détache de ses ailes...

Quelle ruse technique le pilote a-t-il utilisée ? A-t-il tiré sans verrouiller l'Anab ? La chaleur du soleil couchant a-t-elle été suffisante pour attirer la tête infrarouge ? On n'en a aucune preuve mais tout est possible... Quelle que soit la raison, le missile passe très loin du Boeing coréen sans exploser. Il poursuit sa course dans l'espace et disparaît à l'horizon.

– Vous avez abattu l'espion ?

– Négatif... Le missile ne l'a pas touché.

Une nouvelle fois, le leader des Sukhoi essaie de convaincre ses supérieurs qu'ils commettent une erreur En vain. La sentence de mort revient aussitôt comme une litanie débile.

– Abattez la cible et faites un compte-rendu.

Alors le pilote tire un second missile air-air.

Cette fois l'Anab se verrouille sur sa cible. Une fraction de seconde plus tard, la charge létale explose à une centaine de mètres sur la gauche du Boeing. Des milliers de fragments perforent le fuselage...

Aussitôt, c'est l'enfer qui s'abat sur l'avion de ligne... Sous les impacts, le revêtement métallique se déchire comme du papier de soie. Au niveau des dernières rangées, quatre hublots explosent avec des claquements secs.

Deux passagers assis à l'arrière sont frappés par les impacts directs. Les malheureux sont tués sur le coup sans comprendre ce qui leur arrive. Une dizaine d'autres sont grièvement blessés par des éclats incandescents qui transpercent les cloisons.

Dans le même temps, un sifflement strident retentit. C'est une sorte de sirène provoquée par l'air pressurisé qui s'échappe par les trous du fuselage. Des papiers s'envolent de toute part et sont aspirés par les déchirures. La chute brutale de pression provoque un épais brouillard de condensation. Il fait brutalement très froid.

Les passagers tentent de crier mais ils n'y arrivent pas.

Au plafond, une centaine de panneaux rectangulaires s'ouvrent simultanément pour libérer des masques à oxygène translucides. Mais la plupart des passagers ne les voient pas. Affolés, ils cherchent à aspirer un air raréfié qui refuse de pénétrer dans leurs poumons. Les rythmes cardiaques s'accélèrent. Les bouches s'ouvrent sur des cris muets. Les tympans deviennent terriblement douloureux. Dans un réflexe maladroit, les gens se recroquevillent sur leur poitrine et plaquent leurs mains sur leurs oreilles. Mais cela ne sert à rien... La douleur est toujours aussi forte. Certains saignent du nez...

Dans le poste de pilotage, c'est l'alerte... Les klaxons d'alarme hurlent de tous les côtés. Ça flashe rouge sur le tableau de bord...

Tout comme ses passagers, le commandant a ressenti dans ses oreilles le choc douloureux de la dépressurisation. Il comprend immédiatement ce qui arrive. D'une voix stridente, il hurle dans la radio :

– Ils nous tirent dessus...

Pourtant, Kim Chang ne panique pas. Ses réflexes sont rapides et précis. Tout en reprenant les commandes, il s'empare du masque pendu sur le montant latéral gauche du pare-brise. Sans même réfléchir, il ajuste le dispositif de secours sur son visage. Une pression sur le connecteur : oxygène à 100 % et il respire à pleins poumons... Il sait qu'il doit se protéger plus que les autres.

Sur ce point, les consignes de la compagnie sont très claires. Dans tous les cas d'urgence, c'est la vie des pilotes qui compte avant tout. À quoi servirait en effet de maintenir des passagers en vie s'il n'y avait plus personne pour contrôler l'avion ?

– Nous avons une dépressurisation explosive... Procédure de descente en *emergency*. On descend vers 10 000 pieds.

Avec une rapidité incroyable, Kim Chang déconnecte le pilote automatique et ramène les quatre manettes de gaz vers l'arrière. En même temps, il passe sur liaison interphone et hurle à l'intention de son copilote.

– *Damper On... Les AF...*[27] Le train sorti...

27. Amortisseur de lacet enclenché et aérofreins sortis.

Puis il saisit le manche à deux mains et pousse fermement en avant jusqu'à obtenir une assiette de moins 18 degrés.

Dès que le Boeing est en piqué, il l'engage dans un large virage exactement comme c'est précisé dans le livret des procédures de vol de l'avion.

Kim Chang connaît parfaitement la procédure à suivre en cas de dépressurisation rapide. Il sait qu'il ne peut pas dépasser la vitesse de 320 nœuds[28] qui est la limitation avec le train d'atterrissage sorti.

Il faut faire très vite... À partir de maintenant, pour ses passagers chaque seconde compte comme un siècle. Le Boeing se trouve à 35 000 pieds. La température extérieure y est de moins 55 degrés. C'est très froid mais ce n'est pas le pire... À cette altitude, il n'y a pas assez d'oxygène pour rester conscient plus de trente secondes. D'ailleurs, de nombreux passagers n'ont même pas eu le réflexe de s'emparer des masques à oxygène qui sont tombés devant eux.

Certains n'ont même pas compris à quoi servaient ces étranges morceaux de plastiques jaune et blanc. Or, ils n'ont qu'une vingtaine de secondes pour réagir. Les symptômes de l'hypoxie sont rapides à se manifester : accélération du rythme respiratoire, suées, picotements dans les doigts, puis les malheureux ressentiront un état proche de l'euphorie. Ils se sentiront bien. Une sensation trompeuse car, en quelques secondes, ils tomberont dans une somnolence irrésistible : perte de connaissance puis coma irréversible.

Dans quelques minutes, les malheureux seront morts... Asphyxiés tout comme l'a été le célèbre golfeur Payne Stewart, victime d'un accident de dépressurisation à bord de son Lear Jet 35 en octobre 1999[29].

Il faut absolument redescendre à moins de 10 000 pieds pour les mettre en sécurité et leur permettre de respirer. C'est la procédure... Et elle doit être terminée en moins de 4 minutes.

Sur l'altimètre, l'aiguille se met à tourner de plus en plus vite. À travers son masque, le copilote annonce les chiffres :

– 30 000 pieds...

Tout en maintenant son Boeing en piqué, Kim Chang ne peut s'empêcher de pester de rage dans son interphone.

28. Environ 540 kilomètres à l'heure. En nombre de Mach, la limitation du Boeing 707 train sorti était de Mach 0.83.
29. Environ 540 kilomètres à l'heure. En nombre de Mach, la limitation du Boeing 707 train sorti était de Mach 0.83.

– Ces Popov sont tous des débiles mentaux... Des abrutis... Des...

La maquette de l'horizon artificiel est à toujours moins 18 degrés d'assiette. Le plongeon est impressionnant. Le variomètre affiche plus de 8 000 pieds par minute. Kim Chang applique la procédure d'*emergency* au pied de la lettre. Ainsi, bien qu'il se demande si cela va servir à quelque chose, il va jusqu'à afficher les chiffres 7700 sur son transpondeur. Grâce à ce code particulier, les opérateurs radars de la région vont savoir qu'il est en situation de détresse. Le problème évidemment, c'est que ce sont certainement ces mêmes opérateurs radars qui ont transmis l'ordre de l'abattre.

– 25 000 pieds.

– 23 000...

– 20 000...

Dans la cabine des passagers à l'arrière, c'est la panique. Au moment où l'avion est parti en piqué, deux malheureux ont littéralement été collés au plafond. Les imprudents avaient leur ceinture débouclée. Deux secondes plus tard, ils sont redescendus brutalement sur le plancher. Maintenant, ils hurlent comme des possédés. Ils ont plusieurs membres fracturés.

À l'avant de l'appareil, dans les premières classes, une hôtesse est pratiquement dans la même situation. Au moment de la première salve de tir, elle n'a pas eu le temps de rejoindre son *jump seat*[30]. La malheureuse est partie pendant quelques secondes au-dessus des sièges comme un astronaute en apesanteur... Puis elle est retombée sur un passager et s'est démis l'épaule.

– 18 000 pieds...

Le piqué paraît interminable... Cela fait maintenant près de deux minutes que le Boeing plonge comme une pierre vers le sol.

Sans faillir, Kim Chang maintient la pression sur le manche pour garder l'assiette à piqué. Psychologiquement, l'épreuve est de plus en plus difficile car à mesure que l'appareil se rapproche du sol, la visibilité diminue. Il traverse des couches d'altostratus très denses.

Il fait de plus en plus sombre.

Pourvu que l'avion ne se trouve pas dans une région montagneuse... Difficile de distinguer quel genre de relief se trouve en dessous. Par

30. *Siège de service strapontin.*

moments, il y a bien quelques trouées au travers desquelles on aperçoit le sol qui semble recouvert de neige. Mais tout va trop vite. On ne se rend pas compte si ce sont des montagnes, des collines ou de la plaine.

– 14 000 pieds...

Sur le tableau de bord, le nombre des voyants rouges augmente dangereusement. Un klaxon d'alerte « Master Caution» retentit lugubrement. La pression hydraulique du circuit primaire donne des signes de faiblesse. Un témoin s'allume pour signaler que le servo-direction est en panne.

Tout à coup, la grosse lampe rouge d'un voyant coupe-feu flashe sous la visière du tableau de bord. Le réacteur numéro 1 est en train dc rendre l'âme. Bien qu'il soit tout réduit, il risque de prendre feu !

Sans hésiter, Kim Chang saisit la manette rouge et la tire franchement pour couper l'arrivée du carburant sur le moteur défaillant.

– Qu'est-ce qu'on va faire ? hurle le copilote dans l'interphone de bord.

Kim Chang réfléchit à toute vitesse. Les options qui se présentent à lui sont de plus en plus réduites. La cellule de l'avion est gravement percée de toutes parts. Son réacteur extérieur gauche est en panne... Il n'y a plus la moindre pressurisation, ce qui va l'obliger à voler à très basse altitude. Dans ce cas-là, la consommation est énorme. Il n'est pas certain d'avoir assez de carburant pour rejoindre un aéroport. Pour couronner le tout, il n'a aucune idée de l'endroit où il se trouve. Sauf, malheureusement, que c'est quelque part en URSS ! Le commandant hurle à son tour pour couvrir le souffle bruyant de l'interphone.

– On va essayer de stabiliser pour voir les dégâts.

Justement, l'altimètre indique que l'avion est en train d'atteindre l'altitude fatidique. Du coup, la voix du copilote retentit plus fort dans l'interphone du masque.

– 10 000 pieds...

– 9 000...

– On stabilise...

Avec douceur, Kim Chang tire sur le manche et rentre les aérofreins. Mais cette fois, il a réagi avec retard. Il aurait dû se préparer au moins de 2 000 pieds à l'avance car le gros quadriréacteur a beaucoup d'inertie. Malgré l'action soutenue du pilote, il continue à perdre de l'altitude.

– 8 000 pieds...

– 7 000...

Enfin, l'aiguille de l'altimètre se stabilise à 5 000 pieds.

– Ne rentre pas le train, ordonne Kim Chang à son copilote.

Dans un réflexe irraisonné, le mécanicien navigant applaudit trois fois des mains pour montrer sa joie de voir l'avion revenu en palier. Timidement le copilote l'imite... Réaction nerveuse.

Mais le soulagement est de très courte durée. Car, sur le tableau de bord, les indications des instruments sont dramatiques.

Les navigants retirent lentement leur masque à oxygène. Les visages sont tirés par l'émotion...

Bien que cela ne serve pas à grand-chose, les trois hommes effectuent une check-list d'urgence « Anomalie / Arrêt réacteur», histoire de faire le point. Il ne leur faut que quelques secondes pour comprendre que la situation est grave. Les dégâts sont terribles et ça risque d'empirer rapidement. L'avion a été touché au niveau de l'aile gauche... Par chance, ce n'est que son extrémité qui a été arrachée. Il n'en manque qu'un petit bout juste au niveau du feu de position. L'aileron est troué. Le vérin en a certainement pris un coup, c'est sans doute la raison pour laquelle la pression hydraulique chute doucement. Ça vibre sournoisement mais le contrôle en roulis reste satisfaisant. Par contre, du fait de la panne de servo-direction, l'appareil est très difficilement manœuvrable sur son axe de lacet.

– Où est-ce qu'ils sont ces salauds ?

C'est le copilote qui a posé la question.

Kim Chang se contorsionne aussitôt vers la gauche pour tenter d'apercevoir ses agresseurs. Dans la demi-obscurité, il ne les voit pas. Pourtant, il imagine qu'ils sont toujours quelque part derrière.

Ce n'est pas un plongeon de 30 000 pieds qui aurait pu semer ces chasseurs terriblement manœuvrants. Et de toutes façons, ces types sont équipés de radars puissants qui leur permettent de repérer leur cible dans n'importe quelle condition de visibilité.

– Je suis certain que ces fils de putes sont encore là... Si on ne fait rien, ils vont nous achever sans pitié.

Sur ce dernier point, l'équipage coréen se trompe lourdement. Car pendant la descente d'urgence, il s'est produit un événement tout à fait extraordinaire :

Le radar soviétique… les a perdus. Sur les écrans militaires, il n'y a plus que les échos des deux Sukhoi 15.

Que se passe-t-il ? L'avion coréen est-il maintenant beaucoup trop bas pour pouvoir être détecté ? Y a-t-il une panne du système de repérage des Soviétiques ? On n'en sait rien et les militaires ne donneront évidemment aucune explication technique sur cette défaillance.

Mais le fait est là, le Boeing coréen a disparu de leurs écrans !

Il reste bien évidemment les deux Sukhoi en vol dans le secteur. Ils devraient pouvoir retrouver l'avion de ligne. Le problème, c'est qu'ils ont perdu le contact visuel pendant le piqué... Le Boeing a traversé plusieurs couches nuageuses. Maintenant, il commence à faire sombre et la visibilité est médiocre. Eux aussi ont perdu le contact ! En outre et c'est peut-être le plus important, les pilotes ne se décarcassent pas vraiment pour retrouver la trace de leur cible !

On peut s'étonner que la puissante URSS ne soit pas capable de retrouver un Boeing 707 volant à basse altitude sur son territoire. Il faut se rappeler que le système radar du pays est vieillissant, que les militaires ne sont plus très motivés et que quelques années plus tard, un simple petit Cessna piloté par un élève pilote allemand réussira à se poser sur la place Rouge sans que personne n'ait réussi à le détecter.

Le 707 est donc à présent isolé au-dessus d'un territoire hostile.

En tentant de se calmer, Kim Chang examine le paysage qui défile sous ses ailes. C'est lugubre... Dans quelle région de l'URSS peuvent-ils bien se trouver ? On dirait la Sibérie... Pas la moindre trace de vie au sol. Aucun phare de voiture. Pas de lumière... Tout est désert. Le Coréen plisse les yeux pour tenter d'appréhender le relief. Difficile de discerner le sol... C'est une alternance de taches sombres, certainement des forêts et d'autres qui brillent légèrement sous les dernières lueurs du jour : des lacs... Ils sont gelés.

Il y en a plusieurs dizaines un peu partout autour de lui. Cette fois, c'est peut-être un coup de veine...

– On va se poser, déclare-t-il soudain.

Silence...

La décision du patron est terrible.... Atterrir en pleine nature avec un avion de ligne gravement touché... À la tombée de la nuit... C'est de la folie... Leurs chances de s'en tirer sont très faibles. Pourtant, c'est mieux que d'exploser en vol. Alors tout le monde dans le poste accepte l'idée sans discuter.

Les seuls murmures proviennent du navigateur. Mais celui-ci ne proteste pas, il prie à voix basse.

Malgré la situation, Kim Chang décide d'appliquer la procédure de secours au pied de la lettre : ils ont un réacteur et le servo-direction en panne. Le manuel de procédure précise que, dans ce cas-là, il faut utiliser une poussée symétrique. C'est-à-dire réduire, complètement un second réacteur.

Aucune hésitation, ce sera donc l'extérieur droit...

– Tu vidanges immédiatement tout le carburant que tu peux. Moins on en aura et mieux on se portera.

Le mécanicien obéit aussitôt aux instructions de son chef. Il ouvre les électrovannes et le kérosène commence à se vaporiser derrière le Boeing.

Étrangement, malgré l'hydraulique très faible, les volets fonctionnent toujours avec des à-coups.

– On va faire l'approche à V REF + 30 nœuds et 14 degrés de volets. Si l'hydraulique nous lâche, on sortiras 50 degrés en électrique le plus tôt possible avant même de tourner en finale[31].

– Où est-ce qu'on va se poser ? demande le copilote d'une voix tremblante.

Kim Chang réfléchit à peine. Il sait qu'il n'a plus beaucoup de temps devant lui. L'avion tremble maintenant de partout. Il ne tiendra pas longtemps.

Les vibrations se répercutent jusque dans les commandes qui cognent de manière inquiétante. Et il y a plus grave : dans quelques minutes, il fera nuit noire.

Dans l'obscurité, ce sera une tout autre affaire de trouver un endroit dégagé pour atterrir. Sa seule chance est de tenter le coup pendant qu'il y a encore un peu de lumière. Et justement, il y a une grande étendue glacée, juste sur la gauche de l'appareil.

Kim Chang n'hésite pas.

– On va prendre celui-là...

Le lac a une forme circulaire. À première vue, il doit faire deux à trois kilomètres de diamètre. C'est un peu court si l'avion se met à

31. Sur Boeing 707, si la pression hydraulique est trop faible pour sortir les volets, il est possible de les sortir électriquement.

déraper sur la glace mais tous les autres lacs alentour sont plus petits. Kim Chang a décidé de procéder comme il l'a souvent fait à l'entraînement en simulateur pour ce type de panne. Il va laisser le train d'atterrissage sorti. Si les roues sont arrachées dans l'impact, ce sera autant d'énergie cinétique qui sera absorbée et l'avion s'arrêtera plus court.

À cet instant, l'altimètre indique 4 000 pieds. Mais l'indication n'est pas absolument fiable car l'équipage n'a aucune notion de la pression atmosphérique au sol. Il peut y avoir une très grosse différence avec la réalité[32]. Quant à la sonde altimétrique, elle a certainement reçu un éclat d'obus... elle ne fonctionne plus.

Kim Chang sait déjà qu'il va devoir exécuter une approche en se servant uniquement de ses yeux. Aucun instrument de bord ne peut l'aider à vérifier qu'il est sur le bon plan de descente. Il va lui falloir estimer sa trajectoire un peu comme il le faisait à ses débuts, lorsqu'il était jeune élève pilote à côté de Kimpo. Sauf qu'aujourd'hui il ne pilote plus un petit avion d'aéro-club, mais un engin de près de 100 tonnes en détresse, bourré de passagers terrorisés !

Avec précaution, le pilote se laisse descendre vers une hauteur qu'il estime à 2 000 pieds et il s'éloigne pendant 1 minute 30 secondes après avoir passé le travers du lac. Lorsque c'est fait, il vire de 90 degrés pour passer en « étape de base ».

Il faut faire vite, l'aile gauche vibre de plus en plus...

Un coup d'œil au badin[33] pour vérifier la vitesse : 200 nœuds (360 kilomètres à l'heure).

Kim Chang hésite... Il lui manque quelques centimètres d'aile gauche. Est-ce que dans ces conditions, cette vitesse va être suffisante avec un moteur en panne et le servo-direction HS ?

Le copilote semble avoir compris la question muette de son commandant et justement il a les yeux sur la fiche des procédures de secours.

– Ils disent dans ce truc qu'on ne doit jamais descendre en dessous de 180 nœuds pour ce type d'approche...

32. Un altimètre n'est qu'un baromètre. Pour être juste, l'instrument doit être réglé en permanence par rapport à une pression atmosphérique de référence. Si ce n'est pas fait, ses indications sont fausses. Or l'équipage de Boeing n'a évidemment aucune information sur la pression au sol de l'endroit où il souhaite atterrir.
33. Indicateur de vitesse.

– D'accord... Alors, on va garder 200 nœuds jusqu'au dernier virage... Après on laissera la vitesse régresser doucement.

– On va vraiment se poser là-dedans, murmure le mécanicien en scrutant le lac d'un air inquiet.

La réponse claque durement.

– Si celui qui nous a mis dans ce pétrin a une autre solution à proposer, il n'a qu'à le faire !

Le navigateur a évidemment compris que la remarque lui était destinée. Mais il se garde bien de répondre. Il se contente de se tasser sur son siège et de continuer ses prières silencieuses. Nul doute que s'il pouvait se dissimuler au fond d'un trou de souris, il disparaîtrait immédiatement.

Kim Chang n'a pas le temps de s'occuper vraiment de lui. Pour l'instant, il a les mains crispées sur son manche. Sa concentration sur la trajectoire d'approche est telle qu'il se rend compte soudain qu'il a oublié de prévenir les passagers de la conduite à tenir.

D'un ton autoritaire, il s'adresse à son copilote.

– Préviens les pax de se mettre en position.

– Roger...

Rapidement, le copi saisit le micro du *public adress.* Le message est bref et sans fioritures :

– *Cabin Crew :* tout le monde en position de crash. *Ladies and Gentlemen,* nous allons atterrir en catastrophe, suivez les instructions du personnel de cabine.

Le message du copilote agit comme un électrochoc. À toute vitesse, les hôtesses passent dans les rangs pour montrer comment se recroqueviller en avant en nouant les mains sous les cuisses. Les passagers obéissent sans discuter. Malgré la température glaciale, certains visages sont couverts de sueur.

La cabine est dans un état épouvantable. C'est un véritable champ de bataille. Tous les masques à oxygène pendent du plafond... Il y a des papiers partout... Les coffres à bagages sont ouverts... Ils ont répandu leur contenu au milieu de l'allée centrale... À l'arrière, il y a du sang sur les cloisons... Les blessés gémissent faiblement mais on ne les entend pas à cause de l'air qui siffle par les hublots éclatés et dans les trous du fuselage. D'autres passagers sont inconscients. Ils bougent doucement au gré des turbulences.

Dans le poste de pilotage, l'éclairage du tableau de bord a été réduit au minimum et on voit bien mieux le paysage à l'extérieur. Sur la gauche de l'appareil, le lac apparaît de nouveau. Si l'instant n'était pas aussi dramatique, Kim Chang trouverait les lieux superbes. La nature y est d'une beauté sauvage. Le lac est bordé de part et d'autre par des forêts épaisses. Il n'y a aucune trace de route ou de chemin...On se croirait dans le grand nord canadien... Malheureusement, ce n'est pas le cas.

Kim Chang vire de nouveau à gauche pour se mettre dans l'axe du lac. Par moments, la glace brille légèrement sous les dernières lueurs du jour. Cette fois, l'instant de vérité approche. Les prières du navigateur se font plus fortes. La peur est palpable partout dans le poste.

Chacun se demande s'il n'est pas en train de vivre ses dernières secondes.

Le pilote essaie de faire le vide dans sa tête. Il n'y a plus que la trajectoire d'approche qui compte pour lui. Comme c'était prévu, le mécanicien navigant ramène la manette du moteur numéro 4 en position ralenti. À partir de cet instant, seuls les deux réacteurs intérieurs vont être utilisés pour tenir le plan. La poussée restera ainsi parfaitement symétrique.

Kim Chang, demande une dernière check-list d'urgence. Elle est faite à toute vitesse. La pression hydraulique est tombée au minimum... Les pleins volets sont sortis électriquement jusqu'à 50 degrés... Le trim de direction est à zéro[34]. Le taux de chute est maintenu à 400 pieds par minute...

Bien que son esprit soit entièrement concentré sur le maintien du plan de descente, le pilote ne peut s'empêcher d'avoir une courte pensée pour sa femme et pour ses enfants. Il sait que s'il rate son coup, il ne reverra jamais sa famille.

Un coup d'œil à sa montre. Il est **17 h 45 GMT.** Le manche vibre de plus en plus fort.

Le lac n'est plus qu'à 2 kilomètres devant le pare-brise...

Kim Chang diminue légèrement la poussée sur les deux réacteurs intérieurs. Il réduit la vitesse à 170 nœuds puis à 160... 150 nœuds... Compte tenu de son poids et de sa situation, c'est le strict minimum qu'il puisse maintenir. À mesure que la vitesse régresse, le pilote doit

34. Compensateur.

mettre de plus en plus de manche à droite pour garder les ailes horizontales. Les commandes deviennent dures. Le phénomène est certainement causé par l'aileron gauche abîmé.

Surtout ne pas décrocher en finale ! Ce serait terrible avec tous ces arbres qui bordent le rivage. Il faut qu'il touche juste au début du lac avec un minimum de vitesse mais il ne doit pas décrocher.

Le Boeing arrive en courte finale...

Kim Chang appréhende... Que va-t-il se passer au moment de l'impact ? Est-ce que la glace va tenir le coup ? L'avion va-t-il glisser jusqu'à l'autre rive comme sur une patinoire. Le lac est-il très profond ? Si c'est le cas et que ça se dérobe sous les roues, les passagers risquent de mourir noyés dans l'eau glacée...

Le ventre du 707 frôle la cime des arbres. Il passe si bas qu'il y a des raclements sous le fuselage. Une des jambes du train accroche une énorme branche et l'arrache comme une allumette. Ca crisse longuement...

– 140 nœuds...

Les vibrations s'amplifient. Cette fois, Kim Chang doit mettre les ailerons pratiquement en butée à droite pour tenir les ailes horizontales...

En cabine, la plupart des passagers sont en position de crash. Seuls certains blessés évanouis sont simplement couchés sur le côté. Ils portent encore sur le visage le masque à oxygène que les hôtesses leur ont fixé hâtivement. Tout s'est passé si rapidement qu'elles n'ont même pas eu le temps de leur retirer.

Parmi le PNC, personne ne dit plus un mot... Chacun a compris que, d'une manière ou d'une autre, la fin du cauchemar est proche... La Camarde est en train de préparer sa moisson.

Le Boeing arrive au niveau de la surface du lac. Kim Chang arrondit à peine. Il ne veut pas perdre de temps alors qu'il est sur un espace parfaitement dégagé. Les roues touchent durement... Pendant quelques secondes, la glace semble tenir et l'avion entame une course folle sur cette immense patinoire.

À plus de 240 kilomètres à l'heure !

Kim Chang déclenche aussitôt le freinage de secours mais il ne se passe rien... Impossible de dire si le système est inopérant où si les pneus n'adhèrent pas sur la glace vive.

Puis, tout à coup, l'aile gauche s'enfonce ! Son extrémité accroche la surface gelée, creusant un long sillon et soulevant des gerbes de neige durcie. En une fraction de seconde, ça craque de partout... D'énormes plaques de glace blanche jaillissent en l'air et viennent frapper les hublots. La roue droite s'enfonce à son tour...

Il y a des coups violents sur la carlingue. Par endroits, les cloisons se déchirent... Des hublots explosent sur le côté gauche de l'appareil. Des jets d'eau glacée pénètrent par le plancher de la cabine. Saisis par le froid, les passagers se mettent à haleter comme des nageurs en détresse.

Brusquement, la décélération devient très forte. Ça freine... Instinctivement, les gens se retiennent au dossier qui se trouve devant eux. Le Boeing se comporte comme un véritable navire brise-glace et de ce fait, il est stoppé en quelques centaines de mètres. Ça cogne de plus en plus fort sur le fuselage.

Soudain, c'est le silence.

L'avion ne s'enfonce pas. Il est arrivé pratiquement au niveau de la rive opposée et le lac n'est pas profond. Ce n'est qu'un marécage.

Les secondes passent pendant lesquelles personne ne bouge. Puis, comme une forte odeur de kérosène se répand insidieusement dans la cabine, quelqu'un pousse un hurlement.

– Attention au feu...

Bien qu'il n'y ait absolument aucune trace d'incendie, le cri provoque la panique parmi les passagers. Ceux-ci se précipitent vers les issues. Miracle, malgré le choc de l'atterrissage, les systèmes d'ouverture des portes fonctionnent encore. Au-dessus des ailes, les issues de secours sont larguées sans difficultés. C'est la ruée vers l'air libre... De violentes bousculades se produisent aussitôt au niveau des ouvertures.

Mais les rescapés déchantent très vite. Le sol sur lequel ils débarquent ne tient pas. Partout autour de l'avion, la glace est instable. Les plaques ne supportent pas le poids d'un homme. Certains passagers basculent et se retrouvent dans l'eau glacée jusqu'à la ceinture. Ils suffoquent de froid.

Le personnel de bord les aide à remonter à bord. Mais d'autres poussent derrière et sautent carrément dans l'eau glacée.

Seuls ceux qui ont utilisé les issues de secours au-dessus des ailes réussissent à atteindre de la glace solide. Ils seront les premiers à pouvoir rejoindre le rivage tout proche.

La nuit tombe.

Les rescapés regardent autour d'eux. Ils ne voient rien que des forêts sinistres. Ceux qui sont mouillés tremblent de froid. Certains ne parlent pas. Beaucoup sont visiblement en état de choc. C'est comme s'ils avaient débarqué dans un autre monde. Un monde hostile où la température est glaciale.... La nature est silencieuse. Seul, par moments, un écho de tonnerre lointain rappelle que les Sukhoi 15 sont quelque part dans la région.

Du coup, un passager transi s'inquiète auprès d'une hôtesse.

– Est-ce qu'ils ne vont pas revenir pour nous mitrailler ?

La jeune femme tente de le rassurer.

– C'est fini, n'ayez pas peur...

Mais le ton n'y est pas... car elle a du mal à croire elle-même qu'ils sont à présent en sécurité.

Puis peu à peu, les passagers parlent... Tout le monde veut savoir ce qui s'est passé. On se presse autour du commandant de bord.

– Où sommes-nous ?

– Pourquoi ils nous ont tiré dessus ?

Kim Chang évite de donner trop de détails. Après le superbe exploit qu'il vient de réaliser, il se sent très fatigué.

Rapidement, l'entraide s'organise pour apporter les premiers soins aux blessés. On pare au plus pressé avec les trousses à pharmacie de l'avion. Il faut protéger ceux qui sont mouillés. Ils grelottent de froid... Comme apparemment il n'y a aucun risque d'incendie et que l'avion ne s'enfonce pas, on décide de laisser les passagers gravement touchés à l'intérieur de la cabine. Ils seront à l'abri. Mais ce n'est pas facile car il y a quelques centimètres d'eau à l'arrière de l'épave. On patauge dans l'eau glacée... Puis peu à peu, tous les passagers reviennent dans la cabine car à mesure que la nuit tombe, la température extérieure devient glaciale.

C'est là que les rescapés attendent les secours avec appréhension.

Ils n'arriveront que plusieurs heures plus tard sous la forme d'un camion rempli de miliciens.

Des hommes s'approchent avec des torches électriques. Ils portent des uniformes kaki et se déploient avec précaution autour de l'avion. Ils sont armés. On frémit en entendant parler russe. Personne n'ose bouger. On se tait. On attend. Ceux qui doutaient encore réalisent maintenant que l'avion a atterri en territoire hostile. Cette fois, plus aucun doute : ils sont en URSS. Des rumeurs circulent... On parle de prisons, d'interrogatoires, même de goulags... Certains passagers ont peur d'être torturés.

En réalité, c'est la fin du cauchemar...

Les rescapés sont emmenés sur une base militaire. On leur donne des couvertures militaires, des vêtements secs, quelques bouteilles de vodka et une soupe chaude. Un mélange de concombre et de chou au goût étrange mais que chacun mange avec plaisir... C'est l'ordinaire du mess de la base. Contrairement à ce que craignaient les passagers, l'interrogatoire sera bref et sans aucune agressivité.

Les Soviétiques auraient-ils des remords ?

Deux jours plus tard, tous les occupants de l'appareil seront relâchés et pourront repartir pour Séoul. Seuls le commandant et le navigateur devront rester quelques jours supplémentaires aux mains des militaires. En ce qui les concerne, les formalités sont plus pénibles : interrogatoire, contre-interrogatoire, tentative de déstabilisation et d'intimidation, tout y passe mais ils ne subiront aucune contrainte physique... En fait, les militaires veulent s'assurer qu'ils n'ont pas affaire à des espions mais simplement à des maladroits. Ils fouillent et démontent complètement le Boeing 707. Finalement, les deux hommes seront remis en liberté une semaine plus tard.

Le bilan définitif de ce crash fait état de deux morts et de treize blessés graves. Il faut noter que les victimes ont toutes été tuées par les obus du chasseur. L'atterrissage en catastrophe du commandant coréen a été brillamment réussi et personne n'y a subi la moindre égratignure.

Bravo Kim Chang Kyu !

Par contre, le crash du vol KAL 902 fera d'autres victimes parmi... les généraux de l'état-major soviétique. Certains seront très sévèrement sanctionnés : blâmes, arrêts de rigueur, mutations à des postes disciplinaires, etc.

Leur faute ?

On pourrait croire qu'il leur a été reproché d'avoir abattu un paisible avion de ligne et d'avoir tué des innocents. Ce n'est pas le cas... Par contre, le Kremlin ne leur a pas pardonné d'avoir perdu la trace radar de l'appareil et d'avoir mis autant de temps pour le retrouver. On ne sait rien de ce qui est arrivé au pilote qui a refusé d'obéir.

Autre monde... Autres valeurs !

LE MYSTÈRE DU VOL AER LINGUS 712...

Le 24 mars 1968, alors qu'il effectue la liaison de Cork à Londres, le vol Aer Lingus 712 disparaît mystérieusement... Parmi les passagers se trouve un couple d'Américains Joseph et Mary Gangelhoff dont on ne retrouvera jamais les corps. On ne retrouvera pas davantage les traces des 47 autres passagers. Dissimulation et manipulation... Cette histoire qui ressemble à un banal roman d'espionnage recèle, en réalité, un des plus grands scandales jamais étouffés par les autorités militaires anglaises.

Que s'est-il donc passé en ce beau dimanche de printemps 1968 ?

L'avion est un Viscount 803. C'est un quadrimoteur à turbopropulseurs qui assure la liaison régulière entre l'Irlande et l'Angleterre. Cet appareil, qui peut emmener 75 passagers à près de 600 kilomètres à l'heure, fait le trajet de Cork à Londres-Heathrow.

Ce n'est pas un avion récent... Sorti des usines Vickers onze ans plus tôt, il a toujours été parfaitement entretenu aussi bien par son ancien propriétaire, la compagnie KLM, que par la compagnie irlandaise Aer Lingus qui l'exploite depuis trois ans sous l'immatriculation britannique EI AOM.

Comme c'est souvent le cas, l'appareil porte un nom de baptême inscrit juste en dessous du pare-brise latéral : St Phelim. Sur la queue se trouve dessiné le logo de la compagnie aérienne : un joli trèfle de couleur vert printemps.

Bernard O'Beirne, le commandant de bord, est relativement jeune, il n'a que 35 ans mais c'est un navigant brillant, très apprécié par sa hiérarchie et promis à un bel avenir aéronautique. De l'avis de son entourage, l'homme est véritablement passionné par son métier et cherche à chaque instant à se perfectionner. Il a déjà 6 000 heures de vol dont près de 1 700 sur Viscount.

Son copilote, Paul Hefferman, est encore plus jeune. Il n'a que 22 ans, ce qui ne l'empêche pas d'être un excellent navigant, parfaitement noté par la compagnie. Ce vol du 24 mars est d'ailleurs un de ses derniers voyages en tant que copilote puisque, malgré son âge, il est pressenti pour passer commandant de bord très prochainement.

À bord se trouvent deux hôtesses : Anne Kelly et Mary Coughlan. Elles ont toutes les deux 21 ans et sont extrêmement jolies. Habillées avec raffinement, elles exercent une profession mythique pour l'époque : en 1968, être une hôtesse de l'air reste encore le rêve secret de bien des petites filles.

La plupart des passagers du Viscount 803 sont des Irlandais mais il y a également six Britanniques, six Belges, neuf Suisses et un couple de touristes américains dont la présence à bord jouera un rôle considérable dans l'évolution de l'enquête.

L'embarquement a débuté à **10 h 46** sur l'aéroport de Cork. Ce sont des formalités routinières pour tous ces passagers qui, pour la plupart, sont des habitués du transport aérien.

Avant de déposer son plan de vol, le commandant de bord a pris tout son temps pour consulter le dossier météo que lui a fourni l'agent de la compagnie irlandaise. Le mauvais temps est le facteur qui peut poser le plus de difficultés aux avions de l'époque, y compris pendant le vol en croisière. Car, contrairement à nos jets modernes, les turbopropulseurs ne sont pas assez puissants pour grimper au-dessus des gros nuages. Leur altitude de croisière se situe entre 16 000 et 20 000 pieds. Il leur arrive donc d'être obligés de traverser la « crasse ». Comme en général ils ne sont pas équipés de radar météo, les pilotes doivent être particulièrement prudents pour ne pas se retrouver au beau milieu des orages.

Pourtant, en ce 24 mars 1968, il n'y a aucun problème. Il fait beau sur toute l'Europe. Peu de nuages, pas de turbulence et pas le moindre cumulonimbus sur la route. Tout juste quelques risques de givrage très légers vers 17 000 pieds, mais c'est un phénomène localisé sur le nord de l'Irlande et qui ne devrait pas poser de difficulté au pilote.

À **11 h 25**, la tour de Cork autorise le Vickers à décoller de la piste 01. Bernard O'Beirne met les gaz à fond sur les quatre turbopropulseurs Rolls Royce. L'avion accélère normalement et les roues quittent le sol à **11 h 26**.

Dès que le pilote atteint la hauteur de 500 pieds, il vire à droite vers l'est dans la direction de Shanagarry. Les premières minutes du trajet se déroulent conformément au plan de vol. Le Viscount reçoit l'autorisation de monter vers son niveau de croisière de 17 000 pieds et peut rejoindre la route aérienne Blue 10, qui traverse la mer d'Irlande vers Aberporth au pays de Galles.

Le Vickers Viscount poursuit son ascension avec un variomètre[1] de l'ordre de 700 pieds par minute. C'est évidemment très faible comparé aux taux de montée des avions à réaction modernes qui peuvent atteindre 3 000 pieds par minute.

Pendant que l'appareil prend de l'altitude, en cabine Anne Kelly et Mary Coughlan détachent leur ceinture pour aller préparer des rafraîchissements à l'intention de leurs passagers. Le vol est relativement court et aucun repas n'est prévu.

Dans le poste de pilotage, tout va bien et les différents messages échangés à la radio avec le sol ne montrent aucune anomalie.

À **11 h 38**, le commandant annonce au contrôle qu'il passe l'altitude de 7 000 pieds et reçoit l'autorisation de suivre une route passant par la balise radio-compas de Tuskar Rock.

En cabine, du fait d'une très légère turbulence, les consignes lumineuses restent allumées au-dessus de la tête des passagers. Ces derniers gardent donc leur ceinture attachée et ceux qui ont envie d'aller aux toilettes doivent prendre leur mal en patience.

Malgré tout, les petites secousses de turbulence n'inquiètent personne. Tous apprécient les boissons fraîches tout autant que le sourire commercial des deux charmantes hôtesses.

Il faut dire que les jeunes femmes redoublent d'efforts pour satisfaire le moindre désir des passagers qui leur ont été confiés. En 1968, le transport aérien n'est pas encore à la portée de tout le monde et chaque client est véritablement choyé comme s'il était seul à bord.

Les passagers assis près des hublots ont le nez collé au Plexiglas. Comme il n'y a pratiquement pas de nuage, ils peuvent admirer les couleurs superbes de la mer d'Irlande qui glisse sous les ailes. Selon les rayons du soleil, les nuances de l'eau varient du bleu au vert en passant par des gris d'acier. Le spectacle du canal Saint-Georges est magnifique.

1. *Taux de montée (toujours exprimé en pieds par minute).*

Dans le poste de pilotage, Bernard O'Beirne est parfaitement détendu. Il est heureux. Comme il a beaucoup travaillé ces trois derniers mois, il va prendre une semaine de congés. Dans deux jours, il doit partir avec sa compagne sur la « French Riviera »...

Juste avant d'embarquer pour ce vol, il a posté une lettre à son amie. Par jeu, il a adressé le courrier directement à l'hôtel où ils vont résider. Histoire de lui faire une petite surprise au moment de leur arrivée !

Il ne sera malheureusement jamais à l'hôtel pour voir lui-même la joie de sa compagne à la découverte de ce courrier.

À **11 h** 40, le contrôle de Cork appelle le Viscount pour lui proposer une route directe vers Stumble Head. Cela évitera au vol 712 de zigzaguer de balise en balise et il gagnera ainsi quelques précieuses minutes de vol. Un petit raccourci en quelque sorte...

Mais pour une raison inconnue, Bernard O'Beirne ne donne pas suite à cette amicale proposition. Étrange silence radio... Avoir l'autorisation de prendre une route directe vers sa destination est une proposition qu'en général aucun pilote ne refuse.

Pour tenter d'expliquer ce mutisme inhabituel, les enquêteurs supposeront qu'à cet instant le bouton de volume du poste était réglé au minimum.

Quelques minutes plus tard, le pilote s'en apercevra et rétablira de lui-même le son de la VHF.

À l'époque, l'avion de ligne n'était pas équipé de boîtes noires, qui auraient permis d'entendre les conversations de l'équipage à l'intérieur du poste de pilotage. Cependant, les liaisons radio entre l'avion et le contrôle aérien ont été enregistrées et retrouvées.

Écoutons-les :

11 h 57 mn 7 sec. (commandant de bord du vol 712) : *Nous passons le point Bannow. Nous sommes stables au niveau de vol 170 et on estime Stumble à midi 03.*

11 h 57 mn 19 sec. (contrôle) : *Bien reçu, Aer Lingus 712. Changez avec Londres. Fréquence 131.20. Bonne journée messieurs...*

11 h 57 mn et 29 sec. (commandant de bord du vol 712) : *Reçu, 131.20, bonne journée à vous aussi.*

La voix de Bernard O'Beirne est très calme. Apparemment tout se passe normalement à bord. L'appareil se trouve au sud de Hook Head.

Il vient tout juste de rentrer dans l'*Airway* Blue 10 qui doit le conduire de Cork vers l'Angleterre. C'est un corridor de vol parfaitement défini et autorisé par la CAA, l'autorité de l'aviation civile britannique. Jusqu'à présent, le vol 712 est un vol régulier comme les autres.

Quelques secondes plus tard, le commandant de bord a exécuté les instructions du contrôle. Il a permuté la fréquence de sa radio VHF sur 131.20 mégahertz. Il est temps pour lui de contacter les contrôleurs de Londres. C'est à cet instant précis qu'il va commettre une étrange maladresse...

11 h 58 mn 02 sec. (commandant du vol 712) : *Ici Écho India Alpha Oscar Mike. Vous me recevez ?*

Pour un pilote de ligne, les mots que vient de prononcer Bernard O'Beirne sont plutôt choquants.... Ce langage ne correspond absolument pas à la procédure radio normale...

Pourquoi le pilote utilise-t-il le code civil EI-AOM (Écho India Alpha Oscar Mike) correspondant à l'immatriculation de son avion ? Le pilote d'un vol régulier n'appelle jamais en utilisant ce code (à moins que celui-ci n'ait été inscrit dans le plan de vol comme indicatif d'appel, mais ce n'était pas le cas ce jour-là).

Dans le cas qui nous intéresse, le pilote aurait dû dire : Aer Lingus 712. Il y a une autre bizarrerie dans le message de Bernard O'Beirne : on ne sait pas à qui il s'adresse. Appelle-t-il réellement Londres ? Rien ne permet de l'affirmer avec certitude ! Par ailleurs, il n'est accompagné d'aucune formule de politesse. Celles-ci n'ont rien d'obligatoires, bien évidemment mais elles sont pourtant utilisées constamment dans les différents contacts radio. Normalement, le pilote aurait dû dire : « Bonjour messieurs ». Puis après avoir obtenu une réponse, il aurait transmis sa position, son niveau de vol et l'heure estimée de son prochain point de report.

Or il n'y a rien de tout cela... Juste ces quelques mots inhabituels prononcés d'une voix légèrement anxieuse. Ce message n'est évidemment pas un appel de détresse (il ne contient pas le mot *Mayday* qui caractérise une situation dramatique), pourtant son incohérence et le ton stressé laissent planer un doute sur ce qui se passe à bord.

L'hypothèse avancée par les enquêteurs est qu'à cet instant précis l'attention du pilote est accaparée par un phénomène inhabituel.

Huit secondes plus tard, le commandant de bord appelle de nouveau sur la fréquence. Mais cette fois, le message est carrément affolé.

On ressent chez Bernard O'Beirne une tension terrible. Le contrôle aérien de Londres n'est pas le seul à entendre cet appel de détresse (qui, officiellement, n'en est pourtant toujours pas un puisque le mot *Mayday* n'a pas été prononcé).

Plusieurs autres pilotes de ligne[2] qui trafiquent également sur la fréquence 131.20 sont les témoins involontaires du drame qui se joue au-dessus de la mer d'Irlande :

11 h 58 mn 10 sec. (commandant du vol 712) : *On tombe rapidement... On est en vrille.... 12 000 pieds*[3].

Sur le coup de l'émotion, le contrôleur de Londres ne répond pas immédiatement. Manque d'expérience devant ce genre de situation dramatique ? Peut-être pense-t-il avoir mal compris ? Plus tard, il expliquera la lenteur de sa réaction par le fait qu'il n'était pas complètement certain que l'appel provenait du vol Aer Lingus 712.

Alors que l'homme s'apprête à demander des explications, un nouveau cri retentit sur la fréquence. Tout aussi dramatique.

Cette fois, les intonations de la voix sont stridentes et complètement affolées. Une fois de plus, tous ceux qui l'entendent sont terriblement impressionnés...

11 h 58 mn 21 sec. (commandant du vol 712) : *On tombe en vrille très rapidement...*

Cette émission est difficile à comprendre. Elle est accompagnée de sifflements aérodynamiques qui laissent supposer que la vitesse de l'appareil est très forte.

Enfin, le contrôleur se ressaisit et réussit à demander des explications.

11 h 58 mn 37 sec. (Londres contrôle) : *Heu... Est-ce que c'est le vol 712 qui appelle ?*

Pas de réponse...

11 h 59 mn 01 sec. (Londres Contrôle) : *712, ici Londres, est-ce que vous me recevez ?*

11 h 59 mn 07 sec. (Londres Contrôle) : *Vol Aer Lingus 712, ici Londres contrôle, est-ce que vous me recevez ?*

2. Les vols Aer Lingus 362 et BOAC 506.
3. Dans un premier temps, les enquêteurs ont cru que le pilote avait annoncé « 5 000 pieds » mais des analyses vocales scientifiques et la logique du taux de chute prouvent que le pilote a en réalité annoncé « 12 000 pieds ».

Il n'y aura jamais de réponse.

À cet instant, le Vickers Viscount tombe à la vitesse verticale de 7 320 pieds par minute. Les 32 tonnes de métal et de chair mêlées descendent en spirale serrée vers la mer. Par les hublots, les passagers voient l'horizon monter et descendre à un rythme infernal. C'est l'horreur... La rapidité de la chute leur soulève le cœur autant qu'elle les terrifie. Tous ont compris qu'ils sont en train de vivre leurs dernières secondes. L'avion percute l'eau comme une pierre à moins de trois kilomètres du cap de Tuskar Rock.

Au bord de la côte irlandaise, deux témoins aperçoivent l'énorme gerbe d'écume soulevée par l'impact. L'un est un pêcheur qui jetait ses filets à proximité de la zone. L'autre est un adolescent de 15 ans, Martin O'Donoghue, qui se promène sans but sur la côte. Martin lève les yeux au moment même de l'impact. Il voit distinctement l'avion tomber dans l'eau. Très rapidement, il donnera aux enquêteurs des précisions étonnantes : l'appareil tourbillonnait rapidement sur lui-même. Il était très légèrement sur le dos et c'est le nez qui a touché en premier. Le jeune homme dit avoir été effrayé par l'importance de la gerbe et surtout par la violence du bruit. Ses paroles seront confirmées par le témoignage des habitants du village de Broadway dont la plupart ont entendu « comme un bruit de tonnerre en provenance de Tuskar Rock ». Affolé par le silence radio du vol 712, le contrôleur de Londres va réitérer son appel une dizaine de fois. Finalement, neuf minutes plus tard, il se résout à appeler le contrôle de Shannon pour l'informer qu'il a complètement perdu le contact avec le Viscount d'Aer Lingus. L'alerte est aussitôt déclenchée. Quelques instants plus tard, le contrôleur de Londres appelle un autre Viscount de la compagnie Aer Lingus. L'appareil assure la liaison de Dublin à Bristol et se trouve justement à proximité de Tuskar Rock.

12 h 13 mn 01 sec. (contrôle de Londres) : *Aer Lingus 362, on vient de perdre le contact avec un avion de chez vous.*

12 h 13 mn 09 sec. (pilote AL 362) : *Oui, monsieur, nous avons entendu... Mon Dieu, c'est terrible.*

12 h 13 mn 12 sec. (contrôle de Londres) : *Heu... Est-ce qu'il vous serait possible de vous dérouter dans les environs de la côte, à l'ouest de Strumble... pour voir si vous trouvez des traces de quelque chose... pour nous informer... Heu... Est-ce que vous pourriez faire ça pour nous ?*

12 h 13 mn et 25 sec. (pilote AL 362) : *OK Sir... On va voir ce qu'on peut faire.*

Bien évidemment, le gars du vol 362 ne va pas refuser de se porter au secours de son collègue. D'autant que c'est un ami personnel de Bernard O'Beirne. Malgré la présence de passagers à son bord, il fait un détour vers le lieu supposé de l'accident. Mieux, il quitte son altitude de croisière et descend à très basse altitude au-dessus de la mer pour tenter d'apercevoir le Viscount en détresse. Il va même jusqu'à demander à ses passagers de participer aux recherches en regardant attentivement par les hublots pour signaler toutes traces suspectes sur la mer. La visibilité est bonne, les conditions météo sont favorables... Civisme britannique oblige, tous les passagers du vol 362 se collent le nez au Plexiglas et cherchent les disparus.

Peine perdue... Bien que le pilote descende à moins de 500 pieds[4] au-dessus du niveau de la mer, personne n'aperçoit la moindre trace de l'appareil accidenté.

Une dizaine de minutes plus tard, la voix brisée par l'émotion, le commandant de bord du vol 362 décide de reprendre sa route vers Bristol.

12 h 23 mn (pilote AL 362) : *Je suis désolé, monsieur, on n'a rien vu. J'espère qu'on va les retrouver.*

L'alerte générale est alors déclenchée à tous les niveaux pour retrouver le vol 712. Des navires de sauvetage mettent aussitôt le cap vers la zone maritime où l'on pense que le Viscount a pu tomber. Grâce aux premiers témoignages recueillis auprès du pêcheur et de l'adolescent, on parvient à déterminer les coordonnées géographiques du drame. Elles sont très précises. Latitude 51° 57 nord et longitude 06° 11 ouest.

Les secours s'organisent...

Parmi tous les opérateurs impliqués dans les recherches se trouvent bien évidemment les navires de guerre de la Royal Navy. Par chance, cinq bâtiments participent à des manœuvres dans la zone du crash. Ils foncent donc aussitôt vers l'endroit indiqué...

Pour des raisons de « Secret Défense », la presse ne sera pas informée de l'importance du dispositif naval évoluant dans la région. Ce n'est que plusieurs années plus tard que ces informations seront rendues publiques.

4. Environ 150 mètres. Pour des raisons de sécurité évidentes, ce genre de recherche à très basse altitude avec des passagers à bord serait totalement impossible aujourd'hui.

Étrange hasard... Deux de ces navires de la Royal se trouvent à moins de 8 kilomètres du lieu du drame. L'un d'eux, le *HMS Penelope,* est même encore plus proche. On parle de 3 miles[5].

Il serait même logique de penser que les marins à bord auraient pu apercevoir le Viscount tombant en vrille.

Manque de chance, personne à bord n'a rien vu.

À **14 h 12**, les différents organismes impliqués dans la recherche ont envoyé sur place une dizaine d'avions et deux hélicoptères pour quadriller et fouiller la zone.

Personne ne trouve la moindre trace d'huile sur la mer. Aucun débris, cadavre ou gilet de sauvetage.

Les recherches se poursuivent jusqu'à la tombée de la nuit mais elles se révèlent toutes infructueuses. Que se passe-t-il ? Pourtant la Navy a bien été informée des coordonnées géographiques exactes du crash !

En fait, le mystère commence car le vol Aer Lingus 712 semble avoir complètement disparu.

Avec l'obscurité, l'espoir de retrouver des survivants s'amenuise d'heure en heure.

Dès le lendemain matin, les recherches reprennent avec des moyens encore plus importants : 16 avions de la Navy survolent la zone auxquels viendront s'ajouter 4 hélicoptères de l'Irish Air Corps.

Bien entendu, il y a également plusieurs bâtiments de guerre ! Apparemment, la Royal Navy a décidé de mettre le paquet puisque, dans la nuit, elle a envoyé sur place une corvette de lutte anti sous-marine Le *HMS Macha* qui se trouvait également dans les environs. En fin de matinée, d'autres navires arriveront dans le secteur afin de prêter main-forte aux chercheurs.

C'est seulement à **14 h 15** que toute cette armada finira par découvrir quelques débris flottant sur la mer : morceaux de fauteuils, vêtements, coussins, cloisons et enfin... à **17 h**, le premier cadavre flottant entre deux eaux. Dans les jours qui suivent, on découvrira 14 corps dérivant au gré des vagues.

Mais quelque chose ne va pas... On ne trouve pas l'avion ! Malgré l'utilisation des sonars les plus modernes pour l'époque, on ne retrouve

5. Environ 5 kilomètres.

pas de trace de l'épave au fond de l'eau. La totalité des fragments seront découverts, flottant en surface.

L'atmosphère sur les lieux du drame devient étrangement pesante. La presse ne peut y accéder librement. Les journalistes sont obligés de rester sur la côte. Ils peuvent seulement constater de loin que la Royale Navy met des moyens considérables pour retrouver la carcasse de l'avion. Tout cela semble ne servir à rien puisque l'épave de l'appareil ainsi que les corps des 47 autres passagers demeurent totalement introuvables. Rapidement, une polémique naît entre Aer Lingus et la marine de guerre britannique. Les militaires reprochent à la compagnie aérienne de ne pas lui avoir fourni tous les éléments permettant de retrouver l'épave. D'après la Navy, le Viscount n'aurait pas suivi la route prévue au plan de vol ? Celui-ci aurait dévié de sa trajectoire sans en avoir informé le contrôle aérien...

Polémique stérile qui ne fait pas avancer les recherches... Malgré le temps qui passe, on ne retrouve pas l'épave du vol 712...

Du coup, la presse à sensation s'empare de l'affaire... Des journalistes avancent des explications totalement irrationnelles. Certains parlent d'OVNI et d'extra-terrestres ayant fait passer l'avion et tous ses occupants dans une autre dimension. Le triangle des Bermudes se trouverait-il maintenant en mer d'Irlande ? D'autres prétendent que le commandant de bord aurait voulu se suicider et que ce serait la raison pour laquelle l'avion ne se trouverait pas à l'endroit où il devrait être.

Toutes ces hypothèses sont bien sûr fantaisistes et font sourire les spécialistes. Par contre, d'autres rumeurs plus étranges commencent à courir dans certains milieux bien informés. De très méchantes rumeurs qui mettent en cause de hauts responsables de la marine. Mais le public et la presse n'en sont pas informés.

Un mois...

Deux mois...

Trois mois s'écoulent...

Malgré l'armada impliquée dans les recherches, l'épave du Viscount demeure toujours introuvable. On finit par supposer qu'elle a été complètement pulvérisée au moment de l'impact et qu'on ne trouvera jamais rien.

Peu à peu, des voix s'élèvent au sein de la Royal Navy pour signaler les coûts exorbitants des recherches « d'une épave qui n'apportera rien de nouveau dans l'avancement de l'enquête ». Les responsables de l'Amirauté laissent entendre que les recherches pourraient être abandonnées prochainement. Cependant, tous les navires de guerre restent sur place.

C'est seulement le 5 juin 1968 que l'épave du Viscount est enfin retrouvée... par un chalutier.

Au petit matin, le *Glendalough* qui pêche à 3 kilomètres de Tuskar Rock ramène dans ses filets des débris métalliques qui ne laissent aucun doute sur leur provenance. Quelques minutes plus tard, le *Cunamara*, un autre chalutier est appelé en renfort sur les lieux. Il ramène à son tour des fragments du Viscount.

Ces nouveaux éléments sont aussitôt présentés à la presse et quelques heures plus tard, les bâtiments de la Royal Navy font route vers Tuskar Rock. La plupart se promenait à plus de 100 kilomètres de l'endroit du crash. Pour justifier le manque d'efficacité de la Royal Navy, son porte-parole explique que les conditions de recherche étaient difficiles et que les informations sur la position de l'appareil étaient fragmentaires... L'homme rajoute malgré tout que les marins de Sa Gracieuse Majesté ont fait un travail superbe et que le peuple britannique peut être fier de sa marine !

Bien évidemment, au moment de l'annonce de la nouvelle, certains esprits chagrins ne peuvent s'empêcher de remarquer que, au cours de ces trois longs mois de recherche, la marine de guerre anglaise n'a pas été capable de localiser un avion qui se trouvait ***exactement à l'endroit où Martin O'Donoghue, l'adolescent de 15 ans, avait signalé sa chute.***

En effet, la position était parfaitement exacte ! Latitude : 51°57 nord. Longitude : 06°11 ouest.

Incompétence ? Complot ? Erreur dramatique ? Personne ne se prononce sauf qu'un peu partout, y compris dans les ministères, les rumeurs se font plus insistantes ! Et elles commencent à se répandre en dehors des milieux bien informés. Bien évidemment, ce ne sont que des mauvaises langues qui cherchent à nuire au moral de l'armée. Il n'empêche, on parle beaucoup ! Du fait de la profondeur, l'épave est hors de portée des rares plongeurs civils présents dans la région de Tuskar Rock. Dès le lendemain (6 juillet), ce sont donc des plongeurs appartenant au *HMS Reclaim* de la Royal Navy qui descendent vers le fond.

Les nageurs de combat découvrent sans difficulté la carlingue de l'avion. Elle repose par 80 mètres de profondeur. Contrairement à ce qu'on imaginait, celle-ci n'est pas pulvérisée.

Une des ailes se trouve à proximité de la carlingue. Les deux moteurs sont encore à leur place et semblent peu endommagés. La seconde aile est brisée. Elle est également proche de l'épave mais un seul turbopropulseur y est encore accroché, le quatrième moteur n'est pas visible mais il se trouve à une centaine de mètres. Il n'y a aucune trace nulle part de la queue ni des empennages de l'appareil. En mer d'Irlande, la visibilité sous l'eau n'est pas très bonne. Les plongeurs s'approchent donc avec précaution.

Étrangement, le tronçon central de la carlingue est relativement intact. Lorsque les nageurs de combat pénètrent à l'intérieur, ils découvrent un grand nombre de passagers toujours assis sur leur siège... Après trois mois dans l'eau de mer, les corps sont évidemment dans un état indescriptible, mais les malheureux sont bien là, maintenus à leur place par leur ceinture de sécurité. Pour une raison inconnue, cette dernière information n'est pas transmise aux familles des victimes à qui l'on continue à faire croire que l'avion a été réduit en morceaux et qu'on n'a pas retrouvé la moindre trace de leurs proches. On peut facilement imaginer l'angoisse permanente qui étreint ces familles qui ne savent pas ce qui est arrivé à ceux qu'ils aimaient.

Le lendemain, 7 juillet, le commandant du *Reclaim* reçoit l'ordre de l'Amirauté de procéder à la récupération de l'épave. Le moins que l'on puisse dire est que l'homme utilise des moyens très inappropriés pour exécuter ce travail.

Au lieu d'employer des filets d'acier, ou tout du moins de larges sangles, qui répartiraient la pression sur le fuselage, le commandant ordonne de remonter l'avion avec un câble !

Le résultat est un véritable gâchis...

Au moment même où le Viscount va être sorti de l'eau, il se brise en centaines de fragments qui retombent aussitôt dans l'eau. Les corps des victimes qui sont toujours à l'intérieur redescendent également au fond de la mer. Sans rentrer dans des descriptions macabres, on peut aisément imaginer qu'à cause de cette étrange « maladresse », les restes des passagers sont brisés.

Il faut signaler que pour une raison que, sur le moment, personne ne comprend, aucun cadavre ne sera plus jamais sorti de l'eau après cet instant dramatique.

On ne trouvera plus RIEN... Pas le moindre ossements, vêtement ou effet personnel ayant appartenu à un seul des 61 passagers du vol 712.

Officiellement, tous les cadavres ont disparu. Ils auraient été dispersés par les courants sous-marins. Comme pour excuser la terrible bévue de la Royal Navy, Gerry Mr McCabe, le président de la commission d'enquête, déclare que finalement c'est peut-être beaucoup mieux ainsi car « Dieu seul sait ce que nous aurions trouvé dans la carlingue. »

Personne ne comprend ce qui se passe vraiment ! Suite à cet incident regrettable, l'enquête va bien évidemment prendre un retard considérable. Comme elle n'avançait déjà pas beaucoup !

Le lendemain, 8 juillet, ce ne sont donc plus que des débris métalliques qui sont récupérés et remontés en utilisant des filets ou des petits sacs de toile. La Royal Navy annonce que ses plongeurs remplissent leur mission de manière extraordinaire car, avec la profondeur et le manque de visibilité, c'est un travail épuisant, long et fastidieux.

Pour les enquêteurs civils, l'étude de ces fragments prend beaucoup de temps. Du fait de la destruction totale de l'épave, la reconstitution du Viscount est évidemment complexe et ne présente pas le même intérêt que s'il avait été possible de disposer de l'avion en « bon état ».

Mais un autre facteur inattendu joue à présent contre les enquêteurs... À plusieurs reprises, des témoins affirment que les marins de la Navy se livrent à un étrange manège. Discrètement, ils font un tri des débris qu'ils ont remontés à la surface.

Des fragments sont mis de côté et emportés rapidement à bord d'un autre navire : le *HMS Penelope*. Pour des raisons de sécurité militaire, ce navire est inaccessible aux enquêteurs civils. Certains éléments du Viscount comme une roue du train d'atterrissage, un morceau de l'aile droite et certains fragments du fuselage disparaissent définitivement[6].

Cette dissimulation des preuves paraît si flagrante aux enquêteurs que ceux-ci cherchent même à savoir à partir de quels critères les débris sont acceptés ou refusés par la Navy. Une protestation timide est adressée au ministère de la Défense britannique. La réponse est cinglante et sans appel.

Officiellement, les militaires nient farouchement toute dissimulation du moindre débris appartenant au Viscount. Ils prétendent, au contraire, que c'est la compagnie aérienne Aer Lingus qui tente de dissimuler des informations concernant l'état de son appareil et la

6. *En janvier 1999, un lieutenant de vaisseau à la retraite acceptera de témoigner par écrit qu'on lui a ordonné d'expédier ces éléments sur le* Penelope. *Selon lui, tous ces fragments portaient des traces noires terriblement suspectes.*

route qu'il a réellement suivie. L'enquête se poursuit difficilement. Tous les éléments *officiellement* retrouvés sont expédiés sur l'aérodrome militaire de Baldonnel près de Dublin. Comme c'est l'usage au cours d'un accident aérien, on tente de tout remettre en place à l'intérieur d'un hangar. Pour cela, une sorte de puzzle géant est constitué en accrochant les débris de l'appareil sur un treillis de bois. Encore aujourd'hui, c'est l'un des moyens les plus efficaces pour comprendre ce qui s'est réellement passé au cours d'un crash.

Bien évidemment, l'avion est très incomplet. Les enquêteurs n'ont à leur disposition que 60 % de l'appareil[7]. Ils ont trois moteurs complets et des débris partiels provenant du quatrième. Mais la plupart des éléments de la dérive et de la queue sont manquants... Même si on peut supposer que ces éléments sont toujours au fond de l'eau, il n'empêche que les langues vont bon train sur la manière inhabituelle dont la Royal Navy a porté assistance aux enquêteurs.

À mesure que le temps passe, la suspicion s'infiltre partout... La Navy parle de psychose sans fondement. Pourtant, un incident bien concret vient renforcer ce sentiment de méfiance vis-à-vis de la marine britannique : en septembre 1968, un morceau du Viscount est retrouvé sur une plage près de Rosslare Harbour. L'endroit se trouve à plus de... 11 kilomètres de l'épave. Or, ce fragment provient justement de la queue de l'avion. Il est beaucoup trop lourd pour flotter et il est totalement impossible qu'il ait été entraîné par un courant sous-marin. Comme en outre, il est recouvert d'algues qui ne se développent pas dans la zone du crash, chacun se demande par quel mystère ce fragment a bien pu arriver là ! Cette découverte est d'autant plus étrange que c'est le seul morceau de la queue du Viscount qui sera jamais retrouvé...

Malgré la ténacité des enquêteurs, la reconstruction partielle de l'appareil n'apporte aucun indice valable. Le seul défaut constaté sur l'avion concerne le pilote automatique qui, au moment du vol, présentait une panne mineure. On croit d'abord qu'il s'agit d'une piste. Mais les tests sont formels, en aucun cas, ce défaut ne peut être à l'origine de la catastrophe.

En 1970, après plusieurs mois de travaux, les enquêteurs décident de publier leur rapport. Celui-ci est terriblement décevant pour les

7. Il est important de noter que ce chiffre de 60 % est exprimé par rapport au poids de l'avion. Or les moteurs ayant été retrouvés et pesant très lourd, cela signifie qu'il n'y a en réalité que 45 % de la cellule, ce qui est évidemment très peu.

journalistes comme pour les familles des victimes. Il ne contient que 34 pages au long desquelles on apprend que les moteurs du Viscount fonctionnaient correctement avant que celui-ci ne parte en vrille... On y apprend également que le choc dans l'eau a été très violent... qu'au moment de l'impact, l'appareil disposait d'une vitesse très importante... qu'il a percuté la mer pratiquement à la verticale... Tous ces résultats semblent bien minces puisque, quelques minutes après le crash, le simple témoignage de l'adolescent de 15 ans apportait déjà certaines de ces informations.

En conclusion, les enquêteurs privilégient la thèse d'un « incident technique survenant à haute altitude. » Une formule passe-partout qui signifie tout et rien... Il est également une hypothèse à laquelle tout le monde pense : une collision avec un avion militaire non identifié. Mais cette solution est totalement écartée par la commission d'enquête. La raison est simple et sans appel : *aucun avion de la Royal Air Force n'a été porté manquant le jour du crash.*

Les autopsies réalisées sur 10 des 14 victimes retrouvées le lendemain du crash n'ont rien révélé de probant. Tous les passagers sont morts à cause de la violence du choc au moment de l'impact et aucun n'a inhalé de fumée ou de substances toxiques.

Alors ?

Alors... Rien ! L'enquête est terminée. Circulez, braves gens, il n'y a rien à voir.

Or, si les familles des victimes européennes peuvent se contenter de cette non-explication, il en va tout autrement des Américains ! Les enfants de Jospeh et Mary Gangelhoff ne l'admettent pas. Ils veulent la Vérité comme on l'exige aux États-Unis.

Après avoir frappé aux portes des différents ministères britanniques, pendant plusieurs années, les deux fils et la fille du couple vont finalement changer de méthode. En 1977, ils vont engager un détective privé pour tenter de faire la lumière sur le mystère de la disparition de leurs parents. À partir de cet instant, l'affaire va prendre une tout autre dimension...

Le détective s'appelle Tom Hooper... Il vient de Springfield, Massachusetts, et dans le milieu des enquêteurs privés, il possède la réputation d'être un « chien teigneux ». Un de ceux qui ne lâchent jamais une piste lorsqu'ils ont la sensation qu'elle peut les mener quelque part. Ses tarifs sont élevés mais qu'importe... les enfants

Gangelhoff ont à leur disposition l'argent de l'assurance qu'avait souscrite leurs parents avant de prendre l'avion. Ils sont prêts à payer cher pour savoir... L'enquête de Tom Hooper va durer plusieurs mois mais, finalement, l'homme va ramener du concret.

Au début de l'année 1978 (soit dix ans après le crash), le détective fournit aux héritiers la photocopie d'un document véritablement explosif. Le papier provient du ministère de la Défense britannique et porte la mention *« Restriction Priorité Niveau 1- Accès limité ».*

Bonnie Gangelhoff et ses deux frères n'en croient pas leurs yeux lorsqu'ils parcourent le papier à l'en-tête de la Défense britannique : il est signé d'Archie H. Thorn. L'homme n'est pas n'importe qui ! Au moment des faits, il était l'un des plus proches collaborateurs du ministre. Le document est une sorte de mémo dans lequel on apprend que, suite au mauvais fonctionnement du transpondeur du Viscount, un bâtiment de la Royal Navy, le *HMS Penelope* a tiré un missile Sea Dart[8] sur l'avion de ligne.

Le radar du missile a confondu le Viscount avec une cible mobile se trouvant dans la baie de Cardigan. L'engin s'est verrouillé irrémédiablement sur le vol 712 avec les conséquences terribles que l'on sait.

Réalisant la terrible méprise, le ministère de la Défense britannique n'a pas hésité à dissimuler la vérité au public. Pour cela, tous les moyens ont été mis en œuvre.

La totalité des débris de l'avion portant des traces de l'impact du missile ainsi que les débris du missile lui-même ont été récupérés et transportés « secrètement » à bord du *HMS Penelope.*

Il y a bien pire !

Le document de Tom Hooper précise que la plupart des passagers assis au milieu et à l'arrière de l'appareil portaient des traces de brûlure ou des déchirures cutanées dues à la frappe du missile. On a retrouvé des morceaux de vêtements portant des traces microscopiques d'explosif spécifique au Sea Dart. Pour éviter toutes les questions gênantes, les cadavres ont été récupérés par les plongeurs de la Royal Navy...

Et ils ont été brûlés en secret...

8. Le missile Sea Dart est un engin mer/air de 4 mètres de longueur. Il est fabriqué par Matra/British Aerospace. D'une portée de 60 kilomètres, il peut attaquer une cible à plus de Mach 3 et jusqu'à une altitude de 20 000 mètres. D'un poids total de 600 kilos, il est équipé d'un radar actif et semi-actif et transporte une charge explosive de 40 kilos.

Les avocats de la famille Gangelhoff sont atterrés par l'ampleur des révélations. C'est le scandale du siècle ! Il semble très probable que lorsque le Viscount a été remonté avec un câble, le 7 juillet 1968, il était vide. Les corps des victimes avaient déjà été enlevés depuis longtemps... Car, à l'exception des plongeurs de la Navy, personne n'a jamais vu les victimes qui étaient supposées se trouver encore dans la carlingue.

La Royal Navy a berné tout le monde !

En accord avec leurs clients, les avocats décident de constituer un solide dossier étayé de preuves irréfutables.

Lorsque ce sera fait, il pourront attaquer les Anglais de front en révélant le pot aux roses à la justice américaine et à la presse internationale.

Prudents et méthodiques, ils demandent à Tom Hooper de leur fournir d'autres documents. Le détective va foncer... Il travaille en collaboration discrète avec des fonctionnaires de l'ambassade des États-Unis à Londres. Pendant les mois qui suivent, il va transmettre aux enfants Gangelhoff douze photocopies terriblement compromettantes pour le ministère de la Défense britannique.

Peu à peu, la thèse du missile se confirme. Tout s'explique. On comprend mieux l'étrange hésitation du commandant de bord du Viscount quelques secondes avant que son avion ne soit touché.

En fait, il est très probable qu'à cet instant précis Bernard O'Beirne ait aperçu le missile sol/air qui montait du sol dans sa direction.

Cette énorme fusée de feu d'artifice avec sa flamme rougeoyante et sa longue traînée de fumée blanche est à la fois étonnante et terrifiante... Elle a fait trembler plus d'un pilote de chasse[9].

Une semaine après avoir remis sa douzième photocopie, Tom Hooper téléphone aux enfants Gangelhoff pour leur demander de le rejoindre chez lui. Cette fois, il va leur remettre de nouveaux documents encore plus compromettants pour la Défense britannique. Il annonce presque fièrement : « ils » sont fichus.

Les enfants Gangelhoff se rendent immédiatement au point de rendez-vous, mais Hooper n'est pas là. Ils l'attendent. Plusieurs heures...

9. C'est cette vision terriblement impressionnante que les pilotes des chasseurs A-10 ayant participé à la guerre du Golfe décriront plus tard comme « des poteaux télégraphiques enflammés montant vers eux ».

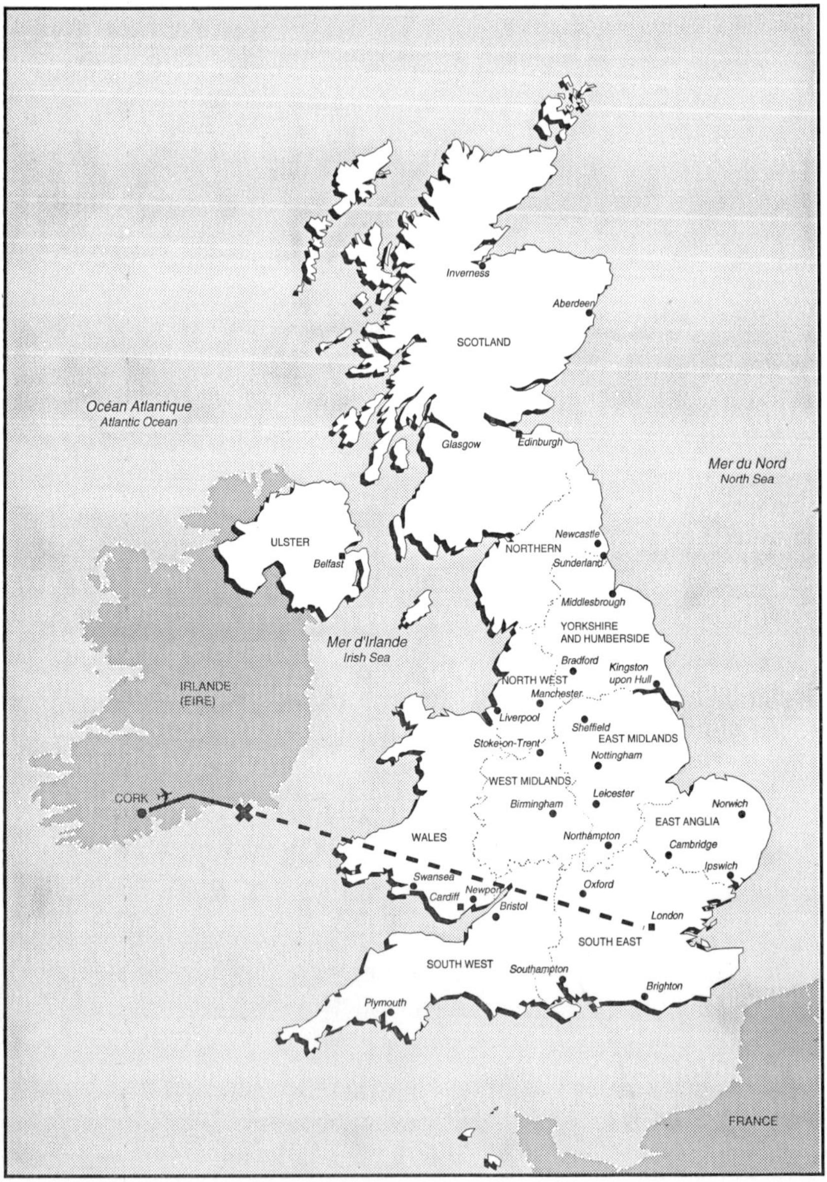
Inverness
Aberdeen
SCOTLAND
Océan Atlantique
Atlantic Ocean
Glasgow
Edinburgh
Mer du Nord
North Sea
Newcastle
ULSTER
NORTHERN
Belfast
Sunderland
Middlesbrough
YORKSHIRE
AND HUMBERSIDE
Mer d'Irlande
Irish Sea
Bradford
Kingston
upon Hull
NORTH WEST
IRLANDE
(EIRE)
Manchester
Liverpool
Sheffield
EAST MIDLANDS
Stoke-on-Trent
Nottingham
WEST MIDLANDS
Leicester
CORK
Birmingham
Norwich
EAST ANGLIA
WALES
Northampton
Cambridge
Ipswich
Swansea
Oxford
Cardiff
Newport
Bristol
London
SOUTH EAST
SOUTH WEST
Southampton
Brighton
Plymouth
FRANCE

En vain... Personne ne reverra jamais le détective...

Lorsque la famille Gangelhoff cherche à retrouver la trace de leur informateur, on leur fait savoir que l'homme est vivant mais qu'il n'est pas possible de le voir car il bénéficie d'un programme spécial de protection de témoins. La peur s'installe dans les esprits. La raison d'État est-elle plus puissante que la notion même de justice. Même aux USA ! Est-ce qu'au State Department on n'est pas en train de prendre conscience que cette affaire risque de provoquer des complications diplomatiques qu'on n'imaginait pas ?

Que faire ?

En 1981, Bonnie Gangelhoff envoie son dossier à Gerry McCabe, l'ancien président de la commission d'enquête sur le crash pour qu'il l'étudie. Ce dernier le transmet aussitôt au ministère de la Défense britannique qui affirme sans hésitation que les documents de Hooper sont des faux.

On aurait été étonné du contraire ! Le combat promet d'être difficile et sans pitié. Une association des familles des victimes du vol 712 est créée mais elle se heurte à des murs infranchissables. Et puis, le pire ennemi des alliés des Gangelhoff, c'est... le temps qui passe.

Aussi sulfureuse que soit l'affaire, elle tombe peu à peu dans l'oubli. Le public veut du concret. Les journaux attendent du sensationnel pour leur première page. Il faut des preuves tangibles. Or, on dit que les tampons retrouvés sur les documents de Hooper ne correspondent pas à ceux utilisés par le ministère de la Défense. Pour une affaire de cette gravité, le niveau de classification aurait dû être « Top Secret », il ne l'était pas. Le doute et le découragement s'insinuent dans les esprits des enfants Gangelhoff. Même la justice américaine semble douter de l'authenticité des photocopies de Tom Hooper. Victor Ferrante, le procureur chargé de l'affaire, affirme à la famille que « ces documents sont des faux grossiers ».

Les années passent... On oublie la catastrophe du vol 712. Le public a la mémoire courte et une histoire vieille de plusieurs années n'intéresse plus personne.

Pourtant, alors que les familles des victimes n'y croyaient plus, l'affaire va rebondir dans les médias de manière tout à fait spectaculaire.

Le 6 janvier 1999, la chaîne de télévision irlandaise TV3 ouvre son journal du soir avec un reportage fracassant : on a retrouvé un document signé d'un fonctionnaire du ministère de la Défense qui raconte comment le vol 712 a été abattu par erreur par un missile de la Navy et, surtout, comment les corps des passagers ont été brûlés de nuit pour effacer toutes les traces du délit. Il y a des détails précis pour expliquer que les autorités militaires britanniques ne voulaient pas que les corps portant des traces suspectes soient rendus aux familles. Il fallait les faire disparaître à tout prix.

Le lendemain du reportage télévisé, tous les journaux de Grande-Bretagne ont fouillé dans leurs archives. Ils reparlent de l'affaire du vol 712 et en font leurs gros titres. Même un tabloïd comme *The Sun* titre à la une : « *Des citoyens britanniques brûlés en secret* ».

Car les journalistes ont compris qu'il y avait encore beaucoup d'informations à vendre avec cette affaire inexpliquée. Ce qui choque le public plus que tout, ce n'est pas vraiment que la Navy ait abattu un avion avec ses 61 occupants.

Après tout, beaucoup d'armées dans le monde ont un jour abattu un avion de ligne transportant des passagers[10] mais personne n'avait encore brûlé les corps en cachette en laissant les familles dans l'angoisse.

Le **11 janvier 1999**, le Premier Ministre Tony Blair est interpellé aux Communes sur la question du vol 712. Près de trente et un ans après le crash, c'est Brian O'Shea, un député du Labour irlandais qui lui demande d'user de son pouvoir pour lever enfin le voile sur ce qui est arrivé en mer d'Irlande. Les mots sont très durs : « C'est un secret de polichinelle que le vol 712 a été abattu par un de nos missiles, mais encore faudrait-il avoir le courage de reconnaître les faits officiellement pour apaiser définitivement la douleur des familles », déclare O'Shea dans son allocution.

Le député annonce que l'Armée dispose des enregistrements réalisés pendant ces manœuvres navales. Il faut que toutes les bandes et les dossiers qui s'y rattachent soient rendus publics.

La presse suit l'affaire qui fait de nouveau grand bruit surtout en Grande-Bretagne. Témoignages de marins à la retraite ayant participé au camouflage des fragments du Viscount.

Le **1er mars 1999**, l'hebdomadaire *Newsweek* relance l'affaire au niveau international. Le magazine publie le témoignage complet de

10. Depuis trente ans, on estime à 600 le nombre de passagers qui ont péri suite au tir d'un missile sur l'appareil qui les transportait. Airbus d'Iran Air, Caravelle d'Ajaccio, 747 de la KAL, 727 libyen, DC d'Itavia, etc.

Bonnie Gangelholff dans lequel elle raconte les épreuves « kafkaïennes » qu'elle a dû traverser depuis trente ans pour que son histoire soit enfin prise au sérieux.

Plus de trois décennies après le drame, va-t-on enfin connaître officiellement la Vérité sur ce qui est arrivé au vol 712 ? Rien n'est moins sûr ! Car on vient d'apprendre que, malgré une volonté politique évidente de faire la lumière sur cette affaire, dans les ministères beaucoup de dossiers ont été détruits en 1994.

Lorsque la grande muette a décidé de se taire, il est bien rare qu'elle change d'avis.

LES INTÉGRISTES ATTAQUENT L'AIRBUS

Alger.
24 décembre 1994.
10 h 30.

La situation politique se détériore en Algérie. Atterré et impuissant, le monde entier ne peut qu'assister à la lente descente aux enfers du pays. Les massacres y sont quotidiens.

Faux barrages sur les routes se terminant en bains de sang. Bombes explosant au hasard des souks. Viols et enlèvements de jeunes filles retrouvées décapitées. Journalistes assassinés... Tous les jours, des innocents meurent à travers le pays sans qu'on sache vraiment qui sont les auteurs de ces crimes.

Dans les villes comme dans les campagnes, l'horreur est partout. Pressés par le Quai d'Orsay, les Français expatriés ont quitté le pays depuis plusieurs mois. Les rares entêtés qui ont voulu rester l'ont souvent payé de leur vie.

C'est dans ce contexte dramatique qu'en cette veille de Noël 1994, un Airbus d'Air France décolle de Paris-Orly à 8 heures du matin en direction d'Alger. C'est un A300.B2-101C.

Comme souvent, l'appareil est complet... Presque 300 personnes à bord... Les travailleurs immigrés sont toujours très nombreux à rentrer au pays en cette période de fin d'année. Malgré les risques, les deux compagnies[1] concernées, ne veulent pas abandonner une des lignes aériennes les plus rentables du monde. L'équipage de

1. *Air France et Air Algérie.*

l'Airbus comprend le commandant de bord : Bernard D. un copilote : Jean -Paul B. et un mécanicien navigant : A. B.

En cabine se trouvent 9 membres d'équipage PNC[2] qui sont chargés d'assister les passagers, pour la plupart Algériens. Comme c'est souvent le cas, parmi les hôtesses et les stewards se trouvent trois jeunes étudiants saisonniers de 20 ans qui ont été engagés temporairement pour faire face à l'affluence record des fêtes de fin d'année... Tout le personnel à bord est volontaire pour ce voyage. Aux yeux des dirigeants de la compagnie Air France, il est normal que ces vols à hauts risques ne soient jamais imposées de manière autoritaire.

Le vol est enregistré sous l'indicatif AF 8969. L'immatriculation civile de l'appareil est F-GBEC.

La première partie du trajet de Paris à Alger s'est déroulée normalement. L'Airbus a atterri à 10 h 05 sur la piste 23 de l'aéroport Houari-Boumédienne et est allé se garer à une centaine de mètres de l'aérogare. Il s'est placé le nez tourné vers le taxiway. En cas d'urgence, cela lui permet de repartir rapidement vers la piste sans avoir à faire un demi-tour...

Quelques minutes après le débarquement des passagers, les équipes de nettoyage sont arrivées pour remettre l'avion en état. Aspirateurs sur les moquettes, ramassages des papiers, vidange des toilettes, tout s'est déroulé selon un scénario bien réglé qui se répète systématiquement à toutes les escales d'un avion de ligne.

En apparence, tout est normal, sauf que l'Airbus est en territoire algérien et que les membres d'équipage n'ont qu'une idée en tête : retrouver la voie des airs et repartir vers Paris.

Le décollage de retour en France est prévu normalement à 11 h 10.

10 h 43...

Le premier bus arrive au pied de la passerelle. Les portes s'ouvrent, libérant brusquement un flot d'Algériens encombrés de paquets de toutes sortes. Comme c'est souvent le cas dans les pays du Maghreb, les passagers transportent des bagages à main beaucoup plus volumineux que ceux autorisés par la compagnie. C'est le meilleur moyen d'éviter de payer des excédents de bagages particulièrement onéreux. Les employés d'Air Algérie ferment souvent les yeux.

De toute façon, ce 24 décembre, l'enregistrement a eu lieu de

2. Personnel navigant commercial.

manière étrangement anarchique. Ainsi, 66 passagers sont parvenus jusqu'à l'avion sans avoir reçu de carte d'embarquement. Passe-droit ? Fraude ? Personne ne sait exactement ce qui s'est passé… Le fait est là !

De même, une quarantaine d'autres passagers ont effectivement obtenu une carte d'embarquement mais personne n'a déchiré leur coupon à la sortie de l'aérogare, ce qui signifie qu'ils n'ont été l'objet d'aucune vérification sérieuse.

C'est la pagaille…

Au pied de la passerelle, un attroupement se forme immédiatement. Certains passagers se pressent pour s'engager les premiers dans l'escalier. On entend quelques murmures de protestation, il y a une légère bousculade, puis le flot se canalise. En haut de la passerelle, à côté de la porte, deux hôtesses attendent. Uniforme impeccable, sourire commercial de rigueur et vérification rapide du coupon des nouveaux arrivants.

– Bonjour monsieur, quelle est votre place ?

Petite hésitation de l'interpellé qui ne sait pas vraiment à quoi correspondent les différentes inscriptions sur son coupon.

– Vous êtes près d'un hublot dans les premiers rangs sur la droite de l'appareil. Passez par cette allée.

En peinant pour embarquer son sac aux couleurs des magasins Tati, l'homme se dirige lentement vers la place désignée.

L'Airbus A300 est un avion gros porteur à fuselage large qui comporte deux allées latérales avec des rangées de huit ou neuf places. C'est un bel appareil confortable qui a largement fait ses preuves depuis sa mise en service. À l'intérieur, les passagers s'y sentent bien car il y a suffisamment de place pour leur faire oublier qu'ils sont à l'intérieur d'un avion. Les minutes passent… L'appareil se remplit lentement. Parmi les passagers se trouvent quelques personnalités algériennes : il y a même Ferhat un chanteur de raï très célèbre dans le pays. De nombreux passagers le reconnaissent et le saluent. Il y a également deux anciens ministres du gouvernement Chadli ainsi qu'un colonel à la retraite. Pour l'équipage, l'ambiance du départ est maintenant redevenue familière. Bercé par le brouhaha feutré qui accompagne l'embarquement, chacun veille à résoudre rapidement le moindre problème. Surtout ne pas retarder l'embarquement… Claquements des coffres à bagages que l'on ne réussit pas à fermer.

Passagers qui stationnent au milieu des allées empêchant la progression de ceux qui les suivent. Discussions à propos des places. Les hôtesses interviennent aussitôt pour résoudre ces petites difficultés, c'est la routine... Tout va bien.

10 h 50...

Un autre bus se présente à la passerelle. Aussitôt, un nouvel attroupement se forme au pied des marches. En haut des marches, les hôtesses poursuivent leur accueil souriant. La litanie reprend :

– Bonjour monsieur. Bienvenue à bord. Quelle est votre place ?

Le troisième bus s'arrête...

Puis tout à coup, quatre policiers se présentent à la porte de l'avion. Personne ne les a vu arriver. Aucun véhicule ne semble les avoir amenés jusqu'à l'Airbus. Instinctivement, les passagers s'écartent devant les uniformes. Malgré cela, les quatre hommes s'imposent avec autorité :

– Libérez le passage.

Celui qui marche en premier parle d'une voix sèche. Un étrange tic nerveux agite sa main gauche. On devine qu'il vaut mieux ne pas discuter ses ordres. Les quatre hommes sont armés. Ils portent chacun un pistolet mitrailleur en bandoulière et une arme de poing à la ceinture. Par ailleurs, un passager remarque que la veste de l'un d'eux est étrangement gonflée au niveau de la poitrine.

Comme si des paquets y étaient dissimulés. Le second policier s'adresse directement à l'hôtesse qui se trouve à côté de la porte. L'homme a une allure étrange. Il est presque chauve et il boite de manière très prononcée.

– Nous venons vérifier les passeports des passagers... Il faut nous apporter toute votre coopération, lance-t-il avec un accent maghrébin caractéristique.

La jeune femme ne proteste pas mais elle a du mal à dissimuler son trouble. Les formalités ont déjà été effectuées dans l'aérogare. Les passagers ont tous été fouillés avec minutie, tout au moins elle le croit...

Pourquoi faire une seconde vérification dans l'avion ? Ce n'est pas la procédure ! Par ailleurs, il n'a jamais été prévu de laisser pénétrer des hommes en armes à l'intérieur des appareils d'Air France. Malheureusement, elle ne peut rien faire d'autre que de les laisser passer.

– Allez-y, murmure-t-elle, en s'écartant.

Tout en parlant, elle jette un rapide coup d'œil vers l'extérieur. Sa gorge se serre de manière incompréhensible…

Quelque chose ne va pas… Sur le moment, elle ne comprend pas ce qui la choque mais l'atmosphère a changé brusquement sur l'aéroport. Puis soudain, elle réalise que les manutentionnaires qui chargeaient les bagages dans la soute ont disparu.

Il n'y a plus personne autour de l'avion… L'Airbus est comme isolé en plein milieu du parking.

Elle voudrait faire part de son inquiétude au commandant de bord, mais un des policiers vient se placer devant la porte du poste de pilotage et il lui bloque le passage. Le ton est dur :

– On ne passe pas…

L'hôtesse sent son cœur battre plus fort.

– Qu'est-ce que ça veut dire ? murmure-t-elle à sa collègue.

Discrètement, un des jeunes stewards stagiaires observe les intrus. L'un d'entre eux arbore un air très doux.

Il ne doit pas avoir plus de 20 ans. Ses cheveux sont étrangement longs sous la casquette. Les autres policiers semblent moins commodes.

C'est étrange… Ces hommes portent sur la poitrine le laissez-passer plastifié réglementaire aux couleurs de l'aéroport et pourtant ils sont terriblement inquiétants.

Une sourde angoisse noue l'estomac des membres de l'équipage.

Sans un mot, le policier qui dirige le détachement va vers le poste de pilotage. Il écarte son collègue en faction.

– Je n'aime pas ça du tout, murmure une passagère d'une voix inquiète.

L'homme pénètre sans frapper dans le poste et s'adresse directement au commandant de bord.

– Nous allons procéder à une nouvelle vérification des passeports, lance-t-il d'une voix autoritaire. Vous devez faire une annonce au micro pour prévenir les passagers de préparer tous leurs documents.

Le « Captain » sait bien que ce n'est pas ainsi que se font les vérification d'identité mais, là encore, que peut-il faire d'autre que d'obéir à des représentants de la police algérienne ?

Le cœur battant, il saisit le micro du *public adress.*

– Mesdames, messieurs, ici le commandant, je vous demande de vous tenir à la disposition des policiers qui vont passer dans l'avion pour vérifier une nouvelle fois vos passeports.

Pendant que les nouveaux venus investissent la cabine, les hôtesses continuent à aider les passagers qui sont encore en train d'embarquer. Mais elles comprennent rapidement qu'il ne leur est plus possible de travailler normalement. Des ordres en arabe fusent de toutes parts autour d'elles. À peine les passagers sont-ils entrés dans l'avion qu'ils doivent s'asseoir sur les sièges vacants sans respecter les numéros inscrits sur leur coupon.

Ceux qui font remarquer que ce n'est pas leur place sont sévèrement réprimandés. Le ton est sans appel :

– *Skout...*[3] Restez assis et ne bougez plus sinon ça va mal se passer pour vous...

Les policiers commencent alors à ramasser des passeports. L'opération semble se faire un peu au hasard mais, en réalité, les fonctionnaires récupèrent les pièces d'identité en les classant selon certains critères bien précis : les hommes et les femmes, les Algériens et les étrangers.

À mesure que les minutes passent, l'équipage est de plus en plus inquiet. L'un des membres du personnel navigant commercial a quelques connaissances en armement. Il ne comprend pas pourquoi, ces policiers algériens portent des pistolets mitrailleurs Uzi. Ce sont des armes de fabrication israélienne... Depuis quand l'État algérien achète-t-il des armes aux Juifs ? Puis soudain un fait nouveau se produit. Au milieu de la cabine, un passager se lève de sa place. De lui-même, il se dirige vers un policier pour se présenter. Le ton est sans méfiance :

– *Salam aleikoum*, je suis moi-même policier. Est-ce que je peux vous donner un coup de main ? s'inquiète-t-il auprès de son interlocuteur.

L'homme en uniforme affiche aussitôt un large sourire, apparemment ravi de rencontrer un collègue. Il serre la main tendue et la porte sur son cœur dans un geste traditionnel.

– Qu'est-ce que tu fais à bord de cet avion, mon frère ? Tu pars en vacances ?

– Non, je vais voir ma fille. Elle est dans un hôpital à Paris.

3. *Taisez-vous.*

Les deux hommes semblent ravis de faire connaissance. Tout en parlant, ils remontent lentement l'allée vers l'avant de l'appareil.

– Vous cherchez un suspect ? s'enquiert le passager d'un ton de professionnel.

L'homme baisse la voix mais les voisins l'entendent pourtant murmurer :

– Viens par ici, je vais t'expliquer.

Sans méfiance, le passager suit son collègue en uniforme. Celui-ci l'entraîne alors discrètement à l'extérieur de l'avion sur la passerelle comme s'il voulait lui parler à l'abri des oreilles indiscrètes.

– Regarde, tu vas comprendre, dit-il en montrant quelque chose dans la direction de l'aérogare.

Naïvement, l'homme se retourne pour voir ce que lui montre son interlocuteur. Il n'y a rien à voir... Rapidement, celui-ci lui applique le canon de son arme sur la nuque. Il y a un claquement dur. L'homme s'écroule comme une masse. Le sang gicle... Le malheureux est mort sur le coup sans même comprendre ce qui lui arrivait. Son cadavre restera au sommet de la passerelle pendant tout le temps que l'Airbus sera bloqué sur l'aéroport d'Alger. Dans la cabine, les passagers n'ont pas vraiment réalisé que le bruit sourd était un coup de feu. Cela pourrait être le pot d'échappement d'un véhicule de piste ou la chute d'un bagage sur le parking. Mais pour les terroristes, c'est comme un signal.

Des ordres fusent aussitôt :

– *Allah Akbar...* Vous devez obéir... Nous sommes des Moudjahidin...

Le dernier mot est tombé comme un couperet pour les passagers. Personne ne crie. En une fraction de seconde, tout le monde a compris la situation : les policiers sont en réalité des intégristes musulmans.

Le cauchemar commence pour les passagers du vol AF 8969. Immédiatement, l'un des quatre hommes se place au milieu de la cabine pour haranguer les passagers. C'est le chauve qui boite... Bien qu'il parle en arabe, les hôtesses n'ont pas besoin de traducteur pour comprendre. C'est une sorte de prêche dans lequel on reconnaît le rythme caractéristique des versets du Coran. L'ambiance dans la cabine prend rapidement des allures de mosquée le vendredi[4].

4. Le vendredi est jour de prière dans les mosquées.

Pendant ce temps, les trois autres terroristes circulent dans les allées en brandissant ostensiblement leurs armes. Ils montrent leur pistolet mitrailleur. Ils ont également une Kalachnikov, des grenades quadrillées et plusieurs pains d'explosifs qu'ils exhibent sous les yeux des passagers apeurés.

Pour bien manifester leur détermination, un des intégristes se place près de la porte avant qui est restée ouverte. En prenant bien soin de ne pas s'exposer, il tire plusieurs rafales d'arme automatique vers l'extérieur. Il ne vise personne en particulier. Il veut seulement faire un peu de bruit pour semer la panique.

En cabine, c'est d'abord l'affolement puis un silence de plomb tombe sur les passagers. Malgré la température plutôt fraîche, les visages se couvrent de sueur.

Beaucoup de passagers tentent de se recroqueviller derrière le dossier des sièges. Protection bien dérisoire... si les terroristes décidaient d'ouvrir le feu à l'intérieur de l'avion, ce serait un véritable massacre. Étrangement, la peur provoque des réactions physiques inattendues. Malgré les menaces, une jeune femme lève la main.

Elle est livide.

– J'ai besoin d'aller aux toilettes.

Angoisse. Va-t-elle être abattue pour avoir osé parler sans autorisation ? Rien ne se passe.

– Reste où tu es !

Quelques minutes plus tard, la jeune femme supplie de nouveau.

– Je vais vomir !

Après s'être fait prier encore quelques minutes, les pirates finissent par accéder à la demande.

– Vas-y, mais dépêche-toi...

Dès que la passagère revient à sa place, d'autres mains se lèvent pour avoir le droit d'aller au petit coin. Étrangement, les terroristes ricanent à chaque demande mais ils ne font pas de difficultés... Commence alors une longue procession qui s'étire devant les toilettes de l'Airbus. Au même moment, les téléscripteurs crépitent dans les agences de presse du monde entier. Les premières dépêches tombent : *« Sur l'aéroport d'Alger, un Airbus d'Air France vient d'être investi par un commando du GIA. »* Les journalistes ne savent pas encore combien de passagers se trouvent à bord, mais on croit savoir que l'avion était pratiquement plein. Censure algérienne oblige, les télévisions ne disposent d'aucune image. Elles n'en auront pas avant que l'appareil ne revienne sur le sol français. Dans l'avion, les pirates ont un comportement singulier. Trois d'entre eux ne cessent de circuler dans les allées en dévisageant longuement leurs otages. Par moments, ils profèrent des menaces de mort à l'encontre des passagers, puis, quelques instants plus tard, ils les rassurent en leur disant qu'il ne leur sera fait aucun mal.

– Nous agissons au nom d'Allah, répète sans cesse le boiteux. Nous ne vous tuerons pas... sauf si vous tentez quelque chose contre nous.

Étrange attitude... Tout au long des cinquante-quatre heures que va durer cette prise d'otages, les terroristes hésiteront en permanence entre agressivité et sensibilité vis-à-vis de leurs prisonniers. Leur comportement sera tellement ambigu que certains passagers finiront par être victimes du syndrome de Stockholm[5].

Le chef du commando est connu des services de police algériens. Il s'appelle Abdallah Abdul Yahia... C'est un homme d'une trentaine d'années qui a laissé quelques mauvais souvenirs dans la célèbre cité des « Eucalyptus » où il était autrefois marchand de légumes. Ses yeux noirs brillant de détermination trahissent un fanatisme extrême.

Les autres pirates sont très différents de lui.

L'adjoint au chef du commando est un grand gaillard de 25 ans. Plutôt beau garçon et bien bâti, l'homme a un vague physique d'acteur américain. Visiblement, il en a conscience.

Le troisième est très jeune, il paraît avoir tout juste 18 ans et ne parle pas un seul mot de français. Malgré les armes qu'il exhibe en permanence, l'adolescent est plutôt souriant et ne se montre pas très agressif envers les passagers.

C'est le chauve boiteux qui semble le plus dangereux de tous... L'homme a une trentaine d'années. Il est couvert de cicatrices qu'il exhibera à plusieurs reprises à certains passagers. Il expliquera en détail qu'il a passé de longs mois dans les prisons algériennes et que c'est là qu'il a été sauvagement torturé jusqu'à ne plus pouvoir marcher normalement. Après avoir passé en revue tous les occupants de l'Airbus, Yahia, le chef du commando, décide de procéder à la libération de certains otages.

5. Malgré la situation, les otages finissent par éprouver de la sympathie pour leurs geôliers.

Ceux qui sont concernés par cette mesure sont les malades (réels ou simulés) ainsi que certaines femmes accompagnées d'enfants[6]. En tout, ce sont trente-trois personnes qui ont la chance de quitter l'avion quelques minutes seulement après le début du drame.

Le seul calvaire des otages graciés sera de devoir enjamber le cadavre du vrai policier baignant dans son sang au sommet de la passerelle. Parmi les passagers libérés se trouve un étrange individu. C'est un homme sans famille. Il a une quarantaine d'années et semble en parfaite santé, ce qui ne le classe pas dans la catégorie des otages que les intégristes ont décidé de laisser partir... Avant de quitter l'Airbus, les terroristes embrassent chaleureusement cet inconnu « chanceux ». Dans un mouvement spontané, l'homme retire de sa main une grosse bague en or et l'offre en cadeau au chef des pirates. Par la suite, les enquêteurs supposeront que l'individu était un complice qui a facilité, d'une manière ou d'une autre, l'accès des pirates à bord de l'avion. Malheureusement, on ne trouvera pas de preuves et l'homme ne sera jamais inquiété.

11 h 45.

Il reste à présent 200 personnes à bord de l'avion, ce qui représente environ la moitié des places disponibles. La plupart des passagers sont des Algériens résidant en France. Il y a encore des femmes à bord mais la majorité des prisonniers sont des hommes entre 35 et 60 ans. Beaucoup possèdent la double nationalité mais ils se gardent bien de le faire savoir à leurs agresseurs. Certains prennent même la précaution de dissimuler leur passeport français sous leur siège à côté du gilet de sauvetage. Tout le monde a compris que le véritable ennemi des intégristes, c'est avant tout la France...

Après avoir compté soigneusement les otages restant, les pirates exigent que tout ce qui ressemble à de l'alcool soit retiré de l'avion. Tous les flacons suspects doivent immédiatement disparaître : le whisky, le vin et la bière, mais également les parfums et les bouteilles d'eau de Cologne qui sont systématiquement jetés à la poubelle. Cette mesure s'accompagne de longs discours enflammés sur les méfaits de l'alcool, ce fléau occidental qui doit être éradiqué par tous les moyens...

Une fois cette opération de purification terminée, l'intégriste boiteux en entreprend une autre qui semble encore plus importante à

6. *Il reste encore quelques enfants qui seront libérés plus tard.*

ses yeux : toutes les passagères doivent dissimuler leurs cheveux au regard des hommes. Il faut qu'elles portent un tchador. Elles doivent le confectionner immédiatement en utilisant tous les morceaux de tissu disponibles à bord : foulards, écharpes mais aussi couvertures de bord.

Nouvelles explications alambiquées pour justifier l'importance du foulard islamique : la femme doit se couvrir la tête et les cheveux pour ne pas tenter les autres hommes par sa beauté. Elle doit se préserver pour un seul homme : son mari. C'est une forme de virginité...

De même, elle ne doit jamais fumer. Aux yeux des intégristes, la cigarette est une des pires marques de dépravation transmises aux femmes par l'Occident.

Le tabac leur est strictement interdit. Seules les prostituées fument.

Étrangement, le discours religieux ne semblent pas être écouté par tout le monde à bord de l'Airbus. Pendant que l'intégriste parle, une passagère est justement surprise à fumer en cachette derrière le dossier d'un siège.

C'est le plus jeune des terroristes qui, attiré par l'odeur du tabac, découvre la pécheresse. Du coup, l'ambiance se tend brusquement dans la cabine.

On croit au pire...

Mais, contre toute attente, les pirates se contentent d'un sermon sévère et de quelques menaces de représailles.

Tremblante, la jeune femme promet qu'elle ne touchera plus à une cigarette de toute sa vie.

Véritable accro du tabac, elle ne réussira pas à tenir sa parole...

13 heures.

Les membres de l'équipage ont déjà compris que, quoi qu'il arrive, ils ne passeront pas Noël en famille. Chacun se demande combien de temps va durer cette prise d'otages et surtout comment elle va se terminer.

Un premier repas est servi. Les choses vont vite car il n'y a pas besoin de faire appel aux services de l'aéroport : les plateaux-repas sont déjà à bord. Ils ont été amenés de Paris.

Pendant ces quelques instants de restauration, l'ambiance se détend... Les passagers semblent oublier la terrible situation dans laquelle ils se trouvent. Les estomacs se remplissent et le moral remonte sensiblement. Les gens discutent calmement entre eux, certains parviennent même à sourire. Mais, une fois le café servi, plusieurs otages présentent des signes de maladie inquiétants : crises d'asthme, symptômes d'apoplexie, douleurs abdominales.

Ces manifestations n'ont aucun rapport avec la nourriture qu'ils viennent d'avaler, elles sont avant tout causées par des retours d'angoisse. La plupart des passagers sont sérieusement malades.

Même si on peut supposer que quelques-uns simulent la souffrance dans l'espoir d'être libérés, il est difficile de les critiquer.

Les terroristes examinent chaque cas et acceptent finalement de relâcher une seule personne : une jeune fille. Puis quelques minutes plus tard, c'est le tour d'une mère de famille accompagnée de ses deux enfants. Malgré les suppliques de certains passagers, Abdallah Yahia ne se laisse plus attendrir. D'une voix dure, il lance aux malheureux.

– Ce sera tout. Vous êtes mes prisonniers !

Pour les malheureux qui restent à bord, la peur monte d'un cran. Que va-t-il se passer à présent ? Les pirates ont toujours des sautes d'humeur imprévisibles qui les rendent difficiles à appréhender.

Ils naviguent entre des accès de brutalité et des moments de compassion pour leurs victimes.

L'équipage tente de mettre en pratique tout ce qui lui a été enseigné pour adopter la meilleure attitude en face des terroristes : obéir sans chercher à résister, garder le sourire, tenter de nouer des contacts et, dans la mesure du possible, continuer à faire son travail calmement. Même si c'est très difficile, les hôtesses accomplissent des prouesses pour rassurer leurs passagers sans pour autant inquiéter les agresseurs.

Puis survient un nouveau drame… Une demi-heure après le repas, un homme de type asiatique se lève de sa place. Il s'appelle Bui Giang To, il a 48 ans.

Sans hésitation il se dirige vers le chef des terroristes et parle d'une voix calme.

– Je suis un diplomate vietnamien. Je bénéficie de l'immunité diplomatique et je ne suis donc pas concerné par votre action.

Abdallah Yahia le regarde, étonné de constater autant d'assurance chez un homme qui devrait trembler devant lui.

– Tu veux être libéré ?

Le passager ne baisse pas les yeux avant de répondre.

– Oui. Je n'ai absolument rien à faire ici.

Le ton est tranquille et détendu. Devant tant de détermination, le chef des pirates semble hésiter. Il réfléchit quelques secondes puis, finalement, il hoche la tête et fait signe au diplomate de venir avec lui vers l'avant.

– D'accord, je te libère…

Le diplomate ne manifeste aucun sentiment de joie. Il semblait s'y attendre. Avant de suivre son geôlier, il prend le temps de récupérer ses effets personnels dans le coffre à bagages au-dessus de sa place. Sans complexe, il saisit également un sac de plastique dans lequel il y a deux bouteilles de whisky achetées à la boutique hors taxes de l'aéroport.

– Dépêche-toi, insiste Yahia.

Quelques instants plus tard, les deux hommes arrivent au niveau de la porte avant qui a été fermée depuis le début du repas.

– Ouvre, ordonne Abdallah Yahia, à l'intention d'un des stewards stagiaires.

Le jeune homme obéit rapidement.

Quelques secondes plus tard, le diplomate vietnamien franchit le seuil de la porte et s'engage vers la liberté. Il n'a pas le temps de faire un mètre sur la passerelle que le terroriste le tue d'une balle dans le dos. L'homme s'écroule juste à côté du cadavre du policier.

Une fois de plus, le meurtre passe inaperçu pour la plupart des passagers. Personne ne se rend compte qu'un innocent vient d'être sauvagement abattu. Ce sont les pirates qui vont eux-mêmes annoncer la nouvelle à certains otages.

– Nous venons d'exécuter un Chinois, se vantera Yahia auprès de deux passagers des premiers rangs.

14 h 40.

Le chef des terroristes se rend alors dans le poste de pilotage. Après s'être fait expliquer le maniement de la radio par le commandant de bord, il entre en contact avec la tour de contrôle. D'une voix nerveuse, il annonce ses principales revendications. Le marchandage commence…

– J'exige la libération des deux principaux chefs du Front islamique du salut emprisonnés par le gouvernement algérien.

Les autorités algériennes n'ont pas le temps de répondre que Yahia annonce qu'il veut également que l'Airbus puisse décoller immédiatement à destination de Paris.

Pour l'instant, cette dernière exigence est impossible à satisfaire. L'avion ne peut pas bouger à cause de la passerelle qui est toujours en place. Le pirate a bien demandé au pilote de se frayer un passage en force, mais celui-ci lui a expliqué calmement que c'était totalement irréalisable. L'escabeau est monté sur un véhicule de piste qui doit peser plus d'une tonne et s'il essaie de passer outre, l'avion va être gravement endommagé.

Dans la tour de contrôle, les autorités algériennes ont établi une cellule de crise qui tente de convaincre les terroristes de se rendre sans condition. Pour les Algériens, toute la subtilité de la négociation se résume en un seul mot : c'est NON à toutes leurs exigences.

Le temps s'écoule lentement.

La nuit tombe... En ce 24 décembre, le soleil se couche exactement à **16 h 36**[7] sur Alger. Pour leur réveillon, les passagers ont droit à un repas un peu lourd livré par le service de restauration de la compagnie Air Algérie. Les terroristes n'y touchent pas, ils ont peur que la nourriture ait été droguée pour les neutraliser. Ils se contenteront des derniers plateaux-repas apportés de France et qui n'ont pas été consommés le midi.

La première nuit commence... Ce sera certainement la plus difficile pour les otages. D'abord, parce que c'est Noël... Même si ce n'est pas une fête musulmane, les passagers préféreraient vivre ce moment avec leur famille. Ensuite parce que, dans certains endroits de l'appareil, les conditions sont devenues particulièrement pénibles. Ainsi, à l'arrière, les toilettes sont complètement bouchées et une odeur nauséabonde se répand dans la cabine.

Du coup, certains passagers préfèrent se déplacer vers l'avant de l'appareil et comme toutes les places sont prises, ils n'ont d'autres possibilités que de s'étendre par terre pour dormir sur la moquette. Peu à peu, la cabine prend des allures de camp de réfugiés.

Depuis le début, le commandant de bord a décidé de laisser tourner l'APU[8]. De cette manière, l'avion est autonome en électricité. Il y a de la lumière, de la climatisation et du chauffage. Même les fours micro-ondes peuvent fonctionner pour réchauffer la nourriture et faire du café. Le système tournera sans discontinuer jusqu'au moment du décollage le 26 décembre.

7. En heure universelle GMT.
8. Auxiliary Power Unit. Petite turbine permettant de fournir de l'énergie à l'avion.

Si l'APU apporte un certain confort aux otages, il présente malgré tout l'inconvénient de consommer du carburant. Ce qui n'apparaît que comme un détail au début sera déterminant dans la suite des événements.

Petit matin du 25 décembre.

Une aube grise se lève sur Alger... Depuis le début de la prise d'otages, l'aéroport Houari-Boumédienne a été fermé à tout trafic aérien. Discrètement, les Algériens ont commencé à mettre en place leurs terribles équipes d'intervention : les Ninjas.

Tout le monde tremble. Ces unités d'élite de l'armée algérienne n'ont pas la réputation de résoudre les conflits avec une très grande subtilité.

Au cours de la nuit, des contacts incessants ont été établis entre les gouvernements français et algérien. Le gouvernement d'Édouard Balladur, alors Premier ministre craint, plus que tout, un assaut des Ninjas. Les risques sont énormes que cela se termine par un massacre. C'est la raison pour laquelle la pression est mise sur le gouvernement algérien qu'il autorise l'Airbus à partir vers la France.

Pour parer à toutes les éventualités, un autre Airbus d'Air France est arrivé à Palma de Majorque dans la nuit avec à son bord un commando du GIGN. Ce n'est pas un hasard si les gendarmes d'élite ont choisi délibérément de voyager dans le même type d'appareil que celui qui a été attaqué. Pour eux, c'est la meilleure façon de se familiariser avec la disposition intérieure de la cabine.

Malgré les conditions, ils se disent prêts à intervenir en un temps très court. À condition évidemment que les Algériens en expriment la demande.

Cette demande ne viendra jamais...

À bord de l'Airbus de Majorque se trouve également un autre équipage d'Air France. Tous les membres sont volontaires pour prendre la relève de celui d'Alger. Ils sont parfaitement conscients des risques qu'ils encourent mais ils ont été « briefés » par les gendarmes sur certains points techniques qui pourraient faciliter une intervention et surtout préserver la vie des otages. En ce qui concerne les négociations entre les pirates et les autorités, elles sont au point mort...

Les Algériens campent sur leurs positions, ils ne cèdent rien et refusent toujours de laisser l'avion décoller vers la France. Le seul point positif a été obtenu par le commandant de bord qui a réussi à faire ravitailler l'avion en eau potable. Il a également fait vidanger les toilettes. Les odeurs dans la cabine devenaient insupportables.

Vers 8 heures du matin, des petits déjeuners sont apportés au pied de la passerelle mais le personnel de l'aéroport n'accepte pas de monter à bord. Trop dangereux. Et de toutes les façons, les pirates s'y opposent. Une hôtesse est alors chargée d'aller récupérer les plateaux déposés sur la piste. Pour cela, elle doit effectuer de nombreux allers et retours par l'escalier. Pour la jeune femme, c'est l'horreur absolue. À chaque passage, il lui faut enjamber les deux cadavres. Il y a du sang partout sur les marches.

À mesure que le temps passe, l'ambiance change dans l'avion. L'attitude étrangement chaleureuse des terroristes commence à porter ses fruits auprès des passagers. Certains ne peuvent s'empêcher de ressentir une forme de sympathie pour leurs geôliers. Par moments, ils se laissent même aller à plaisanter avec eux. Est-ce pour les séduire mais certains otages évoquent ouvertement la responsabilité du gouvernement algérien dans la situation dramatique qui prévaut dans le pays. Ils admettent que ce n'est pas vraiment de la faute des pirates s'ils ont dû attaquer l'Airbus et ils ne sont pas loin d'excuser leur action.

Après-midi du 25 décembre…

À 13 heures, les terroristes procèdent à la libération d'un nouveau passager qui semble très malade, c'est une crise d'asthme. L'ambiance dans la cabine passe par des hauts et des bas. Ainsi, un passager éclate de rire lorsque le boiteux lance une plaisanterie douteuse puis, dans la minute qui suit, il sanglote comme un enfant.

De très nombreux passagers de confession musulmane se mettent à prier en plein milieu des allées. Comme il n'y a pas de tapis de prière, ils utilisent des journaux. Regain de ferveur religieuse provoquée par une situation particulièrement dangereuse ou volonté de montrer aux intégristes qu'on respecte scrupuleusement les enseignements du Coran ?

Seuls les intéressés le savent au plus profond de leur conscience…

Au milieu de la matinée, le second Airbus décolle de Palma de Majorque et survole l'aéroport d'Alger. Au passage, un contact radio discret est établi avec le commandant de bord de l'avion au sol.

Un message est transmis à l'insu des pirates :

– Vous pouvez décoller pour la France, des mesures de sécurité ont été prises pour assurer votre sécurité et celle des passagers. Ange gardien inattendu, cet avion « fantôme » restera toujours à proximité des otages. À son bord, les gendarmes du GIGN continuent inlassablement à répéter les gestes de leur future intervention. Professionnels hors pair, ils ne négligent rien pour connaître parfaitement la disposition des lieux. Ils apprennent même à se déplacer dans l'avion avec un bandeau sur les yeux. Cet entraînement va se révéler particulièrement utile car l'intervention exigera l'utilisation de grenades aveuglantes et de fumigènes. Les gendarmes voudraient bien se porter dès à présent au secours des otages, malheureusement, aucune attaque n'est possible tant que l'avion est bloqué sur le sol algérien. Étrangement, les exigences des terroristes rejoignent les souhaits du gouvernement d'Édouard Balladur qui voudrait voir l'Airbus repartir pour la France. Seul Alger refuse catégoriquement... Malgré les vociférations des intégristes, les roues de l'appareil restent bloquées par des cales et la passerelle est toujours en place avec son chargement macabre. L'avion ne bouge pas. L'attitude des Algériens peut aisément se comprendre, même si elle va à l'encontre de l'intérêt des otages. Céder aux exigences des terroristes créerait un précédent qui aurait des conséquences fâcheuses.

En outre, les hommes du président Liamine Zeroual voudraient bien résoudre la crise par eux-mêmes en lançant les Ninjas à l'assaut de l'appareil.

Dans ce pays où la vie humaine n'a pas vraiment la même valeur qu'en Occident, un massacre serait toujours préférable à une reddition honteuse. Heure par heure, les agences de presse du monde entier suivent l'évolution de la situation mais les communiqués se ressemblent car rien ne bouge.

16 h 40.

La nuit tombe pour la seconde fois sur l'Airbus d'Air France. C'est seulement à ce moment que les plateaux du repas de midi sont apportés au pied de la passerelle. Une nouvelle fois, une hôtesse est chargée du transbordement de la nourriture. C'est un calvaire pour la jeune femme qui, une fois encore, doit affronter seule le spectacle terrible des deux cadavres.

Après le repas, les événements prennent soudain une tournure dramatique. Les pirates reprennent contact avec la tour de contrôle. Cette fois ils préviennent qu'ils sont à bout. Ils exécuteront un otage si la passerelle n'est pas enlevée. L'ultimatum est fixé à 21 heures.

La tour de contrôle ne donne aucune réponse et personne ne vient dégager la passerelle. Dans l'avion, à mesure que le temps passe les terroristes deviennent de plus en plus nerveux. Ils parcourent en permanence les allées en se penchant vers les hublots pour chercher la présence des Ninjas. De temps en temps, on aperçoit des ombres noires qui se déplacent furtivement dans les alentours de l'aéroport et ils deviennent fous de colère. Sans qu'on comprenne vraiment la raison, ils demandent aux pilotes d'enlever leur veste et ils les enfilent.

Engoncé dans un uniforme beaucoup trop grand pour lui, le bossu interpelle un passager en milieu de cabine :

– Tu sais conduire ?

L'otage le regarde interloqué.

– Oui, j'ai mon permis.

– Alors tu vas descendre sur la piste et tu vas démarrer la voiture pour éloigner la passerelle.

– D'accord, j'y vais, réplique le passager qui semble tout aussi pressé que les terroristes de quitter Alger.

Sans hésiter, l'homme exécute les ordres. La porte avant est ouverte. Les mains levées, bien en évidence, pour ne pas être pris pour un terroriste, il descend lentement l'escalier et ouvre la portière du véhicule passerelle.

Tout le monde à bord le suit des yeux. Pour la circonstance, les terroristes ont mis une cagoule et ont gardé les vestes des pilotes. Même les otages prient pour que la passerelle soit enfin dégagée. Tout le monde veut quitter Alger !

Dans la voiture, l'otage s'affaire... La clef se trouve sur le contact et il réussit à démarrer le moteur sans difficulté. Il passe en première mais le véhicule cale. Nouveau démarrage, ça refuse d'avancer.

Il y a un problème auquel personne n'avait pensé... Pour stabiliser la passerelle, la voiture est munie de quatre vérins hydrauliques qui reposent sur le ciment du parking. Impossible de rouler dans ces conditions.

L'homme a beau chercher au tableau de bord, il ne trouve pas la manette qui permet de faire remonter les vérins. Au bout de quelques minutes d'essais infructueux, il remonte à bord de l'Airbus. Dépité, il explique ses difficultés à Yahia.

– Je suis désolé. Je n'ai pas trouvé comment ça marche, s'excuse-t-il.

Le chef du commando hoche la tête.

Chacun s'attend à ce qu'il soit de très mauvaise humeur mais au contraire, celui-ci affiche un grand sourire.

– Ça ne fait rien. Tu as bien travaillé. Pour te récompenser, je te laisse partir.

L'otage n'en croit pas ses oreilles.

– Vous voulez dire que je suis li…

– Oui, tu peux rentrer chez toi…

Un peu précipitamment, le passager récupère ses affaires et fonce vers l'avant. Lorsqu'il arrive à la porte toujours ouverte, il a comme un instant d'hésitation. Et si c'était un piège ? Est-ce qu'on ne va pas lui tirer une balle dans la nuque comme aux deux malheureux qui gisent à ses pieds sur la passerelle. Mais non, le pistolet mitrailleur de Yahia est toujours en bandoulière sur son épaule.

D'un geste amical, il lui fait un signe de la main qu'il peut filer.

On lui laisse la vie ! Du coup, l'homme dévale les marches à toute vitesse et fonce vers l'aérogare.

Il est sauvé.

Le nez collé aux hublots, les autres otages le voient s'engouffrer dans le hall et disparaître. Tristesse et joie se mêlent dans un sentiment indéfinissable. Que vont devenir ceux qui restent ?

Du coup, quelques secondes plus tard, un autre passager interpelle le chef des terroristes.

– Moi, je peux vous aider… J'ai travaillé sur un aéroport. Je sais faire marcher cette passerelle. Si vous voulez, je peux y aller.

Yahia a soudain les yeux brillants… Ce nouveau passager est peut-être la solution à leur problème de décollage.

– Tu es certain que tu peux dégager la passerelle.

– Absolument. Il y a un bouton sous le tableau de bord. C'est un système hydraulique très simple. Je peux y aller…

Yahia semble hésiter une seconde puis finalement il se décide.

– D'accord. Vas-y et dépêche-toi…

Comme son prédécesseur, le passager descend lentement les marches. Il a les mains levées lui aussi afin de ne pas être pris pour cible. Mais lorsqu'il arrive au niveau du véhicule, il bifurque brusquement vers l'avant de l'avion et se met à courir. Les otages n'en croient pas leurs yeux. L'homme vient de filer sous leurs yeux. Il les abandonne à la fureur des preneurs d'otages. Au premier rang, un passager ne peut retenir une injure.

– Fils de…

Évidemment, les quatre terroristes prennent très mal cette défection inattendue. Après un instant de stupéfaction, ils se mettent à hurler de rage et menacent d'abattre une dizaine d'otages en représailles. Yahia donne de violents coups de pied dans la cloison du *galley* avant. Il fait sauter le cran de sécurité de son Uzi… Chacun se recroqueville sur son siège en espérant ne pas faire partie de ceux qui seront choisis pour l'exemple.

Finalement, après quelques vociférations inquiétantes, le chef du commando se calme et personne n'est exécuté. Le temps passe… Les négociations traînent en longueur puis soudain il y a du nouveau… Vers 19 h 45, une voiture blindée arrive au pied de l'Airbus. En gage de bonne volonté, les Algériens amènent un membre du GIA. C'est un ami des pirates. Il s'appelle Mohamed Layala, une figure historique du GIA. Fous de joie, les terroristes croient que leur ancien compagnon va être libéré de prison et qu'il va pouvoir embarquer avec eux dans l'Airbus. Ils se congratulent bruyamment en attendant de voir leur compagnon monter les marches de l'escabeau.

À leurs yeux, c'est une superbe victoire… Mais rien ne se passe… C'est seulement au bout d'un quart d'heure qu'ils peuvent rentrer en contact radio avec leur ami dans le véhicule. Stupeur ! Celui-ci s'adresse à eux dans des termes qu'ils n'attendaient pas.

– Mes frères, *Allah Akbar*… Soyez raisonnables. Rendez-vous et libérez les otages sans condition.

– Mais…

– Je ne veux pas partir avec vous.

Yahia ne veut pas en entendre davantage, il a compris que l'homme parle sous la contrainte. Il est évident que, s'il n'obéit pas, les autorités algériennes vont exercer des représailles terribles sur sa famille. Le chantage répond au chantage !

C'est une énorme déception pour les terroristes qui espéraient réussir un coup d'éclat médiatique en obtenant la libération de leur ancien compagnon d'armes.

Yahia est visiblement troublé lorsqu'il lance dans le micro :

– Va-t'en, tu n'es plus des nôtres !

Quelques minutes plus tard, la voiture blindée s'éloigne lentement. Les experts du gouvernement algérien jubilent. Ils croient avoir marqué un point capital dans la guerre psychologique qu'ils livrent à leurs agresseurs. Ils se trompent… En réalité, ils n'ont fait qu'exacerber la rage meurtrière des pirates.

Fou de colère, le chef du commando revient dans le poste de pilotage de l'Airbus et lance un message.

– Cette fois, vous l'aurez voulu… Soit, vous nous laissez partir à Paris, soit je tue un otage. Je fixe le dernier délai à 21 h 30…

Au ton quasi hystérique de la voix, chacun comprend qu'il ne s'agit pas d'une menace en l'air.

Dans l'Airbus, l'information circule rapidement : ils vont en tuer un autre… Tous les passagers comprennent que l'un d'eux va mourir ce soir à cause de l'attitude bornée du gouvernement algérien.

Une chape de plomb tombe dans la cabine.

Qui va être choisi ? À l'exception des membres d'équipage, il n'y a que deux ressortissants français qui ne soient pas d'origine maghrébine. Ce sont les plus menacés, d'autant qu'ils travaillent tous les deux à l'ambassade de France à Alger : il y a la secrétaire personnelle de l'ambassadeur et Yannick Beugnet, le cuisinier.

À 21 h 15, c'est ce dernier qui est désigné par le boiteux pour venir dans le poste de pilotage. Mal à l'aise, les passagers suivent du regard ce jeune homme qui remonte lentement l'allée. Personne ne voudrait être à sa place.

Yahia montre la radio.

–Vas-y… Parle et explique bien ce qui va se passer.

L'instant est pathétique. Le jeune cuisinier appuie sur le bouton du micro et parle d'une voix tremblante.

– Je m'appelle Yannick Beugnet. Je travaille à l'ambassade de France. Et notre vie est en danger maintenant… Si vous ne faites rien, ils vont nous exécuter… Il faut absolument faire quelque chose le plus rapidement possible.

Il ne peut en dire plus… Abdallah Yahia lui arrache pratiquement le micro des mains. La voix du terroriste est aiguë. Il mélange l'arabe et le français.

– J'exige que l'avion puisse décoller pour la France le plus tôt possible. Je suis prêt à tuer tous les otages et à mourir moi-même pour cela. Je ne céderai jamais. La seule chose à faire est d'enlever la passerelle !

Les Algériens ne répondent pas... Indifférents à l'appel désespéré du jeune Français, ils ne font pas le moindre geste qui pourrait calmer la fureur grandissante du commando.

Le drame se produit à **21 h 40**.

Yannick Beugnet est amené au niveau de la porte avant droite. Il n'y a pas de passerelle de ce côté-là. C'est le boiteux qui le précède. Il ouvre la porte.

Dehors, c'est la nuit. L'air est vif... Le jeune homme a peur. Abdallah Yahia est juste derrière lui. Il lui demande de se tourner, puis de s'agenouiller juste au bord du vide. Il y a un moment de silence terrible puis, froidement, le boiteux lui tire une balle dans la tête. Yannick Beugnet bascule dans le vide. Crime de lâches...

Personne parmi les passagers ne voit le corps tomber mais certains entendent un choc sourd sur le ciment du tarmac. Quelques minutes plus tard, le chef du commando vocifère de nouveau sur la radio VHF.

– À partir de maintenant, si vous ne dégagez pas la passerelle de l'avion pour qu'on aille en France, je tuerai un otage toutes les heures.

Une demi-heure plus tard, la nouvelle de la mort de Yannick Beugnet tombe dans les agences de presse du monde entier. Cette disparition tragique agit comme un véritable électrochoc sur les différents négociateurs. Cette fois, il n'est plus possible de tergiverser. Le gouvernement d'Édouard Balladur met tout le poids de la France dans la balance pour faire plier les Algériens. Il est impératif que l'Airbus puisse décoller pour rejoindre le territoire français... On fait savoir sans détour que le président algérien Liamine Zeroual sera tenu personnellement pour responsable de ce qui pourrait arriver aux occupants de l'appareil.

Les Algériens comprennent enfin qu'ils ne pourront jamais résoudre cette crise en faisant cavaliers seuls.

Ils cèdent.

Vers **22 h 10**. La tour de contrôle appelle le commandant de l'Airbus.

– Vous allez pouvoir partir pour la France dans un moment. On va enlever la passerelle et on vous rappellera pour la mise en route.

Le message est lancé d'une voix impersonnelle comme s'il s'agissait d'une banale autorisation de départ. À l'intérieur de l'avion, la nouvelle se propage comme une traînée de poudre. C'est aussitôt une explosion de joie. Les pirates brandissent leurs armes et sautent sur place. Ils sont si enthousiastes que l'équipage craint un instant qu'ils ne lâchent une rafale dans le plafond. Les otages sont encore plus soulagés que les terroristes. En France, ils ne risqueront rien... Les Ninjas seront loin.

Pourtant, les heures s'écoulent lentement sans que rien ne se passe. C'est seulement aux environs d'une heure du matin que des employés de l'aéroport viennent enlever la passerelle.

L'avion va bientôt pouvoir partir.

Dans le poste de pilotage, le commandant de bord a fait ses calculs de consommation. Il y a un problème. Depuis le début de la prise d'otages, une grande partie du carburant a été consommée par l'APU qui fournissait chauffage, climatisation et éclairage aux passagers... À présent, l'Airbus n'a plus assez de kérosène pour aller jusqu'à Paris. Bien sûr, il serait toujours possible de demander du carburant aux Algériens mais ce serait une grande perte de temps. On rentrerait dans un nouveau cycle de négociations qui risquerait de durer encore plusieurs heures. Comme on lui a conseillé à la radio, le commandant de bord propose de se rendre à Marseille.

Les terroristes acceptent sans hésitation.

À **1 h 45** du matin, les réacteurs sont mis en route et l'avion commence enfin à rouler.

Le chef des terroristes et le plus jeune membre du commando s'installent dans le poste de pilotage sur les sièges de service. Visiblement, c'est la première fois qu'ils assistent aux procédures de décollage.

À partir de cet instant, leur attitude change, ce ne sont plus des terroristes mais des gamins ravis qui suivent chacun des gestes de l'équipage.

– Je me demande comment vous faites pour vous y retrouver dans tous ces cadrans, s'émerveille même Yahia.

L'avion décolle à **2 heures** précises. Au moment où les roues quittent le sol algérien, c'est une véritable explosion d'applaudissements qui retentit dans la cabine. Le voyage se passe bien à l'exception de l'odeur nauséabonde qui règne à l'arrière de l'avion. Les toilettes sont de nouveau bouchées.

Au sol, c'est l'attente... Dans tous les centres radar de la

Méditerranée, les contrôleurs suivent attentivement le déplacement du vol AF 6989 alors que celui-ci met le cap sur Marseille. Pas très loin derrière lui se trouve un autre appareil qui semble suivre l'avion d'Air France comme son ombre. C'est le second Airbus de la compagnie qui a décollé de Palma de Majorque avec le commando du GIGN à son bord. Les « aiguilleurs du ciel » ont bien conscience que ces deux points lumineux qui se déplacent lentement sur leurs écrans radars emportent tous les espoirs et toutes les craintes des gouvernements occidentaux.

3 h 24.

L'Airbus atterrit sur la piste 32 de Marseille-Provence. En cabine, c'est un nouveau concert d'applaudissements qui salue l'arrivée sur le sol français. Pour un peu, on se croirait dans un charter du Club Méd.

Mais l'ambiance retombe rapidement. Contrairement à ce que les pirates imaginaient, l'Airbus est garé très loin de l'aérogare. Une voiture de piste « Follow me » le guide jusque sur une aire dégagée, isolée des curieux et des journalistes.

Avant même que les terroristes ne demandent des éclaircissements, la tour explique calmement :

– Ne vous inquiétez pas... Vous avez été parqués à l'écart par sécurité vis-à-vis des autres avions.

À peine le commandant a-t-il coupé ses réacteurs que les terroristes reprennent le micro et les négociations commencent : la principale revendication est de faire rajouter du carburant dans les réservoirs afin que l'avion puisse rejoindre Paris. Ils se sont renseignés auprès de l'équipage. Il faudrait 9 tonnes supplémentaires de kérosène. Les Français prétextent des difficultés techniques pour le ravitaillement.

Il faut attendre...

À Marseille, l'ambiance est totalement différente de ce qui se passait à Alger. Une cellule de crise a été installée dans la tour. Il y a bien évidemment des contrôleurs à leur poste mais il y a aussi le représentant du préfet en liaison constante avec sa hiérarchie, ce qui lui permet de dialoguer directement avec les services du Premier ministre. Aux côtés du fonctionnaire se trouvent des experts et des psychologues spécialistes des prises d'otages.

La technique est beaucoup plus subtile que celle utilisée par les Algériens : il faut discuter... Les faire parler au maximum... Évaluer leur degré de fatigue, tester leur détermination, essayer de les faire changer d'avis sans les brusquer. Quelles que soient leurs demandes, on ne leur oppose jamais de refus catégorique mais on fait valoir l'impossibilité technique ou matérielle d'accéder à certaines de leurs exigences. On cède sur beaucoup de détails mineurs mais on tient bon sur l'essentiel.

Pour le moment, le seul point important est de maintenir l'avion au sol à Marseille. Il faut laisser le temps aux gendarmes du GIGN de mettre en place leur dispositif d'intervention.

L'appareil ne doit surtout pas repartir pour Paris.

En ce qui concerne le ravitaillement en carburant, les Français répondent qu'ils sont tout à fait d'accord mais que c'est une opération très difficile à réaliser en pleine nuit car tout est fermé... En outre, les employés chargés de faire le plein sont en grève... Ils refusent d'approcher l'Airbus détourné... Ils craignent pour leur vie... L'administration est en train de parlementer avec eux pour les convaincre...

Il faut attendre...

Dans l'Airbus, les pirates deviennent nerveux. Ils scrutent l'obscurité à travers les hublots. L'avion est garé en zone de sécurité à l'extrémité d'un taxiway. Tout est désert. En fait, même s'ils ne voient personne, il y a beaucoup de monde autour de l'avion. Le GIGN est tout proche... Équipés de jumelles de vision nocturne, plusieurs dizaines d'hommes se sont soigneusement dissimulés avant l'arrivée de l'avion et surveillent le moindre mouvement.

Dès l'arrivée de l'Airbus, ils sont même venus se glisser sous le ventre de l'appareil pour placer des micros ultra-sensibles permettant de capter les conversations à l'intérieur de la cabine. Les préparatifs d'une intervention se mettent en place avec minutie. Maintenant que l'avion est au sol, les passagers se détendent. Les terroristes sont moins agressifs. Ils semblent vraiment heureux d'être en France. L'ambiance change de nouveau. Elle n'est plus vraiment celle que l'on s'attendrait à trouver à bord d'un avion détourné par des pirates de l'air. Par moments, il y a même des rires et quelques plaisanteries. Les heures passent lentement.

7 h 15...

Le jour se lève. On amène une passerelle jusqu'à l'Airbus mais, cette fois, les pirates ont compris la leçon. Ils exigent que la passerelle soit placée au niveau d'une porte arrière afin qu'ils ne se trouvent pas bloqués comme à Alger.

Les spécialistes dans la tour de contrôle continuent à faire parler les terroristes au maximum. On commence à discerner des intonations différentes dans leur voix. Les quatre hommes sont fatigués. Ils semblent moins vigilants. Ainsi, c'est une hôtesse qui descend de sa propre initiative sur la piste pour mettre la passerelle en place et discuter avec un employé d'Air France. C'est le troisième jour de détention qui commence pour les otages.

Dans la cabine, les visages sont livides et barbus. Les yeux sont tirés par l'épuisement. Heureusement, les conditions matérielles s'améliorent rapidement. On apporte des repas avec du café chaud. La nourriture est copieuse et abondante. Les responsables du *catering*[9] de Marseille se sont efforcés d'améliorer l'ordinaire des repas. Comme c'est Noël, ils ont pensé à rajouter des chocolats et des friandises. Par ailleurs, les toilettes de l'avion sont vidées et nettoyées.

Le réservoir d'eau est rempli, ce qui permet aux occupants de l'avion de faire un peu de toilette. Les hôtesses font un peu de ménage à l'intérieur de la cabine qui est dans un état de saleté indescriptible. Certains passagers en profitent pour demander aux pirates l'autorisation de prendre des photos. Ceux-ci ne veulent en aucun cas apparaître sur les clichés, mais ils acceptent que les passagers se photographient entre eux. Ces images rapporteront beaucoup d'argent à leurs auteurs car l'hebdomadaire *Paris-Match* les achètera sans hésitation après le dénouement de la prise d'otages.

Pourtant, la principale exigence des terroristes n'est toujours pas satisfaite : malgré leurs demandes répétées, le kérosène ne vient pas. Les raisons invoquées par les Français sont nombreuses et toutes aussi fausses les unes que les autres : les essenciers ont peur d'aller à l'avion... Ils sont encore en grève...

Il y a des problèmes pour savoir qui va payer la facture car c'est Noël et tous les bureaux sont fermés... Tous les prétextes sont bons pour ne pas ravitailler l'Airbus. Même si les ficelles sont un peu grosses, elles ne semblent pas choquer les pirates. Cela ne les empêche pas de faire ce qu'ils ont déjà fait à Alger : tirer quelques coups de feu au hasard dans la nature, histoire de faire du bruit. Ils ne semblent pas se douter que, tout autour de l'avion, les gendarmes du GIGN ont déjà pris des positions stratégiques.

Malgré leur nombre, ils sont toujours totalement invisibles. Les terroristes veulent également faire une conférence de presse avec des

9. Service de restauration à bord.

journalistes de TF1, France 2 et surtout de la chaîne TV5 dont le taux d'écoute est immense dans le monde. Les autorités françaises font savoir que l'organisation d'une telle conférence est impossible et que, de toute manière, elle n'apporterait rien de plus puisque tous les médias sont déjà dans l'aéroport.

La matinée se passe lentement.

À **14 h 50**, deux passagers sont autorisés à quitter l'avion. C'est un couple de personnes âgées que les terroristes acceptent de laisser partir. Pour les gendarmes, cette libération inattendue est une véritable aubaine... Si le mari est trop épuisé par les conditions de détention, la vielle dame va être interrogée longuement.

Elle va livrer de précieux renseignements sur les pirates, leurs conditions physiques, leur place dans l'avion, leur disposition psychologique, leur armement et leur détermination. Il faut faire vite car les négociations s'enlisent.

La tour continue à faire croire que les pétroliers sont en grève et refusent de ravitailler l'avion. Mais cela devient de plus en plus difficile de rester convaincant.

Yahia devient agité.

– Il y a une solution très simple, propose-t-il alors... Vous n'avez qu'à approcher le camion citerne jusqu'à l'Airbus et on va faire sortir le mécanicien navigant pour refaire le plein.

Les experts à la tour de contrôle sont surpris par cette suggestion inattendue... Yahia comprend qu'il a marqué un point et il en rajoute aussitôt :

– On peut faire encore mieux. On laissera sortir certains otages pour lui donner un coup de main et si ça se passe bien on les libérera ensuite. Vous voyez qu'on fait preuve de bonne volonté !

La proposition du chef du commando est accueillie par un silence lourd de signification. Malgré les secondes qui passent, la tour ne donne aucune réponse...

Évidemment, ce serait une solution acceptable pour ravitailler, si on avait décidé de laisser partir l'avion à Paris. Mais c'est beaucoup trop risqué...

Les psychologues sont de plus en plus inquiets sur l'état nerveux des terroristes. Personne n'écarte l'hypothèse d'un acte désespéré qui les pousserait à précipiter l'avion sur la capitale. Les ordres sont clairs : quoi qu'il arrive, il ne faut pas ravitailler l'Airbus...

Après un long moment de réflexion, la réponse tombe enfin.

– Désolé… Aucun chauffeur ne veut aller à l'avion…

Cette fois, le chef des pirates comprend que ses interlocuteurs sont en train de le tromper. Fou de colère, mélangeant une fois de plus l'arabe et le français, il se met soudain à hurler dans le micro.

– Vous êtes tous des menteurs et des chiens d'impie… Cette fois, vous allez me le payer.

En cabine, les passagers se remettent à trembler. Ils connaissent cette mauvaise lueur qui brille dans les yeux de l'intégriste. Tout cela risque de se terminer par l'exécution d'un nouvel otage. La première réaction du chef du commando est inattendue : il ordonne au commandant de mettre les réacteurs en route et d'aller placer son appareil au pied de la tour de contrôle. De cette manière, il pense résoudre le problème du ravitaillement sans l'aide des pétroliers. En outre, il croit qu'il sera plus proche des journalistes et pourra ainsi communiquer avec eux.

Le pilote obéit, après avoir fait une rapide check-list, il met les deux réacteurs en route.

À **15 h 52**, l'Airbus commence à rouler vers la tour de contrôle de Marseille. L'ambiance change…

Pendant le roulage, le chef des terroristes récupère une bombe artisanale cachée dans un coffre à bagages. Après avoir hésité, il finit par la dissimuler sous le siège du chef de cabine. Puis il revient dans le poste de pilotage. L'Airbus se déplace très lentement. Il lui faut plus de treize minutes avant qu'il ne s'immobilise à quelques mètres de l'aérogare, tout près de la tour de contrôle.

De par sa nouvelle position, il bloque le passage pour un avion de British Airways qui devra rester là jusqu'à la fin de la prise d'otages. C'est évidemment le cadet des soucis des pirates…

En déplaçant l'appareil de leur propre initiative, les terroristes sont persuadés d'avoir pris de court les autorités françaises. Ils ne savent pas qu'ils viennent de signer leur arrêt de mort car ils se sont eux-mêmes exposés de front à l'attaque qui va bientôt avoir lieu.

Les pirates adressent un ultimatum à la tour. Si, à 17 heures, on n'a pas refait le plein en carburant, ils tueront un nouvel otage. Un des membres de l'équipage a compris ce qui allait vraiment arriver… Il a surpris un regard de connivence entre deux terroristes vis-à-vis de l'un d'entre eux…

La prochaine victime sera l'un des stewards saisonniers. Un jeune homme d'origine asiatique qui ne doit pas avoir plus de 20 ans.

L'atmosphère à bord devient peu à peu irrespirable. Plus question de rire... La peur est partout. Dans l'avion, les pirates s'emparent du micro *public adress* et font la prière des morts. La litanie funèbre résonne dans la cabine. Certains passagers ne peuvent retenir leur larmes. Puis lorsque la prière est terminée, les terroristes ouvrent les portes et tirent de nouveau dans toutes les directions. Il n'y a aucune logique dans ces rafales désordonnées... Il s'agit simplement de montrer que leur détermination reste intacte.

Dans les hautes sphères du gouvernement français, on comprend que, cette fois, il n'est plus possible de tergiverser. Les subtilités de la négociation ont atteint leurs limites. Maintenant, il faut agir... Le Premier ministre Édouard Balladur reconnaîtra plus tard qu'à cet instant il a dû prendre la décision la plus difficile de toute sa vie d'homme politique.

L'ordre est transmis aux dirigeants du GIGN :

– Intervenez !

Dissimulés un peu partout autour de l'avion, des dizaines de gendarmes d'élite se préparent immédiatement pour l'assaut. Ils sont dirigés par le commandant Favier. Un officier brillant et rompu au maniement de toutes les armes, comme chacun de ses hommes.

Aucun des terroristes n'a encore aperçu un seul des gendarmes qui se préparent à les attaquer. Pourtant, ceux-ci sont dissimulés partout dans les angles morts de l'Airbus. Il y a même des tireurs d'élite dissimulés à quelques dizaines de mètres du poste de pilotage, derrière les vitres de la tour de contrôle. Utilisant de puissants fusils à lunettes FRF[10] équipés de bouche à feu, les tireurs sont prêts à agir. Ces hommes parfaitement entraînés sont capables de toucher une pièce de 5 francs à un kilomètre de distance.

Le soleil ne va pas tarder à se coucher. Tout à coup, les hommes du commandant Favier attaquent... Aucune hésitation pour partir à l'assaut. Pas le moindre état d'âme... Même si la peur est là tapie quelque part au fond des estomacs, les hommes se précipitent vers leur objectif. Ils ne sont plus que des machines de guerre parfaitement entraînées au combat.

10. Le FRF (fusil à répétition de modèle F1) est un fusil français de calibre 7,62. Ses performances sont exceptionnelles.

À quelques dizaines de mètres, le cameraman de la chaîne LCI n'en croit pas ses yeux. Tout se passe en direct ! Il tient des images extraordinaires. Le scoop idéal qui va faire la « une » de tous les médias du monde. La caméra tourne : des ombres casquées et cagoulées foncent vers l'avion. Les fantômes noirs poussent un escabeau contre la porte avant gauche. Le déverrouillage pose quelques difficultés. La porte ne peut s'ouvrir à cause de la passerelle qui est un peu trop haute. À toute vitesse, l'escabeau est reculé et un des gendarmes parvient à ouvrir la porte. Puis, suspendu dans le vide par la poignée, l'homme se laisse tomber sur le ciment.

Dans la seconde suivante, les soldats se ruent vers l'ouverture. C'est le commandant Favier qui rentre en premier dans l'enfer, ses hommes le suivent. Grâce aux micros, les gendarmes connaissent exactement la position des pirates. Deux sont dans le poste de pilotage, l'un est au milieu de l'avion et le quatrième est réfugié dans le *galley* avant. L'assaut a été minutieusement préparé. Chaque gendarme est chargé d'une cible et d'un secteur bien précis.

Dès l'ouverture de la porte, les terroristes ont compris ce qui arrivait. Prêts à mourir, ils ont immédiatement déclenché un feu nourri sur leurs assaillants. En cabine, c'est la panique... Les passagers hurlent de terreur et se couchent par terre. Chacun se recroqueville sous les sièges en tentant de se faire aussi petit que possible. Les balles sifflent de toutes parts. Grenades aveuglantes, fumigènes, gaz lacrymogènes. L'intérieur de l'Airbus est un véritable champ de bataille.

C'est l'apocalypse...

Des tirs d'une précision exceptionnelle partent de la tour de contrôle. Ils visent le poste de pilotage. Le pare-brise est troué comme du papier par les énormes munitions de calibre 5,56. Le verre de l'avion est blindé mais rien ne peut résister aux énormes balles utilisées par les tireurs du GIGN. Dans la cabine, la fumée brûle les yeux des passagers. Tout le monde pleure et tousse. Seuls les gendarmes sont protégés par des masques. Pour percer la fumée, ils utilisent des torches puissantes et des armes à visée laser. Des dizaines de points rouges terrifiants se déplacent sur toutes les cloisons de l'avion.

L'assaut se déroule selon une stratégie bien précise. Les gendarmes se sont répartis deux types de mission : vers l'arrière, un groupe de militaires ouvre les portes et déclenche les toboggans. Leur but est d'évacuer un maximum d'otages en un minimum de temps. Vers l'avant, c'est l'attaque à outrance contre les terroristes. La concentration des tirs est terrible. Les pirates ne font aucun geste pour se rendre, au contraire, malgré la fumée et les gaz lacrymogènes, ils continuent à décharger leurs armes en direction des ombres noires qui surgissent de partout.

C'est dans le poste de pilotage que l'engagement est le plus violent. Prévenu quelques secondes à l'avance par la radio, le commandant de bord s'est tassé sur son siège pour dégager le champ de tir des gendarmes. Lorsque l'enfer se déchaîne, il croit pourtant sa dernière heure arrivée. Il aura la chance incroyable de n'être que légèrement blessé à l'épaule. On retrouvera 17 impacts de projectiles dans son siège.

Pour le copilote, les choses sont différentes. Malgré les balles qui sifflent autour de lui, Jean-Paul B. parvient à s'échapper par la vitre latérale droite. Il fait une chute de plus de 6 mètres sur le ciment. La réception est très dure et il se brise le col du fémur. Cela ne l'empêche pas de s'enfuir en claudiquant pour échapper au massacre.

Au même moment, les passagers commencent à sortir de l'avion par les toboggans arrière. Ils sont immédiatement regroupés sur le parking. À leur grande surprise, l'accueil des militaires est plutôt musclé. Les otages sont à peine dehors que des gendarmes les couchent au sol avec des ordres durs. Les pauvres sont immédiatement fouillés et maintenus immobiles sous la menace des armes.

En fait, les gendarmes craignent qu'un pirate ne se soit glissé parmi les passagers... Pas question de prendre le moindre risque de voir la prise d'otages se poursuivre dans l'aérogare.

À l'intérieur de l'Airbus, le combat se poursuit. Explosions, tirs d'armes automatiques, hurlements de terreur et ordres brefs des voix métalliques à travers les masques à gaz.

Les pirates n'ont aucune chance... En face d'eux, ce sont des professionnels du combat. C'est le boiteux qui tombe le premier, puis le plus jeune... Mais Yahia et le pirate au physique d'acteur résistent. Dissimulés derrière des cloisons, ils se défendent longtemps...

La nuit tombe.... Les tirs continuent dans l'obscurité ponctuée d'explosions sourdes. Le temps passe... Les passagers grelottent de froid sur le ciment du tarmac.

Puis enfin, le silence tombe sur le parking. La fouille des otages se poursuit avec minutie. Les hommes du GIGN prennent toujours des précautions extrêmes pour vérifier qu'il n'y a aucun autre pirate parmi les passagers. Cela prend du temps. Ils soupçonnent tout le monde y compris les membres de l'équipage...

Pendant quelques minutes, le mécanicien est même pris pour un terroriste. Comme le navigant ne répond pas aux ordres des gendarmes. Il est menotté sans ménagement et surveillé de très près. En réalité, les explosions ont rendu le malheureux complètement sourd et il ne comprend rien de ce qui lui arrive.

Enfin, les passagers sont autorisés à se relever pour rejoindre l'aéroport. Ils peuvent téléphoner à leur famille. Flashs des journalistes, ambulances, pleurs de soulagement, rires nerveux, toilette...

Le cauchemar est terminé.

Le PDG d'Air France est là en personne pour accueillir les membres d'équipage.

Le bilan final du détournement de l'Airbus d'Alger est à la fois très lourd et incroyablement miraculeux : les quatre pirates de l'air ont été abattus par les gendarmes. Trois otages ont été assassinés par les terroristes. Tous les autres passagers sont vivants, même si treize d'entre eux ont été blessés pendant l'assaut.

Parmi les gendarmes, le bilan est lourd puisque neuf d'entre eux ont été blessés.

Quant à l'Airbus, il est tellement troué de balles de toutes parts qu'il ne sera pas réparable et devra être ferraillé.

L'ÉQUIPAGE ABANDONNE SES PASSAGERS...

Le détournement le plus insolite de toute l'histoire de la piraterie aérienne.

République islamique d'Afghanistan.
Dimanche matin 6 février 2000.
8 h 30 (locales).

Il fait très froid dans la petite salle d'embarquement de l'aéroport de Kaboul... La plupart des vitres de l'aérogare sont brisées. En ce début de février, un vent glacial souffle du nord et la température extérieure ne dépasse pas 3 degrés. Il y a bien un vieux poêle noir dans un coin de la pièce mais, faute de bois, il n'a jamais été allumé depuis le début de l'hiver.

Après vingt ans de guerre, l'aéroport de la capitale afghane est comme tout le reste du pays. En ruines... Les 188 passagers attendent patiemment l'heure de l'embarquement. Engoncés dans leur cheich en poil de chameau, ce sont pour la plupart des Tadjiks mais il y a également des Pashtouns quelques Turkmènes et des Hazaras.

Pourtant, quelle que soit leur ethnie d'origine, tous les hommes ont un point commun : ils portent la barbe, comme l'impose la charia[1] imposée par les talibans, ces moines soldats partisans d'un Islam intraitable.

Il y a également une vingtaine de femmes à bord du vol mais on ne voit rien d'elles. Elles ont toutes le visage dissimulé derrière leur *burqa*,

1. *Loi islamique.*

un grand vêtement ample qui dissimule la moindre parcelle de peau, de la tête aux pieds. Ce ne sont que des fantômes... Même les yeux sont cachés derrière l'ouverture grillagée du voile. Selon la loi islamique des talibans les femmes ne sont pas autorisées à voyager seules. Elles sont donc toutes accompagnées de leur mari. Pas question de tricher avec l'état civil. Pour prouver la réalité de leur union, tous les couples sans exception ont été obligés de présenter leur certificat de mariage avant l'embarquement. D'une manière générale, les femmes afghanes ne peuvent approcher aucun mâle qui ne soit pas de leur famille.

C'est une « faute » très grave puisque le simple fait de marcher dans la rue à côté d'un ami est puni de 100 coups de fouet.

Et la sentence est exécutée en public...

Ainsi chaque semaine dans le vieux stade de Kaboul, une foule de 30 000 hommes se distrait en assistant aux punitions infligées aux femmes qui n'ont pas respecté la loi des talibans. Le programme des réjouissances est varié : on commence par les coups de fouets... puis ce sont les amputations des doigts (pour celles qui ont mis du vernis à ongles ou des bagues)... et enfin le clou du spectacle : la mise à mort des femmes adultères[2]. L'exécution se fait par lapidation. On peut imaginer la terreur des malheureuses tuées à coups de pierres par une foule de sauvages. Outre l'adultère, la tentative de fuite à l'étranger est également un « crime » sanctionné par la peine capitale.

Pour servir d'exemple, les corps des condamnés restent souvent exposés en plein air pendant plusieurs jours. Comme si cette barbarie ne suffisait pas, de jeunes talibans se promènent ensuite dans les rues de Kaboul en arborant fièrement les mains et les doigts des victimes[3]. On peut comprendre que, depuis 1996, année de la victoire des « moines soldats », la vie des femmes kaboulies est devenue un véritable enfer.

La liste des interdits religieux est interminable : parler à haute voix, se maquiller, porter des chaussettes blanches ou de hauts talons, s'instruire, rire en public, fumer, applaudir... Toute mixité étant interdite, le simple fait d'aller à... l'hôpital pour se faire soigner est considéré comme un péché, car cela oblige la femme à se trouver à proximité des hommes. Même travailler est un crime puni par la loi islamique. Un

2. Le mot a un sens très large pour les talibans puisqu'une femme mariée qui adresse la parole à un homme commet un péché d'adultère.
3. Une photo de Rawa prise en 1998 montre un jeune homme souriant. L'homme marche dans la rue en transportant des brochettes de mains.

seul droit est reconnu à la femme afghane : celui de rester chez elle pour prier[4]. Encore, cette prière doit-elle être pratiquée en cachette. En effet, d'après les instructions du *ministère pour la Propagation de la Vertu et la Suppression du Vice*, les vitres des maisons doivent être obscurcies à la peinture noire.

Du fait de ces conditions de vie épouvantables, on peut comprendre que de nombreuses Afghanes aient envie de quitter leur pays natal. Beaucoup tentent de fuir par la route mais très peu y parviennent. En tenant compte des passeurs qu'il faut payer et des bakchichs à distribuer aux différents responsables corrompus, il en coûte en moyenne 25 000 dollars pour atteindre un pays libre. Une somme qui n'est pas à la portée de toutes les Afghanes.

Le Boeing 727 est garé sur le parking près de la vieille tour de contrôle. Il appartient à la compagnie Ariana Afghan Airlines. C'est un vieil appareil bleu et blanc de la série 228A. Immatriculé YA-FAY, il a été acheté quelques années plus tôt pour une somme dérisoire à une grande compagnie française.

Ariana Afghan Airlines est loin d'être une *major* comme on en rencontre aux États-Unis... À l'époque de ces faits, la compagnie ne possède, en tout et pour tout, que trois appareils américains du même type. Des Boeing 727, tous plus fatigués les uns que les autres[5]. Équipés de vieux réacteurs simples flux, ce sont des appareils peu puissants et particulièrement gourmands en carburant. Leur décoration intérieure est à l'image de la compagnie afghane : vétuste et délabrée. Âgés de près de 30 ans, les 727 arborent encore les designs des années 1970 avec des sièges de différentes couleurs selon les rangées : bordeaux, rouges ou bleus. Un « style » bizarre qui a toujours surpris les passagers même lorsque les avions étaient neufs.

L'appareil effectue une ligne intérieure en direction de Mazar-el-Sharif, une petite ville à 300 kilomètres au nord-ouest de Kaboul. La durée normale de ce vol n'excède pas vingt-cinq minutes. Par la route, le même trajet prend près de huit heures. Il est en effet très difficile de se déplacer en Afghanistan. Le pays est très montagneux et, après toutes ces années de guerre, les voies de communication sont dans un état déplorable. Par ailleurs, dans le nord près de Jabul Saraj, quelques

4. L'Afghanistan est le seul pays du monde où il est écrit noir sur blanc que les femmes n'ont absolument aucun droit.
5. Il faut noter que les deux autres avions sont des Boeing 727 de série 100, c'est-à-dire qu'ils sont plus anciens que celui dont il est question dans ce récit.

secteurs sont encore tenus par des factions du commandant Massoud... Le « Lion du Panshir », ennemi juré des talibans, n'a pas dit son dernier mot et la traversée des montagnes reste terriblement risquée.

Les embuscades ne sont pas les seuls risques : l'Afghanistan tout entier est un véritable champ de mines. Il y en a partout. Dans les campagnes aussi bien qu'au milieu des ruines dans les villes. Les experts estiment qu'au moment de ces événements 25 enfants sont tués ou mutilés chaque jour par l'explosion d'une mine. Le seul moyen à peu près sûr pour traverser le pays reste donc l'avion.

En ce 6 février 2000, on verra pourtant que même le transport aérien peut réserver d'étranges surprises. Il y a deux commandants de bord dans le poste de pilotage du Boeing 727 : Said Nabi et Said Mehdisaidi. Difficile de donner un âge aux pilotes, on peut cependant estimer qu'ils ont largement dépassé la soixantaine. Bien qu'ils ne soient pas de la même famille, les deux hommes présentent une ressemblance étonnante : même profil aquilin, mêmes cheveux blancs assez longs ramenés en arrière sur la nuque et surtout même barbe blanche longue et fournie. Un « *look* » quasi biblique plutôt inhabituel pour des pilotes de ligne. D'autant que leur uniforme est réduit à sa plus simple expression : pas de casquette ou de galons dorés, mais de simples chemises blanches sans insigne, épaulette ni cravate. Il suffirait que les deux hommes troquent leur chemise contre une tunique de toile et on pourrait aisément les confondre avec les gourous d'une secte...

En plus des deux commandants de bord, il y a un officier mécanicien navigant et un copilote, ce qui fait quatre navigants dans le poste de pilotage. Parmi les 188 passagers se trouvent plus de 80 personnes qui se rendent à un mariage dans le village de Balh près de Mazir-el-Sharif. Le futur marié est un jeune Tadjik du nom de Mouhamad. Comme cela se fait souvent en Afghanistan, il va épouser sa cousine... Un moyen pratique pour éviter de dilapider le patrimoine familial.

Toute la famille accompagne le futur marié à Mazir-el-Sharif. Selon la tradition, les cérémonies vont durer trois jours et promettent d'être grandioses. Pour les centaines d'invités, il n'y aura pas d'alcool bien évidemment mais des montagnes de *kebab* arrosé de *qoma*[6]. C'est tout du moins ce que les passagers déclarent aux cerbères de la police religieuse qui les contrôlent au moment de l'embarquement. Le prétexte

6. Sauce piquante aux légumes.

du mariage tadjik est bien pratique car il permet de justifier les innombrables paquets emportés par chacun des convives. Il y en a tellement que la plus grande partie des bagages ne peuvent pas être mis dans la soute et doivent être stockés en vrac à l'arrière de la cabine. Comment faire autrement ? Impossible de ne pas emporter tous les cadeaux qui ont été prévus à la rédaction du contrat de mariage. Avant de procéder à la cérémonie nuptiale, les deux familles vont vérifier soigneusement que rien ne manque ! Tout changement avec les termes du contrat annulerait la noce.

Sur un signe d'un employé de la compagnie, les passagers quittent la salle d'embarquement pour se rendre à pied jusqu'au Boeing. Les gens avancent lentement sur le parking défoncé. On leur a demandé de se diriger vers l'escalier escamotable situé à l'arrière de l'appareil car il n'y a pas d'escabeau disponible ce jour-là sur l'aéroport. Étrange caravane colorée parmi laquelle se trouve 23 enfants et 20 femmes.

Courbés sous le poids des bagages, les Tadjiks avancent en discutant entre eux. Ils parlent en mélangeant leur dialecte et le dari, la langue la plus utilisée dans le pays[7].

L'installation des passagers à l'intérieur de l'avion prend un certain temps. Contrairement à ce qui se passe dans les grandes compagnies aériennes occidentales, il n'y a pas de *« seating »*, ce qui signifie que chaque passager choisit une place au hasard dans la cabine comme il en a envie. Cela provoque évidemment un embouteillage à l'arrière de l'avion car chacun prend son temps pour empiler les paquets sur les places disponibles près de la porte. Aidés par l'unique steward (il n'y a évidemment pas d'hôtesse à bord), les passagers entassent pêle-mêle les dizaines de cadeaux : tapis, théière, vêtements brodés, ustensiles de cuisine.

L'ambiance a quelque chose de folklorique. On se croirait davantage pendant le chargement d'un vieil autocar au fin fond de l'Afrique que pendant l'embarquement à bord d'un avion de ligne.

L'avion commence à rouler à 9 h 20. Sa progression sur le taxiway est difficile. Il doit rejoindre la piste très lentement, en zigzaguant pour éviter les innombrables cratères au sol. Les cicatrices de la guerre ont été rebouchées grossièrement avec de la terre et des gravats mais les trous supportent mal le poids du Boeing. Lorsque le pilote ne peut les éviter, les roues s'enfoncent dans le revêtement et les ailes tanguent

7. Il y a 34 dialectes en Afghanistan propres à chaque ethnie.

lourdement. L'avion avance au milieu d'un paysage lunaire. Chaque parcelle de terre semble avoir souffert de la guerre. Aucune trace de culture dans les environs, plus le moindre troupeau. De part et d'autre de la piste, ce ne sont plus que des pierres craquant sous le froid vif de l'hiver. Il y avait autrefois de la végétation et des arbres le long du mur d'enceinte de l'aéroport... Il y a bien longtemps qu'ils ont été abattus pour en faire du bois de chauffage. Même les racines ont été déterrées à la main. Année après année, la guerre a laissé son empreinte partout. Carcasses de véhicules calcinés... cratères d'obus... murs lézardés de rafales... rouleaux de barbelés rouillés. Les environs de Kaboul ne sont plus qu'une planète morte où même les enfants se déplacent avec crainte. Tout est miné, en particulier à proximité des pistes. Engins antipersonnel, antichar, obus non percutés, on trouve de tout dans le secteur stratégique de l'aéroport. Certaines mines ont été posées par les Soviétiques, d'autres par les troupes de Najibullah puis enfin par les talibans eux-mêmes à leur arrivée au pouvoir en 1996. Contrairement à ce qui doit se faire, aucun des combattants n'a tracé le moindre plan de minage. Il y aura donc encore des milliers d'enfants mutilés en Afghanistan avant qu'il ne leur soit possible de se déplacer normalement.

Le Boeing est maintenant au centre de la piste face à l'est. Pas facile pour le pilote de se placer exactement au milieu de la bande de ciment. La peinture qui matérialise la ligne centrale a disparu depuis longtemps. Dans le poste de pilotage, l'équipage est prêt. Autorisation de la tour de contrôle...

Mise des gaz... Lâcher des freins. L'appareil accélère. Dès les premiers mètres, il est secoué de méchants à-coups au moment où les roues franchissent les irrégularités de la piste. Les amortisseurs talonnent bruyamment. Même les yeux fermés, les passagers savent qu'ils ne sont pas à Kennedy Airport. Puis enfin les roues quittent le sol.... Le train d'atterrissage rentre. La poussée est réduite immédiatement sur les trois réacteurs pour diminuer la consommation.

À cette heure matinale, il n'y a aucune turbulence. Le ciel est clair. Quelques secondes plus tard, l'appareil survole les rives du Kabul Rud. Dans la cabine, certains Tadjiks regardent le paysage qui défile sous les ailes de l'avion. Ils savent qu'ils ne reverront pas ces images de la banlieue de Kaboul avant longtemps.

Drôle de banlieue !

Construites à flanc de collines, les constructions anarchiques s'étendent loin vers l'est. Vues du ciel, les maisons paraissent intactes ; en réalité, chacun sait bien que ce ne sont plus que des ruines. Il n'y a plus rien... Le bazar est vide. La ville naguère si active se replie sur elle-même au rythme des couvre-feu religieux qui commencent tous les soirs dès 19 h 30.

Dans le poste de pilotage, c'est le commandant Said Mehdisaidi qui est aux commandes. L'autre pilote s'occupe des communications radio avec la tour de contrôle. Étant donné le peu de trafic aérien qui survole le pays, il n'a pratiquement rien à faire.

Après avoir atteint une hauteur de 1 000 pieds, Mehdisaidi vire à gauche pour prendre la direction du nord-ouest... cap au 340. Un coup d'œil à la montre de bord. Le calcul est vite fait, il atterrira à Mazar-el-Sharif dans vingt-trois minutes.

Tout autour, le paysage est d'une beauté époustouflante. À droite de l'appareil, on aperçoit les sommets de l'Hindu Kush qui culminent à plus de 7 000 mètres. Derrière les montagnes, c'est la frontière pakistanaise à moins de 150 kilomètres.

C'est environ cinq minutes après le décollage que tout commence...

L'avion est encore en montée et les consignes lumineuses « *Fasten Seat Belt* » sont toujours allumées. Pourtant, il y a soudain comme un signal parmi les passagers des premiers rangs. C'est un ordre aigu et bref lancé en dari. On dirait une voix de femme.

– Allez-y !

Le steward ne peut dire qui a poussé ce cri étrangement strident mais les réactions sont instantanées. Pratiquement dans la même seconde, plusieurs dizaines de passagers se lèvent de leur place.

Aussitôt, le navigant commercial réagit en saisissant le micro de son *public adress*. Il s'exprime en anglais d'une voix courroucée !

– *Please stay on your seat and keep your seat belt fasten... Please !*

Puis il répète ses instructions en dari. Naïvement, il pense que les passagers qui se lèvent ne sont que des novices qui ignorent les consignes de sécurité. À sa grande surprise personne n'obéit. Le plus étonnant, c'est que parmi les indisciplinés se trouvent des femmes. Détail inimaginable, trois d'entre elles soulèvent leur *burqa* et elles... l'enlèvent carrément. L'une est jeune et très belle. Comment osent-elles ? Pour le steward d'origine pashtoune[8], ce simple geste constitue

8. *Ethnie des talibans.*

une grave offense à Allah. Pourtant, l'homme n'est pas au bout de sa surprise car les pécheresses font bien pire.

Debout au milieu de la mêlée, elles relèvent les tissus qui recouvrent leurs jambes. Pendant une fraction de seconde, on peut apercevoir leurs mollets nus entre leurs chaussettes et leurs pantalons traditionnels de laine. Nul doute que dès leur arrivée à Mazar-el-Sharif, ces folles seront fouettées pour leur obscénité !

Mais il y a des bruits métalliques. Des claquements secs bizarres... Les armes dissimulées dans les sous-vêtements apparaissent au grand jour.

Ce sont des Makarovs ! Ces pistolets de fabrication soviétique ont échappé à la vigilance des talibans, justement parce que les femmes n'ont pas été fouillées. Aucun homme, pas même un policier, n'est autorisé à porter la main sur elles[9]. Comme il n'existe évidemment pas de portique de détection à Kaboul, les Afghanes ont pu passer une quantité impressionnante d'armement. En tout, il y a quatre pistolets avec dix-huit chargeurs... Cinq poignards traditionnels de chasse, longs et coupants... Deux détonateurs... Deux grenades quadrillées, et deux paires de menottes. Un arsenal suffisant pour impressionner l'équipage !

Dans l'avion, c'est soudain la confusion la plus totale. Il y a des cris et des ordres contradictoires. Les gens se bousculent, s'interpellent dans tous les dialectes. On ne sait plus qui est un pirate et qui est un passager normal.

Aussitôt, le chef de cabine appelle le poste de pilotage par interphone pour avertir le commandant. En fait, l'homme ne comprend toujours pas vraiment ce qui se passe. Il croit maintenant que certains passagers se disputent et sont sur le point de se battre.

– Je crois que nous avons une émeute à bord ! lance-t-il d'une voix tremblante.

Les pistolets changent de main à toute vitesse. On se répartit les armes. On fait passer les chargeurs vers l'avant. De toute évidence, les pirates font partie du groupe de Tadjiks qui prétendaient se rendre à un mariage. Combien sont-ils ? Personne ne peut compter sauf qu'ils semblent incroyablement nombreux. Tous les gens de la noce semblent

9. Il n'existe aucun policier du sexe féminin puisque les femmes n'ont pas le droit de travailler. Même dans les hôpitaux, les femmes brûlées ne sont pas soignées parce qu'aucun médecin n'est autorisé à toucher leur corps.

dans le coup ; cela fait près de 80 personnes... Pourtant l'ambiance dans la cabine laisse une étrange impression. Tout y est confus mais il n'y a pas de panique. Aucun des passagers ne semble effrayé comme on pourrait l'être lors d'une prise d'otages. À l'arrière, certains occupants de l'appareil frappent même dans leurs mains dans un signe de victoire.

Tout au long des heures qui vont suivre, les pirates vont libérer régulièrement des otages qui fourniront des informations sur ce qui se passe à bord. Tous les témoignages confirment cette première sensation : il ne s'agit pas d'une prise d'otages classique. Mohamed Bashir Mahal, un passager libéré, décrira les pirates comme des individus jeunes, entre 25 et 30 ans, portant des vêtements traditionnels Tadjiks et ayant une attitude plutôt « gentille ».

Quelles que soient les circonstances, ils n'insulteront jamais ni ne battront jamais personne. Mieux, ils prendront toujours grand soin de ne pas effrayer les enfants et leur offriront de nombreux cadeaux. Une attitude plutôt rare chez les terroristes...

Pour le moment, la confusion règne toujours dans la cabine mais personne n'est allé dans le poste de pilotage. Il y a un long conciliabule sur la conduite à tenir. Certains crient, d'autres murmurent. Puis finalement, quatre hommes se dirigent vers l'avant de l'appareil. Les femmes parlent très fort. Certaines même élèvent la voix comme pour donner des ordres. La porte du poste de pilotage est ouverte à la volée. Les Tadjiks pénètrent dans l'étroit réduit.

Ce n'est pas facile... avec les quatre membres d'équipage, la place manque pour que les pirates puissent tous rentrer. L'un d'eux reste donc dans l'encoignure de la porte, observant ce qui se passe par-dessus les épaules de ses complices. Un pistolet est braqué sur la tête du commandant de bord assis en place gauche. La pointe acérée d'un couteau vient se placer dans le dos du mécanicien navigant.

Le Tadjik qui tient le Makarov fixe le pilote d'un regard mauvais.

– *The plane is hijacked !*

Instinctivement, les hommes d'équipage lèvent les mains en signe d'obéissance. Plus tard, au cours d'une conférence de presse effectuée en Grande-Bretagne, le commandant Nabi dira que, dès l'irruption des Tadjiks dans le poste, il a immédiatement décidé de leur obéir.

– OK... OK... Ne tirez pas. Nous ferons ce que vous voudrez, lance-t-il d'une voix apaisante.

Malgré la bonne volonté affichée de l'équipage, le pirate qui braque l'arme semble redouter une manœuvre pour les rouler.

Il ordonne d'une voix dure :

– Attention... Interdiction formelle d'utiliser la radio tant qu'on n'a pas passé la frontière.

Aussitôt avec des gestes très lents, le commandant Nadi repose le micro qu'il tenait toujours dans la main.

– *No problem... No problem...*

Pendant quelques secondes, les quatre pirates échangent des propos dans une langue que l'équipage ne comprend pas.

Puis, celui qui semble être le chef reprend en dari :

– On veut aller en Europe. Vous allez nous emmener.

Le commandant secoue aussitôt la tête d'un air désolé.

– Ce n'est pas possible... Nous n'avons pas assez de carburant.

De nouveau, les pirates se lancent dans un long conciliabule incompréhensible. La seule chose qui paraît évidente à l'équipage, c'est que les agresseurs sont prêts à atterrir n'importe où... sauf en Afghanistan.

– Où est-ce qu'on peut aller chercher du carburant ?

C'est le commandant qui fait alors la proposition suivante.

– Si vous refusez d'aller en Afghanistan, il n'y a pas beaucoup de possibilités parce que je n'ai pas toutes les cartes. Actuellement, nous avons de quoi aller jusqu'à Tachkent... Si vous êtes d'accord.

La capitale de l'ancienne république soviétique de l'Ouzbékistan est à la portée de son avion. Il n'y a que 750 kilomètres entre Tachkent et Kaboul. Et par chance, le pilote dispose à bord de toutes les fiches aéronautiques pour effectuer la percée.

Les pirates ne répondent pas immédiatement. Celui qui était près de la porte décide de retourner quelques instants en cabine pour demander l'avis de ses compagnons. De toute évidence, il n'y a pas de chef dans le groupe. La plupart des décisions sont prises en concertation avec tout le monde. Et les femmes ont leur mot à dire...

L'homme revient quelques minutes plus tard avec un air serein.

– On est d'accord pour Tachkent.

Aussitôt, le commandant effectue un léger virage à droite vers le nord pour mettre le cap vers la capitale ouzbek.

En Afghanistan, l'alerte est donnée très rapidement. Il est évident que quelque chose d'anormal est arrivé à l'appareil. Le Boeing 727 aurait dû contacter la tour de Mazar-el-Sharif une quinzaine de minutes après son décollage de Kaboul.

Or il ne l'a pas fait...

À **14 h 30**, Mullah Hamidullah, responsable de la compagnie Ariana Airlines, annonce au micro de Radio Charia que l'avion a disparu des écrans radars[10] et qu'on craint qu'il ne se soit écrasé dans les montagnes de l'Hindu Kush. Il indique que des recherches sont lancées immédiatement pour retrouver l'épave. Les spécialistes aéronautiques s'étonnent de cette déclaration pour le moins surprenante. Comment l'avion aurait-il pu s'écraser sur des montagnes qui ne se trouvent pas sur la trajectoire entre Kaboul et Mazar-el-Sharif ? Étrangement, la compagnie est incapable de donner le nombre exact de passagers se trouvant à bord de l'appareil. On parle de 166 puis de 174 et enfin de 189. En réalité, il y a 188 passagers[11] et cinq membres d'équipage à bord...

Vers 15 heures, un commentateur officiel du gouvernement afghan corrige cette nouvelle et fait savoir que le Boeing ne s'est pas écrasé. Il a été attaqué par des « brigands dépravés, hostiles à la lutte purificatrice menée par les talibans pour établir un Islam pur ». D'après ses informations, l'appareil serait sur le point d'atterrir dans un pays étranger hostile au régime. Une demi-heure plus tard, toujours sur Radio Charia, le porte-parole du gouvernement afghan annonce que Mullah Mohamed Omar, chef des talibans, s'exprimera prochainement sur cet événement qui constitue une atteinte grave aux libertés.

Dans l'avion, les choses se passent de manière plutôt inhabituelle.

Deux pirates se relaient en permanence à l'intérieur du poste de pilotage pour surveiller les pilotes. Les deux hommes semblent faire des efforts pour parler durement au commandant de bord. Visiblement, ils veulent montrer que leur détermination est bien réelle.

En cabine, l'ambiance est plus décontractée. S'il n'y avait pas toutes ces armes bien visibles, on pourrait se croire à bord d'un vol normal. Debout dans l'allée centrale, les passagers discutent par petits groupes. On entend parler de nombreux dialectes afghans.

Chose impensable à Kaboul, toutes les passagères sans exception ont retiré leur *burqa*. Le visage découvert, elles discutent à haute voix

10. En fait, il n'y a pas de couverture radar en Afghanistan.
11. La capacité maximum du Boeing est de 189 places.

de la suite des événements. Elles sourient et semblent particulièrement heureuses de ce qui arrive.

Tout se passe comme si un vent de liberté s'était mis à souffler à l'intérieur de l'avion. Étrange atmosphère pour une prise d'otages ! Plus tard, lors des interrogatoires effectués par la police britannique, la plupart des passagers se révéleront incapables de dire qui faisait réellement partie des pirates et qui était passager innocent.

Pendant ce temps, la nouvelle du détournement tombe sur les téléscripteurs des agences de presse du monde entier. Pour le moment, les Occidentaux ne se sentent pas vraiment concernés par ce fait divers... L'Afghanistan ? l'Ouzbékistan ? C'est loin. Rares sont ceux qui sont capables de situer ces pays sur un globe terrestre.

Une heure après le début de la prise d'otages, l'équipage informe la tour de Tachkent qu'il vient de passer à la verticale du point Dalverzin. Il souhaite atterrir sur leur terrain. Il a pris l'ATIS[12] sur 126.8 et voudrait, si c'est possible, utiliser la piste 08 gauche. Cette piste mesure en effet 4 000 mètres de longueur et le pilote préfère prendre ses précautions. Étrangement, les contrôleurs ne répondent pas immédiatement. Il y a comme un moment de flottement.

Malaise ! Bien que les autorités ouzbeks ne connaissent la nouvelle du détournement que depuis quelques minutes, elles ont décidé de déclencher une intervention armée contre le Boeing. Les unités antiterroristes ont reçu l'ordre de se tenir prêtes. Difficile de comprendre la motivation des dirigeants ouzbeks ? Considèrent-ils que ce serait une bonne image pour leur régime s'ils parvenaient à résoudre ce problème très rapidement. Essaient-ils de renouer avec le régime des talibans qui les accuse de donner asile à des membres de l'opposition afghane ? Personne ne sait ! Le problème, c'est que les soldats ouzbeks n'ont pas la réputation d'agir dans la douceur. En outre, ils n'ont aucune idée de ce qui se passe à bord du Boeing : ils ne savent rien du nombre de pirates, de leur armement ou même de leur détermination. Ils ne savent même pas qu'il y a des enfants ! Dans ces conditions, il est évident qu'une intervention armée va se terminer dans un bain de sang.

Inconscients de la menace qui pèse sur eux, les occupants de l'appareil regardent la banlieue de Tachkent défiler sous les ailes. L'avion

12. Fréquence qui délivre un message enregistré donnant aux pilotes tous les paramètres d'atterrissage et les conditions météorologiques.

perd de l'altitude. Dans le poste de pilotage, Said Nabi reçoit le message de la tour de contrôle qui lui donne l'autorisation d'atterrir.

Il est **11 h 35** locales.

– *Ariana Flight. You are cleared to land runway 08 left. Wind 040, 10 knots.*

Dès qu'il est au sol, le Boeing doit aller jusqu'au bout de la 08 puis dégager par la droite pour remonter la piste 26 gauche à basse vitesse. Une fois que c'est fait, on lui demande de retraverser la piste sur laquelle il vient d'atterrir pour se positionner dans le secteur sud du terminal 2. Un long trajet qui exige plus d'un quart d'heure de roulage. Sans doute pour permettre la mise en place finale des unités d'intervention. Au moment où le commandant Mehdisaidi coupe enfin ses réacteurs, il transmet un message de la part des pirates.

– Tachkent, faites savoir aux autorités de votre pays que les pirates ont décidé de libérer une dizaine d'otages.

– Heu... Reçu...

– En échange de quoi, ils veulent que vous fassiez le plein de carburant de notre avion.

Nouveau malaise ! Difficile pour les Ouzbeks de refuser une telle offre ! C'est certainement la première fois que des pirates de l'air proposent d'eux-mêmes de libérer des passagers avant même qu'on le leur demande. Dans la plupart des cas, c'est le contraire qui se produit : les négociateurs doivent céder aux terroristes, ensuite ils obtiennent des otages en échange.

L'avion est à peine arrêté que l'escabeau arrière s'abaisse et que dix passagers descendent. Dans l'avion, la présence policière importante autour de la machine inquiète évidemment les passagers. Les unités d'intervention ne prennent même pas la précaution de se cacher. Ils pointent ostensiblement leurs armes en direction des hublots. Tout le monde semble comprendre qu'il suffit d'une étincelle. Pendant près de deux heures, la tension va monter. Les contacts radios sont d'une subtilité qui laisse rêveur...

– Vous libérez tous les otages sans condition et vous vous rendez ou nous donnons l'assaut.

– Si vous faites ça, vous ne trouverez que des morts !

Puis, brutalement, sans que l'on sache vraiment pourquoi, les dirigeants ouzbeks changent de stratégie. C'est un fait divers qui ne les concerne pas.

Plus vite, ils se débarrasseront de cet avion et moins ils courront le risque de se ridiculiser sur la scène internationale.

Vers **15 h 15**, une citerne vient se ranger à coté du Boeing. À l'intérieur de l'avion, l'arrivée des camions pétroliers est saluée par une salve d'applaudissements. Tout se passe alors très vite. Les avitailleurs procèdent au plein complet des réservoirs et quarante-cinq minutes plus tard, le Boeing est autorisé à rouler vers la piste en service.

Il décolle à **15 h 50**.

Bien que le commandant de bord n'ait pas déposé de plan de vol ni annoncé sa destination aux autorités ouzbeks, il sait déjà où il va : Moscou... La destination a été soigneusement étudiée en concertation avec les pirates. Plusieurs éléments ont été pris en compte pour choisir cette destination.

Le principal est bien évidemment l'autonomie réduite de l'avion qui ne lui permet pas de rallier Londres directement à partir de Tachkent. Moscou est sensiblement à mi-chemin.

Mais ce n'est pas le seul impératif qui les pousse à choisir la capitale russe... L'équipage ne possède pas les cartes aéronautiques indispensables pour atteindre la Grande-Bretagne.

Ces cartes éditées par la société américaine Jeppesen sont absolument vitales pour effectuer une arrivée aux instruments sur un aéroport. Le meilleur pilote ne parviendrait pas à poser son avion sans avoir ces précieux documents sous les yeux. Comme par ailleurs, certains des instruments de bord du Boeing sont en panne (une radio VHF est inutilisable et un des VOR n'est pas fiable), le commandant Mehdisaidi ne veut prendre aucun risque sans les cartes Jeppesen.

Sitôt après avoir quitté le territoire ouzbek, le pilote met donc le cap en direction de Moscou... Il y a environ 2 800 kilomètres à parcourir, ce qui représente un peu moins de quatre heures de vol. L'avion va survoler successivement la mer d'Aral, les steppes du Kazakhstan, l'Oural du sud, le Tatarstan, la Volga puis une dizaine de républiques et d'Oblast rattachées à la Fédération de Russie. Un voyage extraordinaire qui ferait rêver la plupart des touristes occidentaux. Pourtant, le commandant Mehdisaidi ne semble pas intéressé le moins du monde par le paysage.

Une heure et demie après le décollage, il fronce ses sourcils blancs et demande à parler à un des responsables tadjiks. Il semble très soucieux.

– Nous avons une fuite de carburant sur un des réservoirs. Regardez !

Le commandant pose le doigt sur une des jauges du tableau de bord. Celle-ci semble anormalement basse par rapport aux autres. Apparemment, le « soutier » ouzbek qui a fait le plein à Tachkent n'a pas pris garde que l'orifice de remplissage sous pression était défectueux. Il ne s'est pas rendu compte que le carburant s'écoulait de manière importante sous l'intrados.

Ce genre d'incident n'arrive pratiquement jamais sur un avion en bon état mais le Boeing afghan est à bout de souffle.

– Qu'est-ce qu'on doit faire ? interroge le pirate.

Le commandant n'hésite pas. Il a beau être habitué aux nombreuses pannes qui surviennent quotidiennement sur son avion, celle-là est particulièrement grave. Ils perdent trop de carburant pour pouvoir rejoindre Moscou dans ces conditions.

– Il faut qu'on trouve rapidement un aéroport pour refaire le plein et vérifier l'étanchéité du système.

– Qu'est-ce que vous proposez ?

Mehdisaidi examine soigneusement la carte de la région puis il annonce.

– D'après notre position, le plus pratique serait de trouver un terrain au Kazakhstan...

Je vais contacter le contrôle russe pour voir si on peut se poser quelque part. Il faut impérativement qu'on vérifie l'étanchéité de l'orifice de remplissage.

Le pilote examine longuement une carte fatiguée puis il propose.

– On pourrait aller à Aktyubinsk[13]. Ça ne nous fera pas un gros détour. Je vais leur dire que nous avons un problème technique sans donner trop de précisions.

Les pirates ne protestent pas. Ils font confiance au navigant.

Quelques minutes plus tard, l'information circule parmi les passagers.

– Il y a une fuite de carburant dans l'avion. On est obligé de se poser au Kazakhstan.

La nouvelle est accueillie avec consternation. Étrangement, la fuite

13. Aqtöbe. Dans l'Oural du Sud.

de kérosène semble inquiéter beaucoup plus les passagers que le fait d'être impliqué dans une prise d'otages. Puis quelques minutes plus tard, une autre nouvelle circule en cabine.

– On va profiter de l'escale à Aktyubinsk pour laisser partir dix otages supplémentaires. Quels sont ceux qui veulent quitter l'avion ?

On pourrait logiquement imaginer que les passagers vont se précipiter pour faire partie des heureux élus. Étrangement, il n'y a que trois volontaires et ce sont des Afghans d'origine kazakh ! Étrange prise d'otages où les prisonniers ne semblent pas vraiment pressés d'être libérés.

À **17 h 30** locales, l'équipage arrive en vue des lumières de la petite ville d'Aktyubinsk à gauche de l'appareil. Située au sud-ouest de l'Oural, la localité est perdue au fin fond des steppes. Le trafic sur l'aéroport y est très faible. Tout juste quelques avions de l'Aéroflot par semaine et des fonctionnaires qui s'ennuient à mourir. Malgré tout, le pilote afghan connaît l'esprit tatillon des contrôleurs kazakhs et il respecte scrupuleusement les corridors d'approche imposés.

C'est la piste 13 qui est en service et il suit donc le corridor numéro 5 qui va l'amener dans l'axe de la finale.

L'atterrissage se fait en douceur... Contrairement à ce qui s'est passé en Ouzbékistan, aucune unité d'élite militaire n'est présente sur le tarmac pour accueillir les pirates à leur arrivée sur le parking numéro 1. Seuls deux véhicules de piste et un groupe de démarrage viennent se ranger autour de l'appareil. Rien de plus que s'il s'agissait d'un vol régulier sans histoires. C'est seulement au moment où le commandant Mehdisaidi coupe ses réacteurs qu'il donne une explication sur la nature de ses problèmes à la tour de contrôle.

– Pour votre information, nous voudrions avoir la sécurité incendie. Nous avons une fuite de carburant sur un réservoir.

– Roger, on vous envoie les pompiers... Est-ce que vous avez également besoin de techniciens pour réparer ?

– Je ne pense pas... Notre mécanicien navigant croit savoir de quoi il s'agit. Nous devrions pouvoir réparer rapidement.

Du coup, les trois otages « libérés » descendent rapidement. Un vieil autobus vient les chercher. Un dernier au revoir, quelques accolades pour souhaiter bonne chance et les trois hommes disparaissent.

Pendant que le soutier kazakh refait le plein, le mécanicien navigant s'affaire sous l'aile du 727 pour colmater la fuite de carburant.

Comme l'équipage le pensait, il s'agit d'une panne récurrente au niveau de l'orifice de remplissage haute pression d'intrados.

Ce n'est pas la première fois que cela arrive sur cet avion. Et ce n'est certainement pas la dernière !

Au moment où le pilote annonce que la panne est réparée, le contrôleur kazakh demande s'ils ont besoin d'autre chose...

Un des pirates saisit alors le micro. Après quelques hésitations, il se met à parler en anglais.

– On demande également... la libération... d'Ismail Khan...

Étrange exigence, exprimée d'une voix un peu hésitante, presque timide. Aucun rapport avec les hurlements fanatiques que l'on pourrait attendre d'un terroriste déterminé.

L'homme dont les pirates exigent la libération est un opposant tadjik emprisonné depuis 1997 dans les geôles des talibans.

C'est un ancien gouverneur de la province d'Herat à l'ouest du pays. Bien qu'il soit en prison, il jouit d'un grand prestige en Afghanistan car il a été un des héros de la lutte armée contre les Soviétiques et il a la réputation d'être un homme juste. C'est la première fois que les pirates de l'air formulent une exigence ayant un caractère politique. Plusieurs indices laissent à penser que cette requête n'est qu'une initiative personnelle pour donner une crédibilité médiatique à cet étrange détournement.

Ainsi, quelques heures plus tard, l'opposition afghane réfugiée à Tachkent condamne fermement cette demande de libération d'Ismail Khan. La prise d'otages innocents lui paraît être une méthode barbare. Autre élément qui discréditera la demande de libération : le propre fils d'Ismail Khan publiera un communiqué de presse indiquant que son père n'acceptera jamais d'être remis en liberté de cette manière. C'est un chef de guerre et pas un terroriste qui prendrait des femmes et des enfants en otages. Ce sera la dernière fois que les pirates parleront de faire libérer un opposant aux talibans.

Une gaffe ?

L'escale au Kazakhstan ne dure pas plus d'une demi-heure. À **18 h 25**, le Boeing obtient l'autorisation de s'aligner sur la piste. La nuit tombe.

Le pilote met alors le cap au 310 en direction de Moscou. Un vol qui doit durer environ deux heures au-dessus de la Fédération de Russie.

Ce sera la première fois depuis novembre 1999 qu'un avion afghan survolera une route internationale. Une résolution de l'ONU a en effet instauré une forme d'embargo aérien sur les appareils du pays. Une manière détournée de condamner la politique discriminatoire des talibans.

Dans l'avion, la fatigue commence à se faire sentir. Il n'y a pas beaucoup de place. L'appareil est configuré en version « charter haute densité » pour une capacité maximale de 189 personnes. Du coup, les passagers se recroquevillent péniblement sur leurs sièges. Certains n'y tiennent plus et s'allongent carrément au milieu de l'allée centrale pour dormir. Les femmes sont assises aux côtés des hommes, elles sont toujours à visage découvert. Personne ne parle...

Seuls quelques enfants jouent en silence dans le *galley* arrière. Pour le steward, il est toujours aussi difficile de savoir avec certitude qui sont les pirates et qui sont les passagers innocents. Bien sur, il y a quelques visages caractéristiques dont il comprend immédiatement dans quel camp ils sont.

Ce sont ceux, en particulier, qui se rendent fréquemment dans le poste de pilotage avec des armes à la main. Mais tous les autres passagers ont une attitude beaucoup plus ambiguë.

Depuis l'atterrissage à Tachkent, certains ont totalement changé d'attitude vis-à-vis des pirates. Non seulement ils semblent les trouver sympathiques mais ils commencent à prendre parti en dénonçant avec virulence le régime des talibans. Et de toute évidence, il ne s'agit pas d'un syndrome de Stockholm car depuis le début de ces événements, les preneurs d'otages n'ont jamais menacé les passagers ni fait preuve de la moindre brutalité à leur encontre.

Mieux, les jeunes femmes ont distribué des gâteaux de mariage aux enfants pour les rassurer. Certaines ont même joué avec eux.

Il y a maintenant près de neuf heures que l'appareil a quitté Kaboul. À mesure qu'il se rapproche de l'Europe, les médias occidentaux commencent à s'intéresser à ce détournement. Dans les agences de presse, les dépêches se multiplient.

À **22 h 55**, le Boeing atterrit sur la piste 02 de Moscou Vnukovo à l'ouest de la capitale. Il fait nuit et un vent glacial souffle sur la ville enneigée.

La encore, les forces de sécurité ne sont pas en vue. De toute évidence, les Russes ne tiennent pas à garder longtemps le Boeing sur leur territoire. Syndrome de la défaite ou volonté de ne pas envenimer les choses avec leurs anciens ennemis, tout ce qui touche à l'Afghanistan, rappelle de très mauvais souvenirs.

Tout va donc être fait pour que l'escale des pirates soit la plus brève possible. Alors que l'appareil n'est même pas arrivé à son parking, la tour de contrôle appelle le commandant de bord :

– Est-ce que vos agresseurs ont des exigences particulières à formuler ?

Aussitôt, le commandant Mehdisaidi se retourne vers les deux hommes qui se trouvent derrière lui.

– Ils veulent savoir ce que vous voulez !

Surpris par la soudaineté de la question ; les pirates discutent un moment dans leur langue avant de répondre. Visiblement, cette fois, il n'est plus question de demander la libération de qui que ce soit ou de se revendiquer d'un quelconque mouvement d'opposition.

Il faut aller à l'essentiel.

Un homme prend le micro.

– On veut faire le plein des réservoirs. Il nous faut également de la nourriture et des boissons. Si tout se passe bien, on libérera dix otages supplémentaires.

Notre équipage a également besoin de cartes aéronautiques pour la suite du voyage. Ils vous expliqueront ça eux-mêmes en détail !

La réponse du contrôleur arrive immédiatement. Elle est plutôt encourageante.

– Roger, nous allons faire le maximum pour vous aider...

Les pirates procèdent comme ils l'ont déjà fait jusqu'ici. Avant même que leurs exigences ne soient réalisées, ils libèrent les otages promis. Il n'y a aucune femme parmi les candidats à la liberté et, encore une fois, les volontaires ne se bousculent pas. Contrairement à leur promesse, il n'y a que neuf volontaires pour quitter l'appareil...

Les pleins de carburant sont effectués très rapidement. On apporte des bouteilles d'eau et de la nourriture... Les plats ne sont pas particulièrement appétissants mais la cuisine dans les aéroports russes n'est pas réputée pour sa finesse.

Une heure et demie plus tard, l'avion est prêt. Pourtant il ne peut pas repartir car l'exigence la plus importante n'a pas été satisfaite. Il manque les cartes aéronautiques. Celles-ci n'arriveront que trois heures plus tard. Elles devront être empruntées à un équipage étranger et certaines fiches de percée seront tout simplement reproduites sur la vieille photocopieuse de la tour de contrôle.

Ce n'est qu'à **2 h 15** du matin que le Boeing commence à rouler. On est maintenant lundi 7 février 2000. Il y a exactement seize heures et cinquante minutes que l'avion a quitté l'aéroport de Kaboul.

Le vol jusqu'à la Grande-Bretagne se déroule sans aucun incident.

Méthodiquement, les pirates organisent un tour de garde dans le cockpit pour surveiller les pilotes. Les autres dorment sans crainte au milieu des passagers. Seules quelques femmes discutent à voix basse. Les enfants qui jouaient à l'arrière se sont finalement endormis sur place dans une promiscuité étonnamment paisible.

Grâce au départ des otages, il y a maintenant un peu plus de place disponible dans l'avion. Par endroits, les accoudoirs ont été relevés et certains veinards peuvent utiliser trois sièges côte à côte pour s'allonger.

Tout est paisible. Difficile d'imaginer qu'on se trouve dans un avion qui vient de parcourir plusieurs milliers de kilomètres sous la menace de pirates ! Les 2 500 kilomètres entre Moscou et Londres sont effectués en 3 h 10 minutes. Volant au niveau 290, le Boeing survole successivement la Lettonie, puis la Lituanie.

Il traverse ensuite la mer Baltique, avant de passer à la verticale de Hambourg. Une demi-heure plus tard, il est pris en charge par le centre aérien de London Control sur la fréquence 120.65. Le radar d'Essex le dirige alors vers l'aéroport de Stansted situé à 50 kilomètres au nord de Londres.

Pourquoi Stansted ?

Dans un premier temps, les pirates ont demandé à atterrir sur l'aéroport d'Heatrow mais les autorités britanniques, prétextant l'importance du trafics aérien, n'ont pas accepté. Elles préfèrent Stansted qui est mieux adapté à la gestion délicate des avions détournés. Le terrain possède en effet une aire dégagée totalement isolée des appareils commerciaux. En outre, tous les spécialistes du terrorisme aérien sont basés dans les environs y compris les célèbres commandos britanniques SAS.

Depuis près de quatre heures, les Anglais savent que l'avion vient chez eux. Ils ont déclenché le branle-bas de combat pour le recevoir : psychologues, unités d'élite, spécialistes des écoutes radio sophistiquées et bien évidemment représentants du gouvernement en liaison permanente avec les responsables et le ministre de l'Intérieur Jack Straw. Tout ce beau monde est réuni au sein d'une cellule de crise qui a établi son quartier général dans la tour de contrôle.

Chacun est bien conscient qu'on ne peut pas faire n'importe quoi avec cet appareil ! Il reste plus de 150 personnes à bord de l'avion. Et il y a des femmes et des enfants.

Diplomatiquement, les choses ne se présentent pas bien car le gouvernement afghan exige en termes violents que l'assaut soit donné par les commandos anglais dès que l'appareil sera en territoire britannique. Les talibans semblent oublier que quelques jours plus tôt, « pour des raisons humanitaires », ils ont eux-mêmes refusé de donner l'assaut contre un Airbus A300 d'Air India détourné sur l'aéroport de Kandahar.

Au petit matin, le Boeing franchit la côte anglaise en survolant la balise de Clacton. Quelques minutes plus tard, il exécute un large virage par la gauche et vient se poser sur la piste 23 de Stansted Airport. Dès qu'il se trouve sur le taxiway, la tour de contrôle le dirige vers l'aire spéciale qui lui a été réservée. C'est un parking isolé près d'une petite butte de terre. Grâce à un épais rideau d'arbres, l'endroit est parfaitement protégé des curieux.

Pour avoir des images, les journalistes devront travailler à partir de l'enceinte d'en face et se résoudre à utiliser de puissants téléobjectifs. La topographie des lieux permet en outre de mettre discrètement en place les commandos d'intervention des SAS. Les hommes peuvent se placer à quelques mètres de l'avion tout en restant parfaitement invisibles des occupants à l'intérieur de la cabine. Une fréquence spéciale est attribuée à l'appareil de sorte que les négociations puissent se dérouler à l'abri des oreilles indiscrètes. Car le gouvernement anglais a très vite compris que les revendications des pirates ne doivent surtout pas être révélées au public ! Trop délicates à gérer !

À l'intérieur de l'appareil, les passagers se réveillent peu à peu. Il n'y a eu aucune réaction au moment où les roues ont touché le sol mais, quelques secondes plus tard, tout le monde s'est précipité aux hublots pour voir à quoi ressemblait l'Angleterre. Pour certains, la déception est forte... Tout est sombre et triste ! Plus rien de commun avec le soleil éclatant qui règne en permanence sur l'Afghanistan. On est au nord de Londres en plein mois de février et, comme d'habitude, un épais brouillard recouvre la campagne anglaise. Les enfants viennent se blottir dans les bras de leur mère. Personne ne parle. On devine que les femmes ont le cœur gros. Même si elles sont enfin arrivées dans un pays où les droits de l'Homme se confondent avec ceux de la Femme, elles vont devenir des immigrées.

Dans le poste de pilotage, Mehdisaidi coupe ses réacteurs. Après toutes ces heures de vol, c'est enfin le silence. Voilà presque vingt heures que l'équipage n'a pas fermé l'œil. Les quatre navigants sont complètement épuisés.

– Il faut que je dorme un peu, lance le commandant à ses geôliers... Prenez la radio et discutez avec eux, moi je n'en peux plus !

C'est alors le début d'une très longue négociation entre les pirates et les Britanniques. Près de quatre-vingt-dix heures de palabres... À mesure que le temps passe, les autorités anglaises vont se rendre compte que la situation est beaucoup plus compliquée qu'elle ne le semblait au début.

Dès lors, la consigne est claire : les médias ne doivent surtout pas être mis au courant des propos qui sont réellement échangés entre les deux parties.

Au cours de la première conférence de presse, le porte-parole des négociateurs va donc noyer le poisson. Il commence par donner quelques informations techniques : les pirates ont souhaité qu'on leur apporte de la nourriture et des boissons. Ils veulent que les toilettes de l'avion soient vidangées. Ils ont également demandé qu'on leur donne des médicaments pour soigner les maux d'estomac car il semble que la nourriture reçue au cours de l'escale de Moscou n'ait pas été de première qualité. Une dizaine de passagers souffrent de diarrhées aiguës. Deux enfants sont malades, parmi les vingt-trois qui se trouvent à bord.

On apprend ensuite que, malgré les circonstances, les pirates sont remarquablement calmes... Aucun cri. Pas vraiment de menaces.

Ils semblent former un groupe très homogène, ce qui rend les négociations difficiles car ils se relaient au micro pour palabrer. Même les femmes viennent parfois discuter.

– Quelles sont leurs revendications ?

Pour répondre à cette question bien embarrassante, le porte-parole va lâcher une étrange information : « Il faut s'attendre à ce que les négociations soient longues car les pirates n'ont pas de revendications précises. »

Un bel exemple de langue de bois !

L'homme explique avec force détails que, dans une prise d'otages, la technique utilisée par les spécialistes est toujours la même : dès qu'on connaît les exigences des pirates, on leur demande ce qu'ils peuvent vous donner en échange. S'ils ne donnent rien, on prétexte l'impossibilité technique de satisfaire leur désir. Il faut discuter... En général, c'est long mais ça marche. Sauf que dans le cas présent les Afghans ne demandent que de la nourriture, de l'eau et des médicaments... Difficile de leur refuser !

Ils ne demandent rien d'autre ? Voire ! Pourquoi donc seraient-ils venus spécialement à Londres ?

Bien sûr, un diplomate britannique répète à qui veut l'entendre que les Afghans exigent la libération d'un « prisonnier détenu à Kandahar » mais personne n'y croit plus. C'est de la désinformation.

Car les pirates ont bien une exigence : ils ne sont pas venus en Angleterre par hasard mais ont agi selon un plan parfaitement préparé ! Ils veulent obtenir l'asile politique.

On comprend bien que les Britanniques n'aient aucune envie de divulguer cette information car ils ne savent pas quoi faire.

Les renvoyer ? Où ? Sûrement pas en Afghanistan. Dans un autre pays ? Personne n'en voudra et, de toute façon, le problème ne se pose pas car les pirates ne veulent plus redécoller ! Les garder comme réfugiés politiques ? C'est ouvrir les portes des aéroports britanniques à des milliers de demandeurs d'asile qui vont se transformer en « pirates de l'air amateurs ».

Vers 9 heures du matin, pour montrer leur bonne volonté, les « terroristes » laissent débarquer cinq passagers (à moins que ce ne soit cinq pirates). Les hommes sont immédiatement emmenés dans les locaux de la police pour un débriefing sur leurs conditions de détention à bord de l'avion. L'entretien n'est pas facile. Les passagers parlent mal l'anglais et les traducteurs ne comprennent pas leur dialecte.

Après des efforts laborieux, on parvient malgré tout à comprendre que tout va bien à bord. Les pirates sont très gentils avec tout le monde et ils ne brutalisent personne. On aurait été étonné du contraire ! Quatre heures plus tard, trois nouveaux otages sont libérés. Mêmes questions et même absence de réponse... Qui sont-ils réellement ?

Les heures passent. Lentement... Une nouvelle nuit tombe sur l'appareil. À plusieurs centaines de mètres du parking, les caméras infrarouges des journalistes surveillent l'avion en permanence. Rien ne se passe. Seule une petite lumière dans le poste de pilotage atteste que les discussions se poursuivent. Le plus étonnant, c'est que ce sont les pirates qui manifestent le désir de parler. Après tant d'heures de palabres, les négociateurs britanniques sont littéralement épuisés par le besoin d'épanchement des Afghans...

Quant à l'équipage, il est également à bout de souffle. Les quatre hommes voudraient bien, eux aussi, que les conversations cessent pour pouvoir fermer l'œil. Mais les « négociations » se poursuivront jusqu'à 5 heures du matin sans interruption... Elles reprennent dès l'aube du mardi 8 février. Ce sont les pirates qui rappellent la tour. Ils semblent inquiets. Il faudrait de nouveaux médicaments plus efficaces pour les malades. Certains otages ont passé une nuit très difficile. Les diarrhées sont de plus en plus nombreuses. De nouveaux enfants sont atteints... Les policiers suggèrent, du bout des lèvres, de les laisser partir mais ce sont les parents qui refusent. Une fois de plus, l'ambiguïté de la situation est flagrante. Les pirates et les otages sont si intimement mêlés qu'on ne sait jamais à qui l'on a affaire.

Parmi les « occupants » de l'appareil, un homme semble beaucoup plus malade que les autres. Ce sont alors les pirates eux-mêmes qui proposent de le laisser partir pour qu'il puisse recevoir des soins.

Il est évacué dans le courant de la matinée.

Après qu'un nouveau stock de médicaments ait été livré, les tractations reprennent à la radio. Bien que le porte-parole des négociateurs soit toujours très discret, on commence à apprendre que le principal sujet de conversations concerne les souffrances que les Tadjiks endurent dans leur pays... Et les femmes ne sont pas les dernières à venir discuter au micro :

– Est-ce que vous avez la moindre idée de ce que représente notre vie quotidienne en Afghanistan ?

– Pour nous, là-bas, il n'y a pas d'autre solution que de mourir... Alors vous pouvez bien nous attaquer et nous massacrer. Ça ne changera pas grand-chose.

Confrontés à tant de désespoir, les négociateurs finissent parfois par oublier le but réel de leur mission. Difficile de ne rien ressentir... Ils deviennent des confidents aussi bien que des psychiatres.

– Racontez-nous si vous en avez envie...

Les Afghans ne se font pas prier. Ils décrivent les brimades quotidiennes, les exécutions sommaires, les mains coupées, les femmes qui meurent par manque de soins, la police religieuse omniprésente, la dictature démente...

Situation inédite où des spécialistes de la violence ne savent plus s'ils doivent se préparer à éliminer des criminels ou à délivrer des victimes. Alors, vient la question posée des centaines de fois, et à laquelle ils doivent toujours apporter la même réponse...

– Que demandez-vous aux autorités britanniques ?

– Nous sollicitons l'asile politique... pour tous les passagers qui en feront la demande... sans exception !

– Ce n'est pas possible...

– Alors nous resterons dans l'avion jusqu'au bout. Et il faudra nous tuer !

C'est dans la nuit de mardi à mercredi que l'affaire prend une autre dimension. Un événement unique dans les annales du transport aérien va en effet se produire en direct devant les caméras des journalistes.

Ce soir-là, à mesure que l'obscurité tombe sur l'aéroport, le rythme des conversations se ralentit. À bord du Boeing, tout le monde est épuisé. Malgré les antibiotiques, il y a toujours beaucoup de malades. Certains ont perdu plusieurs kilos à force de déshydratation.

Même si les candidats à l'exil se relaient régulièrement au micro, le découragement commence à se faire sentir. Chacun croyait que les choses seraient plus faciles...

Du coup, dans le poste de pilotage, les quatre navigants ont demandé à pouvoir rester seuls pendant la nuit. Depuis l'atterrissage à Stansted, ils ne se sont jamais vraiment reposés. À tout instant, ils ont été dérangés par des appels radios et des allées et venues dans le poste.

Un peu désorientés, les pirates ont finalement accepté de mettre les radios sur « off » pendant la nuit. Ils ont même proposé à l'équipage de venir dormir avec eux sur un bout de moquette près du *galley* avant.

Mais les pilotes ont refusé.

– Nous avons pris l'habitude de dormir sur nos sièges, c'est assez confortable. De toute façon, vous n'allez pas nous demander de décoller demain matin, n'est-ce pas ?

La boutade a fait sourire.

– Je crois qu'on est dans ce pays pour un bon bout de temps, a répliqué une jeune femme avec un bébé dans les bras.

La porte du poste de pilotage s'est alors refermée sur les quatre navigants. En moins d'une heure, il n'y a plus eu aucun bruit dans l'appareil. Alors, en plein milieu de la nuit, les quatre hommes ont déverrouillé la vitre latérale droite. Avec d'infinies précautions, ils ont déroulé la grosse sangle orange qui permet l'évacuation de l'équipage en cas d'urgence. Un dispositif de secours qu'ils n'ont jamais utilisé autrement que lors des très rares entraînements de sécurité imposés par la compagnie.

La sortie n'a pas été facile. Les navigants sont âgés. Ils ont eu beaucoup de mal à se glisser par l'ouverture mais ils y sont finalement arrivés. Et ils se sont laissés descendre jusqu'au sol sans un bruit. Le monde entier a pu voir ces images verdâtres, filmées dans l'obscurité grâce à des intensificateurs de lumière.

N'ayons pas peur des mots : elles sont honteuses…

Le métier de pilote est porteur de lourdes responsabilités. En d'autres temps, Guillaumet s'est écrasé dans les Andes avec son avion. Il a marché des journées entières dans la neige sans jamais abandonner le sac de courrier qu'on lui avait confié… Ce n'était que des lettres !

Des navigants abandonnant leurs passagers ! Fatigue, menaces, découragement… Quelles que soient les circonstances, l'attitude est impardonnable. Un commandant de bord est responsable des vies qui lui ont été confiées, il ne peut pas sauver sa peau en laissant ses passagers derrière lui.

Lorsqu'une heure plus tard, les pirates découvrent la fuite de l'équipage, ils piquent leur première vraie colère depuis le décollage de Kaboul.

Les femmes s'en prennent alors au dernier membre de l'équipage encore à bord : le steward. On lui tire la barbe. On l'insulte.

– Vous les Pashtouns, vous êtes tous des lâches…

– Vous n'êtes bons qu'à battre les femmes !

L'homme est poussé sans ménagement dans l'escalier. Au passage, il se cogne contre le montant latéral de l'escalier. Par chance, il n'a qu'une légère égratignure à la tête. Sans gravité…

Il s'éloigne dans la nuit sous les quolibets.

– Va rejoindre tes chefs et n'oublie pas de prier…

Le steward a énormément de chance d'avoir eu affaire à des amateurs au cœur tendre. En d'autres circonstances et avec d'autres pirates, il aurait fini sur le parking avec une balle dans la nuque. Le dénouement de cette affaire se produit deux jours plus tard dans la nuit.

À 3 h 30 du matin, un premier groupe de 85 passagers débarque lentement par l'escalier arrière. Il fait encore nuit. Ce sont pour la plupart des femmes et des enfants qui affrontent soudain la petite pluie froide. Les visages sont fatigués. Les yeux sont vides... Éblouis par les gyrophares des voitures de police, les gamins se collent contre leur mère...

À 5 h 40, ce sont les hommes qui descendent à leur tour. Ils sont une soixantaine en tout. Les bras en l'air. Ils ne portent aucune arme sur eux. Qui sont les pirates et qui sont les passagers ? Les policiers auront bien du mal à trouver des coupables.

Ils réussiront malgré tout à confondre quelques agresseurs grâce aux photos prises pendant que ceux-ci parlaient dans le poste de pilotage.

Cette affaire peu banale aura duré cinq jours. Le bilan final est étonnant :

Hormis l'égratignure sur le front du steward, il n'y a eu aucun blessé... C'est d'autant plus étonnant de la part de ressortissants venant d'un pays réputé pour sa violence quotidienne.

Le jour même, 74 personnes demandent l'asile politique (60 adultes et 14 enfants).

Tous sont autorisées à rester sur le territoire britannique, mais le ministère de l'Intérieur leur fait savoir immédiatement qu'il faudra attendre plus de treize mois avant d'obtenir une réponse.

Il faut trouver les coupables... Pas facile... 21 suspects sont arrêtés. Ils risquent les peines très lourdes prévues par la loi anglaise pour punir les auteurs de détournements d'avion.

Les autres passagers acceptent de rentrer en Afghanistan. Un charter est rapidement affrété par une organisation humanitaire suisse pour les rapatrier. Parmi eux, certains souhaitaient rester en Grande-Bretagne, mais les autorités ont réussi à les convaincre qu'ils seraient mieux dans leur pays.

L'affaire fait grand bruit en Angleterre. Au Parlement, le ministre de l'Intérieur, Jack Straw, doit expliquer ce qui va arriver aux « occupants » de l'appareil. Leur cas sera étudié individuellement en tenant compte des spécificités de chacun.

La Grande-Bretagne ne veut surtout pas que l'on puisse croire que le détournement d'un avion est le moyen le plus pratique pour obtenir l'asile politique.

En Afghanistan, les réactions sont diverses. Le président de la compagnie Ariana Airlines se déclare très satisfait du dénouement de l'affaire. Il demande simplement qu'on lui rende son Boeing le plus rapidement possible afin de l'utiliser pour les pèlerinages à la Mecque…

Fous de rage, les talibans exigent que tous les passagers déserteurs soient sévèrement punis. On aurait été étonné du contraire !

Il n'y a toujours pas de portiques de détection à l'aéroport de Kaboul. Les hommes n'ont toujours pas le droit de fouiller les femmes. Et celles-ci n'ont toujours pas le droit de travailler… Alors des voix s'élèvent chez les religieux pour demander que, pour des raisons de sécurité, les femmes n'aient plus le droit de prendre l'avion, même accompagnées de leur mari !

C'est certainement le meilleur moyen pour améliorer la sécurité des transports aériens !

L'AIRBUS EST ABATTU PAR L'US NAVY

3 juillet 1988.
Golfe Persique...

La situation est explosive...

La guerre entre l'Iran et l'Irak dure depuis huit ans. C'est un conflit épouvantable qui a déjà fait près d'un million de morts. Le grand public suit l'affrontement avec une certaine indifférence. Le golfe Persique, c'est loin... Au bout de toutes ces années, rares sont ceux qui réalisent vraiment que cette lutte pour le *Shott El Arab* peut avoir des répercussions considérables sur les économies occidentales.

Pourtant, de nombreux États sont impliqués directement ou indirectement dans le conflit. Ainsi, les monarchies du Golfe soutiennent financièrement Saddam Hussein car elles craignent de voir la contagion islamique se répandre chez elles. Ce sont la France et l'URSS qui vendent des armes à l'Irak.

L'Iran est soutenu ouvertement par la Syrie et par la Libye.

Quant aux États-Unis, officiellement, ils sont neutres mais cela ne les empêche pas de fournir des renseignements militaires aux Irakiens et... d'expédier discrètement des armes à l'Iran. Une politique dangereusement ambiguë.

C'est l'Irak qui a pris l'initiative d'attaquer l'Iran le 22 septembre 1980. Certain de remporter une victoire éclair, Saddam Hussein a franchi la frontière iranienne en fanfare... avant de se heurter à une résistance inattendue de la part des armées de l'Ayatollah Khomeiny. Rapidement, il a été obligé de battre en retraite sur son territoire. Le front est alors devenu une boucherie infâme dans lequel aucun des adversaires n'a plus remporté de victoire décisive. Année après année, les nouvelles du front sont toujours les mêmes.

Elles se résument à des photos publiées en quadrichromie dans les grands hebdomadaires à sensation occidentaux : des cadavres gisant par centaines sur des champs de bataille labourés par les obus.

Pour tenter d'asphyxier mutuellement l'économie de leur adversaire, les deux belligérants changent alors de tactique. Ils décident d'attaquer systématiquement tous les tankers qui circulent dans le golfe Persique en direction des ports pétroliers adverses.

Du côté des Iraniens, les Gardiens de la Révolution utilisent des vedettes rapides. Ils harcèlent les supertankers qui transportent du pétrole en provenance des monarchies du Golfe.

Certains sont coulés. Pour contrer cette stratégie dévastatrice, les États-Unis délivrent généreusement des pavillons américains à des bâtiments appartenant à leurs alliés du Golfe. On voit ainsi des navires koweïtiens naviguer tranquillement sous pavillon américain. Cette situation pour le moins confuse est évidemment la source de bavures graves.

C'est le 17 mai 1987 que la première gaffe se produit… Un Mirage F1 irakien attaque « par erreur » un navire de guerre américain. Le missile Exocet touche la frégate *Stark* de plein fouet et fait 37 morts parmi son équipage.

Les experts supposent que l'attaque irakienne était intentionnelle et avait pour but de provoquer une réaction des États-Unis. Rien n'a jamais été prouvé.

Suite à ce drame, le Pentagone décide d'envoyer d'importants renforts navals dans le Golfe. Il s'agit d'escorter et de protéger les navires alliés des USA car il faut garantir par tous les moyens l'approvisionnement en pétrole de l'Occident.

Parmi les navires de guerre envoyés sur place en 1988 se trouve l'*USS-Vincennes (indicatif CG 49)*…C'est au cours de cette campagne dans le golfe Persique que ce bâtiment va devenir tristement célèbre.

L'*USS-Vincennes* est un très beau navire. C'est même ce que les arsenaux américains ont fait de mieux dans le milieu des années 1980… 9 600 tonnes… 60 kilomètres à l'heure (32 nœuds)… Quatre turbines à gaz avec hélices à pas variables et reverse… Deux gouvernails…

À bord, il y a 353 engagés et 27 officiers. Et un armement à faire frémir les ennemis les plus déterminés : une merveille technologique.

Tout y est ultramoderne puisque, à l'époque de ces événements, le bateau n'est en service que depuis trois ans.

Équipé du système AEGIS, ce navire lance-missiles est capable de détecter et d'attaquer simultanément jusqu'à 200 cibles potentielles. Des cibles qui peuvent être sous-marines, en surface ou… aériennes[2].

Il embarque également deux hélicoptères Seahawk SH-60 B qui peuvent évoluer à partir de la plate-forme située à l'arrière du navire.

Pourtant, malgré cette profusion de sophistication, le navire ne jouit pas d'une bonne réputation… Les marins de l'US Navy le surnomment *« Robocruiser »*, un jeu de mots évoquant le film *Robocop,* histoire d'un policier mi-homme mi-robot qui rétablit l'ordre à sa manière… très musclée. Les hommes de la Navy ne mettent pas en cause les performances du navire mais ils ironisent plutôt sur les capacités de son commandant à réfléchir avant de sortir ses armes.

Étrange personnage en effet que l'homme qui commande l'*USS Vincennes*… Il s'appelle Will Rogers III ! Et il va laisser un souvenir cuisant de son passage dans l'US Navy…

Il est *Captain* de ce beau bâtiment depuis un an et n'a jamais été engagé dans aucun conflit. Auparavant, il était dans les bureaux à l'Amirauté. Les mauvaises langues murmurent qu'il a obtenu ce commandement très convoité davantage par ses relations haut placées que par des compétences qu'il n'a jamais eu l'occasion de démontrer en mer.

Ce qui va se produire en ce début d'été 1988 va confirmer de manière irréfutable la mauvaise réputation du commandant de l'*USS-Vincennes.*

Tout commence le 3 juillet au petit matin.

Le jour se lève lorsque l'officier de quart vient réveiller le commandant Will Rogers dans sa cabine.

– *Excuse me Sir,* mais nous venons de recevoir un message très urgent.

– Je vous écoute…

*2. L'armement de l'*USS-Vincennes *comprend :*
– le système AEGIS MK 7 MOD 5,
– deux canons MK 45 et MK 54,
– deux VLS MK 41,
– deux lanceurs de missiles Harpoon,
– deux tubes lance-torpilles MK 32,
– deux canons CIWS (Close In Weapons System) MK 45.

Le rapport de l'officier est bref et concis : les choses bougent dangereusement dans le détroit d'Ormuz.

Un supertanker et un navire marchand allemand sont harcelés par sept vedettes iraniennes qui tournent autour en frôlant leur étrave. On craint que les Gardiens de la Révolution n'ouvrent le feu.

Le message provient de l'*USS-Elmer-Montgomery*, une frégate de l'US Navy qui se trouve déjà sur place. Pour l'instant, la frégate peut faire face aux Iraniens sans difficulté mais si, par hasard, les choses tournaient mal, elle ne disposerait pas d'une puissance de feu suffisante pour frapper tous ses adversaires simultanément. De lui-même, le commandant du *Vincennes* décide d'intervenir.

Les événements se déroulent à 50 miles au nord-est de sa position. Ce n'est pas un problème. Son navire est rapide, il peut arriver sur place en une heure et demie…

À 6 h 33, il ordonne de mettre les machines « en avant toutes » pour se porter au secours des deux navires civils.

Vingt minutes plus tard, la frégate *Elmer-Montgomery* transmet un nouveau message. Il y a maintenant treize vedettes iraniennes qui harcèlent les deux navires civils. Ceux-ci ont mis en panne au milieu du détroit et ils attendent stoïquement que l'orage cesse… Mais les choses ne semblent pas s'arranger. **À 7 h 11**, la frégate *Montgomery* appelle le quartier général de la flotte américaine à Bahreïn pour l'informer que les Iraniens tirent… Il y a eu sept explosions…

Le supertanker n'a pas été touché mais des obus sont tombés à 500 mètres devant son étrave. Visiblement, les tirs sont davantage destinés à intimider qu'à couler les navires civils. À ce moment, le Q. G. de la Navy contacte l'*USS-Vincennes* pour lui ordonner de se porter au secours des navires marchands.

– *No problem…* Je suis déjà en route depuis près de quarante minutes, réplique Rogers presque fièrement.

Étant donné l'urgence de la situation, le Q. G. acquiesce et ne proteste pas, mais certains gradés s'émeuvent discrètement en voyant le commandant du *Vincennes* prendre une initiative personnelle aussi rapidement. Les types de l'Amirauté se demandent si Will Rogers est bien l'homme qu'il faut envoyer pour jouer les arbitres au milieu de l'imbroglio du golfe Persique. La rumeur dit de lui qu'il aurait la gâchette facile et qu'il serait à la recherche d'un champ de bataille pour y récolter quelques médailles.

Il est 8 h 38 lorsque l'*USS-Vincennes* arrive sur les lieux.

Apparemment, le calme est revenu. Les vedettes iraniennes se sont considérablement éloignées des navires civils. La présence de la frégate *Elmer-Montgomery* semble les impressionner et elles se maintiennent à bonne distance. À travers la brume de chaleur, on distingue à peine leur silhouette minuscule à cinq kilomètres vers le sud.

Les deux navires civils se préparent à repartir... L'un se rend à Dubaï, l'autre en arrive. L'incident pourrait s'arrêter là si le commandant Rogers ne décidait de marquer le coup en fonçant à toute vapeur sur les Iraniens.

– On va leur foutre un peu la trouille, lance-t-il à son second.

Ce dernier fait remarquer que cela risque de relancer les hostilités, mais Will Rogers ne veut rien savoir.

– En avant toute... Il faut qu'ils sachent qui nous sommes, insiste-t-il.

En voyant le croiseur se précipiter sur eux, les Iraniens prennent la fuite en direction des eaux territoriales du sultanat d'Oman. Quelques minutes plus tard, ils franchissent allégrement la ligne de démarcation, persuadés que le commandant du croiseur n'osera pas les suivre. Qu'importe... Will Rogers les poursuit... Visiblement, il se moque totalement des conséquences diplomatiques de son acte et il donne l'ordre de foncer à vitesse maximale...

Immédiatement, les gardes-côtes du sultanat se mettent à hurler de rage sur la fréquence. Les protestations sont dirigées aussi bien contre les Iraniens que contre le croiseur américain :

– *USS-Vincennes,* vous êtes à l'intérieur de nos eaux territoriales. Vous n'êtes pas autorisés à naviguer dans ce secteur. De plus, il est très dangereux de naviguer à cette vitesse dans ce secteur.

Will Rogers ne répond pas et poursuit sa chasse à plus de 30 nœuds derrière les Gardiens de la Révolution. Pour être certain de ne pas les perdre de vue, il envoie même un de ses hélicoptères Seahawk pour les suivre à la trace. Au même instant, à Bahreïn, les gradés du Q. G. américain s'arrachent également les cheveux. Les téléphones sonnent sur tous les bureaux... Que fait l'*USS-Vincennes* dans les eaux territoriales d'Oman ? La décision de son commandant de violer les règles internationales provoque une véritable panique en haut lieu. Fou de rage, le Quartier général appelle Will Rogers à la radio. C'est le commandant McKenna qui est chargé de lui rappeler que les lois maritimes sont faites pour être respectées.

Le ton est particulièrement violent :

– Qu'est-ce que vous faites dans ce secteur ? Vous cherchez à attirer des putains d'emmerdements à la Navy ?

La réponse de Will Rogers est étonnante :

– Je suis en train de suivre mon hélicoptère qui n'a plus de contact radio ! Je ne veux pas le perdre…

C'est bien évidemment un mensonge… La radio fonctionne parfaitement et Will Rogers est toujours en contact avec son Seahawk mais c'est un excellent prétexte pour continuer la poursuite…

Dans la salle des opérations du Quartier général, McKenna sent la colère monter en lui.

– J'en ai rien à foutre de votre Seahawk. Je veux que vous quittiez ce secteur et que vous mettiez le cap immédiatement vers Abu Musa[3]. Votre *fucking* hélicoptère rentrera bien tout seul…

– Vous voulez quoi ?

– Vous m'avez bien compris… Je veux que vous foutiez le camp de ce secteur… C'est un ordre !

Au ton courroucé de son supérieur, Will Rogers doit certainement comprendre que, cette fois, il est allé un peu trop loin. À contrecœur, il obéit et fait exécuter un demi-tour à son croiseur.

Nul besoin à présent de pousser à fond les 80 000 chevaux des turbines à gaz. Le puissant bâtiment ralentit et se met sagement en attente à la limite des eaux territoriales d'Oman.

Une fois de plus, l'incident pourrait s'arrêter là. Mais cette fois, c'est le pilote de l'hélicoptère qui décide de faire du zèle. Il a envie de « chatouiller » les vedettes d'un peu plus près. L'homme s'appelle Mark Collier et il veut s'amuser un peu avec les Iraniens. Il vient donc se placer dans le sillage des vedettes qui ont effectué un très large virage et foncent maintenant plein pot vers la côte iranienne.

Plus tard, dans son rapport, Mark Collier expliquera que lui et son copilote Scott Zilge voulaient juste savoir combien il y avait d'hommes à bord de chaque embarcation et quel était leur type d'armement.

Les gars du Seahawk vont très vite se rendre compte que les Iraniens sont bien armés ! Car évidemment, ces derniers tirent sur cette cible parfaite qui les suit comme leur ombre. Rien de bien

3. *Ile au nord de Dubaï.*

méchant. Ce n'est qu'une rafale d'arme automatique qui n'a aucune conséquence puisqu'elle ne touche même pas le Seahawk. Mais les pilotes américains voient les éclairs des tirs dans leur direction. Ils sursautent.

– *Fuck*, tu as vu ça, hurle Collier dans l'interphone de bord. Ils nous ont lâché une rafale.

Zilge approuve :

– *Yeah*… Il vaudrait mieux se barrer, ils ont des armes anti-aériennes.

Aussitôt, le commandant de l'hélicoptère, le lieutenant Roger Huff[4], informe le commandant du *Vincennes* de ce qui se passe.

– Ici Ocean Lord 25, nous venons d'essuyer des tirs de la part des Iraniens. Nous rentrons…

Les Iraniens ont tiré sur un appareil américain !!! Inespéré… C'est exactement ce qu'attendait Will Roger III…

Debout sur la passerelle de commandement de son croiseur, il saisit son téléphone et appelle le Q. G. de Bahreïn.

– McKenna ? Je vous informe que notre Seahawk a été pris pour cible par ces salauds. Cette fois, je pars à leur poursuite. J'en ai le droit.

Au Quartier général de la Navy, on croise les doigts…

Tout le monde transpire et ce n'est pas seulement à cause des 39 degrés qui règnent déjà en ce petit matin de juillet.

Impossible de retenir Will Rogers dans ces conditions. D'après le code de l'US Navy, le commandant d'une unité est autorisé à engager le combat de lui-même si son navire ou un des ses appareils est l'objet d'un acte d'hostilité…

Rapidement, les choses prennent une tournure inquiétante… L'amiral Leighton Smith qui commande le CBG 6[5] est à bord du porte-avions *USS-Forestall* à 350 kilomètres de là. Lorsqu'il apprend qu'un hélicoptère américain vient d'être « attaqué », ses ordres tombent immédiatement :

– Faites décoller deux F-14 et deux A-7 et envoyez-les dans le secteur. Je veux que les *guys* soient prêts à porter assistance au *Vincennes* si le besoin s'en fait sentir.

À 9 h 14, la catapulte du porte-avions propulse les quatre chasseurs

4. Dans la Navy, le commandant de bord n'est pas obligatoirement le pilote.
5. Carrier Battle Group : groupement de combat embarqué.

vers le ciel. Ceux-ci prennent immédiatement le cap 340 pour rejoindre ce que Will Rogers appelle déjà la zone des combats... Sauf que pour l'instant il n'y a pas de combat... Car les vedettes iraniennes sont très difficilement repérables... Ce sont des engins lance-torpilles rapides, manœuvrant et dont les structures dépassent peu au-dessus du niveau de la mer... Aussi incroyable que cela puisse paraître, avec son croiseur bourré d'électronique, le commandant Will Rogers ne parvient pas à les localiser avec précision pour ouvrir le feu. Il faut dire que la visibilité est de moins en moins bonne à mesure que la température de l'air augmente.

La brume de chaleur est dense et les embarcations iraniennes sont d'une taille trop faible pour accrocher les radars du « *Robocruiser* ». En outre, il y a un peu de houle et elles disparaissent en permanence dans les creux des vagues. Seul l'hélicoptère aurait pu permettre de les localiser avec précision mais son pilote, échaudé, est en train de se poser sur la plate-forme du croiseur.

Du haut de sa passerelle, Will Rogers a les yeux rivés à ses jumelles. Il ne voit pas les vedettes. La seule chose qu'il aperçoit de temps en temps, ce sont les sillages qu'elles laissent dans les eaux grises du détroit. C'est le début du chaos...

Au Q. G. de la Navy, on s'inquiète ouvertement de voir l'*USS-Vincennes* foncer ainsi tête baissée vers un territoire qui est loin d'être neutre. Car les vedettes sont maintenant tout proches des eaux territoriales iraniennes.

On se demande si Will Rogers n'est pas en train de créer les prémices d'une confrontation de grande envergure. Installé à présent dans son Combat Information Center, *Capt* Will Rogers III n'a qu'une envie, c'est d'ouvrir le feu sur tout ce qui bouge. Et il sait qu'il lui faut faire vite car les vedettes des Gardiens de la Révolution sont en train de filer vers le nord pour se mettre à l'abri dans leurs eaux territoriales.

À **9 h** 34, elles y pénètrent.

Rogers n'en a que faire... À **9 h** 38, il franchit à son tour les 12 miles nautiques qui marquent la limite des eaux iraniennes.

À Bahreïn, les gradés de la Navy se rongent les ongles. Leur radar montre sans ambiguïté que le commandant du *Vincennes* est en train de jouer avec des allumettes à côté d'une gigantesque nappe de pétrole... Le problème, c'est que, réglementairement, il est dans son droit. Les pontes du Q. G. ne sont pas les seuls à s'inquiéter. La frégate *USS-John-Sides* se trouve à 50 kilomètres à l'est du *Vincennes*. Son commandant est David Carlson. À ses côtés se trouvent son second le Lt Commander Gary Erickson et plusieurs de ses officiers.

Debout sur sa passerelle, les marins sont à l'écoute des fréquences et suivent avec effarement ce qui se passe dans le détroit d'Ormuz. En entendant Will Rogers annoncer qu'il se lance à la poursuite des Iraniens dans leurs propres eaux territoriales, un des lieutenants de Carlson ne peut dissimuler son angoisse :

– Cette fois, Rogers va trop loin… Il ferait mieux de faire demi-tour et de virer son cul de là, il risque de tout faire péter, lance-t-il d'une voix blanche.

Pour justifier son acte, Rogers contacte une nouvelle fois le Q. G. de la Navy et annonce que les vedettes iraniennes ont unc attitude ouvertement hostile à son égard.

Il se sent en droit d'ouvrir le feu ! Il ne précise pas vraiment de quelle manière les Iraniens sont agressifs mais on peut quand même s'étonner que ces petites embarcations lance-torpilles osent attaquer de front le plus puissant des croiseurs américains.

En réalité, les vedettes fuient toujours à pleine vitesse vers l'Iran. Will Rogers s'en moque… Il vient tout juste d'en repérer une. Elle est isolée à environ une dizaine de kilomètres devant son étrave. Pas question de la laisser s'échapper. S'il s'y prend bien, il devrait pouvoir décrocher une médaille dans cette affaire…

Il est **9 h 45**…

À cet instant précis, sur l'aéroport de Bandar Abbas, un Airbus de la compagnie Iran Air reçoit l'autorisation de s'aligner sur la piste 21 gauche.

– *Iran Air 655, you are cleared for line up… call you back for clearance.*

– *Roger, we line up and hold, 655*[6].

L'utilisation de la piste 21 est bien pratique pour le pilote car elle lui permet de se trouver exactement sur la route aérienne Alpha 59 qui le conduit vers sa destination : Dubaï dans les Émirats arabes unis.

L'aéroport de Bandar Abbas est une plate-forme internationale située en bordure du détroit d'Ormuz. Équipé de deux pistes parallèles,

6. – *Iran Air 655, vous êtes autorisé à l'alignement. Je vous rappelle pour la clearance.*
– *Reçu. On s'aligne et on maintient.*

il est le siège d'un trafic aérien relativement important. Il est géré conjointement par les civils et par les militaires, ce qui signifie que les avions de ligne doivent souvent se glisser entre des chasseurs qui partent en mission. Le lecteur peut s'étonner de cette promiscuité entre le civil et le militaire, pourtant, celle-ci n'a rien d'exceptionnel, des centaines d'aéroports dans le monde sont dans ce cas et tout se déroule très bien. En ce matin du 3 juillet 1988, il fait lourd et chaud à Bandar Abbas. Malgré l'heure matinale, la température est déjà de 29 degrés et une brume de chaleur donne au ciel un aspect blanc laiteux caractéristique des mois d'été dans le Golfe.

L'avion d'Iran Air est arrivé ce matin en provenance de Téhéran. Il s'est posé à 8 h 10 et il repart à présent pour les Émirats avec 274 passagers et 16 membres d'équipage. C'est un Airbus A300 B2-203 immatriculé EP-IBU. Un appareil relativement récent puisqu'il est sorti des usines de Toulouse en 1982.

Le commandant de bord s'appelle Rezaian Mohsen, il a 45 ans et 16 000 heures de vol. C'est un pilote expérimenté et compétent. Comme la plupart des navigants iraniens, il a été formé aux États-Unis et garde pour ce pays une attirance toute particulière... Une partie de sa famille vit d'ailleurs là-bas et sa fillette de 5 ans est née en Oklahoma.

Toujours aligné sur la piste 21, l'Airbus attend sa *clearance* et son autorisation de décollage. Sa radio VHF est sur la fréquence 118.10.

Le message arrive à **9 h 45 mn et 32 sec.** :

– *Iran Air 655, you are cleared to Mobet... Flight level 140... Report reachnig 3 500 feet. Clear for take off runway 21*[7].

Comme c'est l'usage, le commandant Mohsen Rezaian répète intégralement au contrôleur l'autorisation qu'il vient de recevoir. Puis les deux manettes de puissance des réacteurs sont poussées vers l'avant. Tous les paramètres moteurs sont dans la zone verte...

Dix secondes plus tard, le commandant de bord lâche les freins et le gros porteur s'élance sur la piste.

À **9 h 46 mn et 58 sec.**, les roues quittent le sol.

– Vario positif.

Par ces deux mots, le commandant de bord constate que tout va bien et que l'avion monte normalement. Pour le copilote, c'est le signal

7. – *Vous êtes autorisé vers le point Mobet au niveau de vol 140. Rappelez en passant 3 500 pieds en montée. Vous êtes autorisé au décollage piste 21.*

qu'il lui faut rentrer le train d'atterrissage. Pas besoin de faire le moindre virage puisque le cap actuel est exactement la route vers Dubaï.

La ville de Bandar Abbas apparaît sur la droite de l'appareil. En cabine, les passagers se penchent aussitôt vers leur hublot pour apercevoir la banlieue de Näy Band qui longe la côte et s'agrandit, jour après jour, vers l'est. Mais ils n'ont pas le temps de contempler le sol bien longtemps. En quelques secondes, l'avion est au-dessus de la mer. L'eau du golfe Persique semble sale aujourd'hui. Rien à voir avec le paysage de cartes postales colorées que les touristes des Émirats peuvent acheter dans les magasins de Dubaï.

9 h 48...

L'Airbus franchit l'altitude de 3 500 pieds et le copilote appelle la tour de Bandar Abbas comme convenu.

– Bandar... Iran Air 655, nous passons 3 500 pieds en montée et on estime Mobet à heu... 6 h 53[8].

– Bien reçu, 655, rappelez en passant Mobet.

À 9 h 50, soit trois minutes après son décollage, l'Airbus est à 8 000 pieds et aborde la pointe est de l'île de Qeshm.

Les passagers regardent toujours par les hublots mais ne voient plus rien. La mer et la terre ont disparu progressivement dans une sorte de brume de chaleur blanchâtre. Ce n'est pas vraiment une couche nuageuse comme on en rencontre en Europe. C'est simplement une diminution progressive de la visibilité qui donne la sensation de rentrer lentement à l'intérieur d'un paquet de coton gris.

Dans le poste de pilotage, les trois hommes s'appliquent à tenir leur cap. Ils savent qu'ils vont survoler une zone particulièrement sensible. La route magnétique qu'ils doivent suivre est orientée au 201 degrés... C'est l'Alpha 59, un couloir aérien de 45 kilomètres de largeur duquel ils ne doivent pas sortir. Mieux vaut respecter les instructions du contrôle aérien... En dessous, c'est pratiquement la guerre et aucun des belligérants n'apprécierait de voir un avion se promener en dehors de son couloir aérien. Pour les appareils civils, les consignes de communication sont précises. En plus des fréquences de travail habituelles, tous les vols doivent être à l'écoute de la fréquence de détresse 121.5 MHz.

8. Comme tous les navigants, le pilote utilise l'heure GMT.

Et par ailleurs, comme c'est le cas partout dans le monde, le pilote doit afficher un code transpondeur donné par le contrôle aérien. Grâce à ce dispositif, les écrans des radars affichent l'identité du vol et son altitude à côté du spot lumineux. Le transpondeur est en « mode 3 ». Pour les contrôleurs, ce mode spécifique permet de différencier instantanément les appareils civils et les avions militaires. Ces derniers émettent en effet en mode 1 ou 2.

Pour l'Airbus, le vol entre Bandar Abbas et Dubaï est très court puisque c'est simplement la traversée du détroit d'Ormuz.... Il n'y a que 233 kilomètres. Cela représente à peine quinze minutes en comptant le temps de la montée et l'approche pour l'atterrissage...

Comme d'habitude, le trajet va se faire au niveau 140 (14 000 pieds). Presqu'un saut de puce pour cet avion dont l'altitude de croisière se situe normalement aux environs de 35 000 pieds.

9 h 50 mn 30 sec.... Le vol Iran Air est maintenant à 13 miles nautiques de son point de départ. Pour le contrôleur iranien de la tour de Bandar Abbas, c'est le moment de lui transmettre ses dernières instructions.

– Iran Air 655, vous avez décollé à 47. Changez avec l'approche sur la fréquence 124.20. Bonne journée.

– Reçu, on change 124.20. *Thank you, good day...*

Une minute plus tard, l'appareil est à la verticale de Qeshm, le minuscule village de pêcheurs à la pointe orientale de l'île. Il passe le niveau 100 (10 000 pieds) toujours en montée.

Les occupants de l'Airbus n'ont plus que quatre minutes à vivre...

Au même moment, l'*USS-Vincennes* se trouve lui-même à moins de 10 miles nautiques de la côte de l'île de Qeshm. Et cette distance diminue de minute en minute puisque le croiseur se déplace toujours à plus de 30 nœuds à la poursuite des vedettes iraniennes.

Dans le Combat Information Center du navire, c'est l'effervescence silencieuse. Ambiance feutrée des salles de combat modernes... Dans une demi-obscurité, les opérateurs s'activent sur des dizaines d'écrans radars. L'impression de calme du CIC n'est qu'apparente car tous les opérateurs sont nerveux... Depuis ce matin, le *Capt* Will Rogers ne cesse de râler après ses hommes. Tout va trop lentement à son gré... Il veut des informations sur la position des vedettes iraniennes, il exige des solutions de tir.

Et, malgré le superbe écran mural lumineux et les centaines d'ordinateurs qui gèrent les cibles potentielles, les opérateurs radars ont bien du mal à fournir des réponses fiables.

En fait, le système AEGIS du *Vincennes* n'a pas été conçu pour attaquer des cibles aussi petites et ayant aussi peu de hauteur au-dessus du niveau de la mer. Le résultat est qu'à aucun moment, les officiers ne sont en mesure de proposer une solution satisfaisante pour frapper les Iraniens. C'est un peu ce que craignaient certains experts du Pentagone... Malgré ses performances extraordinaires, le système AEGIS n'est pas encore complètement au point.

Il y a encore quelques *bugs* dans les logiciels. En outre, ceux-ci n'ont encore jamais été testés en conditions de combat réel. Quant aux hommes chargés de mettre en œuvre le système, ils ont eux-mêmes très peu d'expérience sur le matériel...

Pour résumer la situation : c'est beau, c'est moderne, mais ça manque un peu de rodage !

À **9 h** 47, les radars du *Vincennes* ont repéré une nouvelle tache lumineuse sur la côte iranienne. C'est un avion... L'appareil a décollé de l'aéroport de Bandar Abbas qui n'est qu'à 78 kilomètres au nord-est du croiseur. Une peccadille pour ces radars derniers modèles qui peuvent détecter un avion à plus de 500 kilomètres !

Immédiatement, devant les consoles, les deux seconds maîtres responsables du secteur s'interrogent :

– *Friend or foe ?* Ami ou ennemi ?

Il faut donner une réponse très rapide car l'appareil se dirige tout droit vers le croiseur...

– C'est un mode 3, annonce le jeune second maître Anderson en poste devant son écran radar.

L'information est claire ! Si le trafic est un mode 3, cela signifie que c'est un avion civil. Le type de code transpondeur affiché est même suffisamment précis pour confirmer qu'il ne s'agit pas d'un transport privé.

C'est un vol commercial.

Aucun doute... D'ailleurs, l'ordinateur fournit le numéro du trafic : il s'agit du vol Iran Air 655 qui assure la navette deux fois par semaine entre Bandar Abbas et Dubaï.

En apparence, tout va bien... Reste à vérifier que ce n'est pas un piège. L'appareil pourrait être un avion de chasse sur lequel les

Iraniens auraient bricolé un transpondeur civil afin de tromper le radar en lui donnant l'apparence d'un paisible avion de ligne.

Pour cela, le second maître Anderson doit consulter le tableau des vols commerciaux prévus au-dessus du golfe Persique en ce 3 juillet 1988. Le jeune engagé parcourt rapidement la longue liste que lui a crachée son ordinateur et cherche l'indicatif Iran Air 655. L'Airbus y est bien prévu entre un Boeing 747 de Saudi Airlines et un 737 d'Emirates...

Mais le second maître ne le voit pas...

Obscurité de la salle ? Nervosité ? Précipitation ? Manque d'expérience ? Stress de se trouver pour la première fois en situation de combat réel ?

Quelle que soit la raison, le doigt passe sur l'indicatif du vol Iran Air 655 sans s'y arrêter...

La réaction est instantanée.

– *Fuck*... Ce vol Iran Air 655, c'est du bidon. Il n'existe pas, lance-t-il à son collègue juste à côté de lui.

Les deux hommes avertissent immédiatement leur supérieur direct le Lt Clay Zocker qui est responsable du suivi des cibles aériennes au sein du Combat Information Center.

– On a un trafic en provenance de Bandar Abbas. Impossible de l'identifier... Ça pourrait bien être un F-14 en attaque...

Le lieutenant ne prend pas cet avertissement à la légère... La menace peut être réelle et il y a trois bonnes raisons pour cela : la première, c'est que Bandar Abbas est un aérodrome militaire où sont justement basés des chasseurs F-14. La seconde, c'est que comme tous les marins de l'US Navy, le lieutenant a en mémoire l'attaque meurtrière de la frégate *Stark* l'année dernière. Un véritable traumatisme avec ses 37 morts... La troisième raison, c'est que depuis un moment, le radar du *Vincennes* a repéré un autre appareil ennemi le long de la côte. C'est un P3 Orion iranien. Sur le radar, il s'affiche en mode 2. C'est un patrouilleur maritime bourré d'électronique qui sert souvent de PC volant. Il est parfaitement possible que l'Orion soit en train de fournir des renseignements au chasseur en vue de préparer une attaque contre le *Vincennes.*

Sans attendre, le lieutenant Zocker transmet lui-même l'information à son supérieur hiérarchique, le Lt Commander Lustig responsable tactique des interventions aériennes.

– Nous avons une attaque potentielle sur le radial 022 pour 36 nautiques en rapprochement. C'est peut-être un F-14.

Aussitôt, le Lt Commander ordonne de contacter l'avion inconnu pour l'avertir qu'il se dirige vers le *Vincennes.*

Le message est transmis sur la fréquence militaire de détresse 243 MHz.

– Appareil inconnu... Vous vous dirigez droit sur un navire de guerre des États-Unis d'Amérique et se trouvant dans des eaux internationales. (!!!)

Silence radio.

Le message est alors répété une seconde fois. Avec aussi peu de résultat.

Et pour cause... l'Airbus n'est pas à l'écoute de cette fréquence militaire. Rien ne l'y oblige. Vis-à-vis des contrôles aériens, il utilise les fréquences civiles VHF. Comment pourrait-il entendre cet avertissement ? Et même s'il l'entendait ? Comment saurait-il que ce message lui est destiné et qu'il est en train de se diriger vers un navire de guerre des États-Unis ?

Il n'y a donc aucune réponse à l'avertissement du croiseur.

Au même moment, Will Rogers donne l'ordre d'ouvrir le feu sur les vedettes iraniennes. Étant donné la taille des embarcations, il choisit de les attaquer au canon de 5 pouces. Ça devrait suffire pour les couler ! Dans le Combat Information Center, on entend les coups de canons qui résonnent à travers la coque. Pour certains jeunes marins, l'angoisse monte d'un cran. C'est vraiment la guerre qui commence.

Pendant ce temps-là, l'Airbus poursuit sa montée normalement. Il a été repéré par tous les radars américains de la région. Celui de l'*USS-Forestall*, en premier lieu. Les opérateurs du porte-avions ont parfaitement identifié le spot lumineux comme étant le vol Iran Air 655. Personne ne s'inquiète de voir l'avion de ligne suivre sa route en direction de Dubaï.

À cet instant précis, l'appareil se trouve parfaitement au milieu de l'Airway Alpha 59 et même s'il semble devoir survoler le croiseur, il est à une altitude de 14 000 pieds (plus de 4 000 mètres). En outre, c'est le croiseur *Vincennes* qui est sur la route de l'Airbus et non l'inverse. En effet, en poursuivant les vedettes, le navire est sorti des eaux internationales et se trouve maintenant à l'intérieur des eaux territoriales iraniennes.

Au Q. G. de Bahreïn comme sur le porte-avions *Forestall,* on ne se fait pas le moindre souci à propos de l'Airbus. Personne n'imagine une seule seconde qu'il puisse s'agir d'un F-14 iranien... Tout le monde a compris qu'il s'agissait d'un avion de ligne inoffensif. D'ailleurs, s'il y avait un doute sur l'identité du trafic, il suffirait de demander à l'un des quatre chasseurs américains en vol dans le secteur de se porter à sa rencontre pour une vérification visuelle... Même l'opérateur radar de la frégate *Montgomery* a remarqué le vol Iran Air 655 et l'a pris en compte. Et pourtant, il ne dispose pas d'un système informatique très sophistiqué !

Il n'y a que dans la salle de combat du *Vincennes* que ça se passe vraiment mal.

Il est **9 h 50**... Du côté des ordinateurs du Combat Information Center, c'est maintenant la confusion. Plusieurs maladresses informatiques amènent encore davantage le doute sur l'identité du spot lumineux... Plusieurs erreurs de manipulation informatique se succèdent... On ne sait toujours pas comment qualifier la « cible » qui approche. Est-ce bien un F-14 iranien ? Est-il hostile ? Émet-il en mode 2 ou en mode 3 ? Militaire ou civil ? Il faut prendre une décision car le temps est compté... Les événements se précipitent.

Pour le moment, le capitaine Will Rogers ne s'occupe pas vraiment de l'avion qui va les survoler. Il est complètement absorbé par les tirs qu'il vient d'ordonner sur les vedettes. Contrairement à ce qu'il espérait, les obus ne font pas mouche à tous les coups.

Les tirs sont imprécis et cela le met en rage contre ses artilleurs...

L'Airbus approche. Sa vitesse est de 350 nœuds... Il n'est plus qu'à 32 miles nautiques...

– Qu'est-ce qu'on fait ? demande le responsable de tir à son commandant.

La réponse de Will Rogers tombe comme une sentence.

– Si ce mec approche à moins de 20 nautiques, on le descend...

Le lieutenant William Mountford est juste derrière son chef. Il ne peut s'empêcher de sursauter.

– On n'est pas certain à cent pour cent que c'est un F-14... C'est peut-être un avion commercial ! Il paraît bien trop haut pour nous attaquer. Il faudrait tenter de le contacter à nouveau...

Rogers fait la moue puis finit par approuver.

– D'accord... Contactez-le encore, réplique-t-il visiblement énervé.

De nouveau, le contact tente d'être établi avec l'Airbus Mais une fois de plus, les messages sont envoyés sur une fréquence HF.

– Appareil inconnu... Vous vous dirigez droit sur un navire de guerre des États-Unis d'Amérique et se trouvant dans des eaux internationales.

– Appareil inconnu... Vous vous...

– Appareil inconnu...

Le message est répété trois fois. Évidemment, il n'y a toujours aucune réponse. Alors les termes du message sont modifiés et libellés dans des termes encore plus explicites.

– Chasseur iranien... vous avez un cap menaçant. Vous risquez d'être exposé à une riposte de la part de la marine des États-Unis d'Amérique.

Et l'Airbus ne reçoit toujours pas l'avertissement. Même s'il recevait ce message, pourquoi se sentirait-il concerné ? Il n'a rien d'un « chasseur iranien » ayant un cap menaçant.

À mesure que la distance entre l'Airbus et le *Vincennes* diminue, la fébrilité saisit tous les opérateurs du Combat Information Center. Chacun n'a plus qu'une image en tête : celle d'un Mirage F1 irakien lâchant son missile Exocet sur la frégate *Stark*... 37 morts parmi l'équipage.

Le navire est en feu... Scène de panique.

On s'énerve. Les maladresses informatiques se succèdent. Les erreurs d'utilisation des logiciels sont telles que l'ordinateur fournit lui-même de fausses indications sur le trafic en rapprochement.

Aux fausses indications viennent s'ajouter des erreurs de lecture à peine croyables ! Le second maître Anderson devant son écran radar annonce que l'appareil ennemi est en descente en pleine accélération en direction du *Vincennes* alors que c'est exactement le contraire qui se passe : le paisible avion de ligne est en montée et à faible vitesse. Tout le monde est certain que le supposé F-14 se prépare à attaquer...

Les secondes passent... Personne ne tente de faire une analyse saine de la situation. Et surtout pas le commandant Will Rogers qui devrait savoir que l'Iran possède évidemment des chasseurs F-14 mais que ce sont de vieux avions livrés en 1970 au temps du Shah. Soumis à l'embargo des pièces détachées, ils sont à bout de souffle et volent péniblement avec des pièces cannibalisées sur des avions en panne. Et puis surtout, contrairement aux Mirage irakiens, ces F-14 ne sont pas équipés de missiles air-mer qui pourraient permettre d'attaquer le croiseur. Dans le pire des cas, ils pourraient tout juste effectuer une passe de tir au canon qui endommagerait la peinture du bâtiment. Si c'était le cas, il serait toujours possible d'abattre l'avion au cours de sa fuite.

Mais Will Rogers ne pense à ces détails… Dans la salle de combat, la tension monte. Cette fois, l'angoisse est à son comble. On en aurait presque oublié de faire la chasse aux vedettes. La distance qui sépare l'avion du navire n'est plus que de 20 miles nautiques et elle diminue toujours. L'avion inconnu vient droit sur le croiseur !

– Alors, qu'est-ce qu'on fait, interroge de nouveau le Lt Commander Lustig ?

Will Rogers essaie de réfléchir. C'est difficile !

Il lui faut pendre une décision. Il hésite… Lui-même se demande s'il n'a pas affaire à un avion commercial !

La voix du responsable du radar le fait presque sursauter.

– Objectif à 15 miles nautiques en rapprochement…

À 9 h 54 mn et 05 sec., Will Rogers III prend une décision terrible. Il appuie sur le bouton qui libère les missiles et déclenche la séquence de riposte. Pour lui, c'est une sorte de coup de poker. Même si au fond de lui-même, il ne doit pas être certain de l'identité de sa cible, il fait feu en priant pour ce soit effectivement un chasseur iranien.

Quelques secondes plus tard, deux longues flammes éblouissantes jaillissent des structures du navire. Les deux missiles anti-aériens SM-2 accélèrent en direction de « l'agresseur ».

Guidés conjointement par leur propre radar de poursuite et le système AEGIS du navire, les engins verrouillent leur trajectoire de manière à intercepter la cible avec un gisement constant.

Dans l'Airbus iranien, les passagers se détendent… C'est l'atmosphère habituelle qui règne dans une cabine confortable : distribution de boissons fraîches et de journaux. Personne parmi les 290 occupants ne se doute que la mort se précipite à plus de trois fois la vitesse du son. Le commandant Rezaian se prépare à contacter l'approche de Bandar Abbas pour donner sa position. Une fois que ce sera fait, il pourra changer sur la fréquence des Émirats.

– Iran Air 655, nous passons Mobet au niveau 120. Toujours en montée.

– Reçu, Iran Air 655. Changez avec la tour de Dubaï... Bonne journée messieurs. Et à plus tard.

À 9 h 56 mn 05 sec., le premier des deux missiles explose sur la gauche de l'appareil.

L'impact est terrible. La déflagration sectionne net l'aile gauche au niveau de l'emplanture. Le carburant s'enflamme immédiatement et la partie centrale du fuselage se désintègre. La plupart des occupants situés au milieu de l'appareil sont certainement tués sur le coup par le souffle de l'explosion. En ce qui concerne les autres, en particulier pour l'équipage, il est probable que les malheureux sont restés conscients jusqu'au moment de l'impact avec la mer.

Une chute de plusieurs minutes...

Au moment de l'explosion, l'Airbus n'était plus qu'à 8 miles nautiques du croiseur... Un peu plus de 14 kilomètres. Malgré la distance et la brume, la lueur de la déflagration traverse la brume. Elle est aperçue par les marins présents sur le pont de l'*USS-Vincennes.* À cet instant précis, un cameraman est en train de filmer la scène. L'homme est accrédité par l'US Navy pour faire un reportage sur l'efficacité de la marine américaine. Il tient un véritable scoop... L'objectif de la caméra reste braqué sur les débris incandescents qui tombent du ciel.

Des images terribles qui seront bien évidemment censurées. Le film ne sera jamais diffusé dans les médias. Dans un premier temps, l'impact du missile sur « l'ennemi » est salué par un hourra général. Les hommes se congratulent les uns les autres en frappant dans leurs mains à la manière des sportifs victorieux... Les doigts pointent dans la direction des débris qui descendent en tournoyant vers la mer.

C'est la joie... Un méchant vient d'être anéanti sous leurs yeux. Les marins l'ont échappé belle !

Puis peu à peu, les hurlements se font moins intenses. À mesure que les morceaux de métal perdent de l'altitude, on distingue nettement un énorme morceau de fuselage qui tournoie lentement.

Un murmure étonné parcourt le pont.

– *Fuck,* ça ressemble pas à un F-14... C'est beaucoup trop gros.

– C'est un C-130 ?

– Non, il était trop rapide...

– Un P-3 ?

– Pourvu que ce ne soit pas un Commair, murmure le Commander Foster.

L'angoisse monte parmi les hommes sur le pont. On entend une voix qui répète comme une litanie :

– Mon Dieu… C'est sûr, c'est pas un F-14 !

Enfin quelqu'un murmure ce que tout le monde a déjà compris.

– On vient de descendre un avion de ligne…

Une chape de plomb tombe sur les spectateurs. Chacun a compris l'horrible vérité : une bourde épouvantable vient d'être commise. Les corps qui tombent du ciel sont ceux de passagers innocents.

Les hommes sont au bord des larmes. Ce sont des soldats… Aucun d'eux n'a voulu cette horreur. Ils sont là pour se battre… Pas pour abattre des civils. La tragédie fait 290 victimes…

Tous les commentateurs ne peuvent s'empêcher de faire la comparaison avec le vol KAL 007… En septembre 1983, un Boeing 747 de la Korean Airlines avait été abattu par la chasse soviétique dans des circonstances similaires. Maladresses, précipitations, décisions de petits chefs et incompétences… Il y avait eu alors 269 victimes. L'affaire avait déclenché une tempête de protestations de la part des pays occidentaux. Le Pentagone a exactement la même réaction que celle qu'avait eu le Kremlin cinq ans plus tôt… Il nie farouchement avoir commis la moindre erreur… L'armée américaine ne porte aucune responsabilité dans ce drame.

L'US Navy cache toute la vérité, rejetant la faute en bloc sur le commandant de bord de l'Airbus. C'est lui qui serait sorti du couloir aérien A 59. Même si ce n'était pas volontaire, il a foncé sur le croiseur. Des cartes de la région sont distribuées aux journalistes, montrant clairement l'erreur qu'aurait commise l'Iranien. Sur le plan, la position de l'*USS-Vincennes* est déplacée sans vergogne pour remettre le navire américain dans les eaux internationales.

C'est le pilote ! Rezaian Mohsen est coupable de tous les maux. Quelle tristesse de voir cet Iranien sincèrement pro-américain cloué au pilori comme un Ayatollah et assassiné une seconde fois.

Un maquillage sordide et indigne d'un grande démocratie comme les États-Unis ! Dans les années qui suivront, la Navy distribuera de nombreuses médailles aux différents responsables de ce massacre. Une chape de plomb tombera sur toute communication concernant cette affaire. Ainsi la « biographie » de l'*USS-Vincennes*, fournie par l'US

Navy, contient plusieurs pages sur les différentes campagnes effectuées par ce superbe navire à travers le monde : on y trouve notamment des détails sur les bâtiments qu'il a escortés dans le Pacifique et dans l'océan Indien. On y parle des années 1985, 1986, 1987, 1990 et 1991. Toutes les missions de l'*USS-Vincennes* ont été un succès total.

Il n'y a que trois lignes sur la présence du croiseur dans le golfe Persique en 1988. Passionnant : cette année-là, le navire a franchi 14 fois le détroit d'Ormuz. Pas un mot sur la mort de 290 innocents.

Il ne s'est rien passé le 3 juillet 1988 !

De même, la brochure indique qu'au cours de sa vie le *Vincennes* a tiré 26 vecteurs anti-sous-marins, 5 000 obus de 5 pouces et... 57 missiles anti-aériens. Une fois de plus, tous ces tirs ont été exécutés avec le plus grand succès. Hymne américain et main sur le cœur !

C'est finalement l'hebdomadaire *Newsweek* qui rétablira la vérité dix ans plus tard. Grâce à une enquête approfondie, ses journalistes mettront à jour les véritables responsabilités de la marine américaine... Dans un article intitulé « Une mer de mensonges », les journalistes dévoileront toutes les erreurs et les maladresses épouvantables de l'équipage et du commandant du *Vincennes*.

Acculée, la Navy reconnaîtra finalement que l'avion de ligne était exactement à l'endroit où il devait être et que le commandant Rezaian n'avait commis aucune erreur de navigation.

Mieux vaut tard...

Et Will Rogers ? Il sera muté à la base de San Diego comme instructeur des futurs commandants de l'US Navy. Puis il prendra une retraite tranquille en 1991.

CRISE DE FOLIE À BORD

13 mai 1999.
Roissy CDG.

M. Amadou N... passager du vol Air France 718 à destination de Dakar est prié de se présenter à la porte numéro 3 pour embarquement immédiat. Mister Amadou N...

C'est la seconde fois en cinq minutes que les haut-parleurs retentissent dans l'aérogare de Roissy pour appeler un passager manquant.

L'incident est classique et se reproduit plusieurs fois par jour dans tous les aéroports du monde... Les causes des retards sont multiples. Certains passagers se trompent de salle d'embarquement, d'autres flânent dans les boutiques hors taxes, certains ont de la peine à quitter leurs proches... Comme en général tous les autres voyageurs sont déjà à bord de l'avion et qu'ils attendent le retardataire, il n'y a d'autres solutions que de faire des appels pressants. Partir sans lui ? Hors de question. Il est inconcevable d'emporter en soute les bagages d'une personne qui n'est pas à bord. Ce serait contraire aux règles les plus élémentaires de sécurité.

Quelques minutes plus tard, un homme se présente nonchalamment au comptoir de la salle de transit. C'est un grand Sénégalais particulièrement athlétique. Âgé d'une trentaine d'années, il marche avec une lenteur inhabituelle. Ses yeux sont grands ouverts et pourtant tout dans son attitude pourrait faire croire qu'il est endormi.

– Dépêchez-vous monsieur, on n'attend plus que vous pour partir, lance l'employée à l'entrée du couloir d'accès...

L'individu ne répond pas. Avec difficulté, il sort sa carte d'embarquement de sa poche. L'opération est longue. Les gestes sont lents et maladroits. Il laisse tomber son passeport et ses papiers par terre et il lui faut beaucoup de temps pour ramasser les documents et les remettre dans sa sacoche.

– Je vais vous accompagner jusqu'à la porte de l'avion, propose alors l'employée d'Air France.

Toujours pas de réponse.

– Vous avez l'air un peu fatigué, lance-t-elle, en lui prenant doucement le bras.

L'individu se laisse alors guider docilement dans le couloir qui mène jusqu'à la porte de l'Airbus. Le rythme de sa progression est incroyablement lent et ne correspond pas à son allure sportive. Comment un homme peut-il paraître aussi puissant et être aussi faible ? Ainsi, à trois reprises, il demande à s'arrêter dans le couloir pour se reposer. Du coup, il lui faut plusieurs minutes pour franchir les cinquante mètres du couloir qui mène à l'avion. Comme c'est souvent le cas dans ces moments-là, l'équipage de cabine attend le retardataire avec une certaine fébrilité. Chaque minute de perdue va se répercuter tout au long de la journée et il sera pratiquement impossible de retrouver un horaire normal.

– Cette fois, nous sommes arrivés, murmure l'employée en guidant le Sénégalais vers l'entrée de l'avion.

Le grand gaillard hoche plusieurs fois la tête pour montrer qu'il a compris. On n'entend toujours pas le son de sa voix.

– Bon voyage, monsieur !

Mais soudain, au moment de pénétrer dans l'appareil, l'homme a un brusque mouvement de recul.

On dirait qu'il a peur.

– Vous ne voulez pas rentrer ? demande la jeune femme qui, du coup, hésite à lui lâcher le bras.

Il reste immobile… Le regard étrangement fixe, il tient son coupon de vol à la main et ne bouge pas… Les passagers assis près de la porte ne peuvent s'empêcher de regarder cet individu bizarre qui se tient à l'entrée de la cabine. Ils comprennent que c'est à cause de lui que l'avion ne part pas.

– Qu'est-ce qui vous arrive ? demande alors l'hôtesse qui se tient à la porte.

Dans les rangées près de l'entrée, une dame âgée sourit avec bienveillance.

– J'ai l'impression que ce monsieur n'est pas vraiment rassuré de prendre l'avion, murmure-t-elle d'une voix douce.

Les secondes passent... L'homme ne bouge toujours pas. Plongé dans un état second, il attend au milieu du couloir d'accès sans paraître remarquer les dizaines de regards braqués sur lui. Étrange personnage... Suite aux événements graves qui vont survenir, plusieurs témoignages le décriront plus tard comme « hébété », presque « hagard ».

Certains n'hésiteront pas à parler de drogue, d'excès de médicaments. Parmi les passagers à bord, les nombreux ressortissants sénégalais prononceront même le mot « envoûtement ».

– Vous voulez bien avancer, insiste gentiment l'hôtesse. Nous n'attendons plus que vous pour fermer la porte.

Comme l'homme ne répond toujours pas, la jeune femme sort de l'avion et s'approche doucement.

– Puis-je voir votre coupon, s'il vous plaît ?

Impossible de savoir ce qui se passe dans la tête du passager. Malgré les encouragements et le sourire de la navigante, il ne bouge toujours pas. Il a les bras ballants et semble même avoir des difficultés à tenir la poignée de son bagage à roulettes.

Partagée entre l'inquiétude et l'amusement, l'hôtesse décroche alors l'interphone de bord pour appeler Claude F. le chef de cabine.

– Est-ce que tu peux venir un instant à la porte ? Le passager manquant vient d'arriver. Mais c'est un type bizarre. Je crois qu'il a la trouille de monter à bord...

Quelques secondes plus tard, le responsable du PNC[1] arrive à la porte.

Le Sénégalais est toujours planté au milieu du couloir.

– Bonjour monsieur. Bienvenue à bord... Puis-je voir votre carte d'embarquement ?

Comme l'homme reste muré dans son silence, Claude F. prend doucement le morceau de carton qu'il tient entre les doigts.

Le type n'a aucune réaction.

– N'ayez pas peur, nous allons prendre soin de vous.

1. *Personnel navigant commercial.*

Un rapide coup d'œil… Le coupon indique que le passager est assis dans la partie centrale de l'appareil.

– Vous voulez bien me suivre, je vais vous guider jusqu'à votre place, propose le CCP[2] avec un grand sourire

Après un long moment d'hésitation, le Sénégalais commence à marcher vers la porte. Il se déplace lentement, se balançant étrangement de droite à gauche à la manière d'un zombie.

C'est au moment où l'étrange passager franchit la porte d'entrée que le chef de cabine réalise qu'il risque d'être malade en vol et qu'il vaudrait mieux prendre toutes les précautions. Il décide donc de demander au commandant de bord l'autorisation de le changer de place.

Par l'interphone de bord, il appelle le poste de pilotage.

– Excusez-moi commandant mais nous avons un « pax » qui semble un peu étrange. Il est assis à la rangée 15, mais je voudrais le replacer à l'arrière… Par sécurité… Est-ce que vous êtes d'accord ?

Dans le poste de pilotage, Gérard Feldzer est en train de jeter un dernier coup d'œil à la route de départ qu'il va suivre. La demande de son chef de cabine lui paraît tout à fait normale. Tout déplacement de passager pour raison de sécurité doit se faire avec son assentiment et il est toujours préférable de mettre les gens douteux au fond de la cabine. Dans le cas présent, le Sénégalais semble trop endormi pour pouvoir appliquer les consignes de sécurité. En cas d'urgence, s'il fallait évacuer l'avion rapidement, son état apathique et sa carrure imposante risqueraient d'être une gêne pour les autres passagers.

– OK, allez-y…

L'homme est alors conduit lentement à l'arrière de l'Airbus. De cette manière, il sera plus facile pour l'équipage de lui porter assistance sans attirer l'attention des autres occupants de l'appareil. Il n'est jamais facile de prodiguer des soins sous le regard des curieux.

Quelques minutes plus tard, le Sénégalais est installé à sa nouvelle place. Une hôtesse prend soin de vérifier qu'il est bien assis et elle boucle elle-même sa ceinture de sécurité.

– Est-ce que vous voulez boire quelque chose ?

L'homme tourne lentement la tête de droite à gauche. C'est la

2. *Chef de cabine principal.*

première fois qu'il montre un signe de communication avec un membre de l'équipage. Du coup, la navigante essaie de le rassurer.

– Ne vous inquiétez pas. C'est tout à fait normal d'avoir peur la première fois qu'on prend l'avion.

Sur ce point la jeune femme se trompe. Elle ne sait pas que son étrange visiteur a déjà pris plusieurs fois l'avion dans sa vie. Et la dernière fois remonte à moins de trois heures. Il vient en effet d'arriver de Jeddah en Arabie saoudite. Un long voyage au cours duquel il n'a pas cessé de dormir. Un sommeil d'ailleurs si profond que l'équipage du vol précédent a eu toutes les peines du monde à le réveiller pour le faire débarquer.

Le Sénégalais secoue vaguement la tête pour montrer qu'il a compris les paroles de l'hôtesse. Puis il place la tête contre la cloison. Il ferme les yeux. Et il s'endort ! À **14 h 30** GMT[3], toutes les portes sont fermées. Dans le poste de pilotage, les préparatifs sont terminés. C'est le moment de la mise en route. Pour ce vol en direction du Sénégal, l'Airbus a embarqué 45 tonnes de carburant et sa masse au décollage sera de 203 tonnes.

Gérard Feldzer, le commandant de bord est aussi calme que d'habitude. C'est un navigant expérimenté et compétent. Passionné par tout ce qui touche à l'aviation, l'homme est également président du prestigieux Aéro-Club de France. À ce titre, il a été le principal organisateur de l'exposition aéronautique qui s'est tenue sur les Champs-Élysées en 1998.

Avec lui dans le poste de pilotage se trouve également Nicolas Hulot. L'animateur de TF1 est normalement en première classe mais Gérard Feldzer est un ami et il a été convenu qu'il viendrait lui rendre visite. Il est donc assis sur le *jump seat* entre les deux navigants.

Ce vol semble être le rendez-vous des passionnés d'aviation puisqu'il y a également à bord Pierre G... un médecin pilote privé, spécialiste de médecine aéronautique et expert auprès des tribunaux de Paris.

L'Airbus qui assure le vol vers Dakar est un A340-300[4], une superbe machine construite par l'Aérospatiale de Toulouse. C'est le *nec plus ultra* en matière d'avions de ligne. Les passagers ne savent pas encore à quel point ils ont de la chance d'être à bord de cet engin. Si les événements décrits ci-dessous s'étaient déroulés sur un autre type d'appareil,

3. 16 h 30 heure française.
4. Immatriculé F - GNIG.

il est quasiment certain que ses 188 occupants seraient morts... Nous y reviendrons.

Le décollage a lieu a **14 h 44**. Tout se passe bien. L'avion vire à gauche et effectue un départ standard vers le sud-est de la France. Il est rapidement autorisé à monter au niveau 370. Pour ce trajet moyen-courrier, il doit suivre une route passant par l'Espagne, le Maroc et la Mauritanie avant d'atterrir cinq heures et demie plus tard sur l'aéroport de Dakar.

C'est un vol qui débute de manière extrêmement banale.

Une demi-heure après le décollage, le personnel de cabine commence à faire le service pour le repas.

Pour les hôtesses et les stewards, la distribution des plateaux est un moment important. La charge de travail y est très intense. Il faut faire vite... Garder le sourire... Être attentifs aux désirs de chaque passager en s'efforçant d'anticiper les demandes. Bref, donner la meilleure image possible de la compagnie.

L'activité du PNC est si intense qu'à cet instant personne ne s'occupe plus du passager sénégalais qui semblait particulièrement endormi au moment de l'embarquement.

Pourquoi, d'ailleurs, faudrait-il s'en inquiéter ? L'homme est apathique mais il ne semble absolument pas dangereux... Tout le monde pense qu'il fait partie de ces nombreux passagers qui ont peur en avion. Une peur incontrôlable qui provoque des réactions diverses selon les individus : certains transpirent, d'autres s'accrochent aux accoudoirs, beaucoup font des allers et retours aux toilettes. Sauf que les victimes ont presque tous un point commun : elles se bourrent de médicaments contre l'angoisse.

C'est peut-être justement ce qui est arrivé au Sénégalais. Le gars a dû forcer la dose de calmants et il est dans le cirage.

– Les... toi... lettes ?

Malgré son travail, le steward ne peut s'empêcher de sourire. C'est la première fois que l'homme ouvre la bouche depuis qu'il est à bord.

– Vous allez mieux, dites-donc ?

L'homme accroche doucement la manche du navigant et répète :

– Les toi...

– Tout près de vous... Sur la droite et sur la gauche...

Alors, avec des gestes très lents, l'homme quitte sa place et se dirige vers les W.C. situées à l'arrière de la cabine. Il y reste quelques minutes. Mais lorsqu'il en sort, il ne rejoint pas sa place... il remonte lentement l'allée pour aller dans... les toilettes situées au milieu de l'appareil...

Personne ne fait attention à lui. Il y reste à nouveau quelques minutes puis il recommence la même manœuvre pour se rendre dans les toilettes de l'avant. Encore quelques minutes à l'intérieur puis il en ressort et progresse encore plus vers le poste de pilotage.

C'est au moment où il arrive au niveau de la porte 1G[5] que Claude, le chef de cabine, l'aperçoit. Il a aussitôt un mauvais pressentiment... Le type est en train de se diriger vers la porte du cockpit.

Abandonnant le passager auquel il était en train de servir à boire, le navigant se précipite en direction du Sénégalais.

– Excusez-moi, monsieur, vous n'avez pas le droit de rentrer là.

Le passager le regarde fixement. Puis il se produit soudain un étrange revirement dans son attitude. C'est comme si l'homme sortait brusquement d'un long sommeil. On dirait un somnambule qui se réveille au milieu de la rue. Il regarde lentement autour de lui, semble découvrir cet étrange environnement. Puis il fixe de nouveau le chef de cabine d'un air étonné.

– Vous n'avez pas le droit d'aller par là, répète ce dernier, de plus en plus intrigué par l'attitude de son « pax ».

Puis d'un coup, tout bascule.

En une fraction de seconde, l'individu change de personnalité. Il devient d'une brutalité terrible. D'un violent revers du bras, il bouscule le chef de cabine et l'envoie bouler contre la cloison.

Le cauchemar commence !

Dans le poste de pilotage, l'atmosphère est paisible. C'est Jacques V., le copilote qui s'occupe des communications radio avec le contrôle aérien de Bordeaux. Il vient d'annoncer que l'Airbus passait à la verticale de Biarritz et qu'il se dirigeait à présent vers le point « Patel ». La météo est excellente sur la route. À gauche de l'appareil, on aperçoit les Pyrénées qui étirent leurs sommets tout le long de la frontière. Devant l'avion, le paysage change imperceptiblement.

Le sol est plus brun, le réseau routier est moins dense, les parcelles des champs sont dispersées. C'est l'Espagne.

5. L'équipage de cabine comprenait 4 hommes et 7 femmes.

Nicolas Hulot discute avec Gérard Feldzer. Les deux hommes ont beaucoup de souvenirs en commun. Ils ont aussi des projets pour l'avenir. Le commandant est tourné vers son ami.

Soudain, la porte du poste s'ouvre d'un coup. Un grand Noir entre en hurlant. Ses yeux sont exorbités... Il a les bras en avant dans une position étrange.

L'irruption de l'intrus est si brutale que les trois hommes sursautent.

– Qu'est-ce que... ? demande Gérard interloqué.

Il n'a pas le temps de terminer sa phrase. L'individu se penche pardessus le dos de Nicolas pour atteindre le pylône central.

Ce dernier est littéralement écrasé par l'individu qui s'appuie de tout son poids sur lui. En vociférant, il parvient à saisir les quatre manettes de gaz et les ramène brutalement vers l'arrière.

– Non mais ça va pas, hurle le commandant en remettant immédiatement les manettes en place.

Dans le même temps, Nicolas se débat. Il parvient à se redresser partiellement, éloignant ainsi l'agresseur des commandes.

Mais l'homme continue à pousser en avant de toutes ses forces en hurlant comme un possédé. Ce ne sont que des borborygmes incompréhensibles qui font autant penser à des gémissements de douleur qu'à des cris de colère...

C'est Nicolas Hulot qui prend les coups dans le dos car, bien involontairement, il est l'obstacle principal qui empêche l'homme d'atteindre les commandes vitales. L'animateur est carrément écrasé sous le poids du dément.

– Ce type va nous envoyer au tapis !

Le Sénégalais tire de nouveau sur les manettes, Gérard les remet aussitôt en place... Ce petit jeu de va-et-vient se poursuit pendant quelques secondes. Avec parfois des dissymétries importantes. Par chance, l'Airbus est équipé du nouveau système électronique « Alpha Floor » : pour éviter tout risque de décrochage dû à une perte soudaine de puissance, l'ordinateur de bord rétablit automatiquement la poussée sur les réacteurs. L'Airbus est à la pointe de l'informatique. Soumis à des coups de gaz dissymétriques de cette ampleur, un autre appareil aurait déjà basculé sur une aile et serait parti en vrille.

Or pour l'instant, il ne s'est rien passé de tel. Les passagers en cabine n'ont pas ressenti la moindre secousse !

– Ne touchez à rien, répète le commandant d'une voix ferme, en continuant à se battre avec les manettes des gaz.

Manifestement, l'agresseur n'a aucune connaissance aéronautique. Si c'était le cas, il pourrait aisément avoir une action déterminante qui provoquerait la catastrophe.

Pour Gérard Feldzer, ce n'est pas une raison pour laisser son agresseur jouer avec les gaz à sa guise. La lutte est violente pour maintenir la poussée. Mais les adversaires sont de force inégale. L'homme a des mains puissantes et musclées. C'est toujours lui qui a le dernier mot ! Pourtant, au bout de quelques secondes, il se rend compte que ses interventions ne provoquent rien de particulier. Il décide alors de s'acharner sur tous les interrupteurs à sa portée. Avec des gestes brusques, il bascule toute une série de *switchs,* tire des *breakers* au hasard, tourne des boutons de fréquence. Un peu partout des voyants s'allument sur le tableau de bord.

De toute évidence, l'individu veut se suicider et il a l'intention de planter l'avion.

Le commandant comprend que, de l'endroit où il se trouve, il ne pourra pas empêcher le passager d'intervenir sur les commandes. Il lui faut s'interposer physiquement, sinon l'autre va finir par les envoyer au tapis.

– À toi la machine, lance alors Gérard à son copilote.

Abandonnant les commandes, le commandant se jette sur l'agresseur. Physiquement, c'est David contre Goliath. Car si Feldzer est un brillant pilote, il est loin d'avoir la carrure d'un sportif de haut niveau.

Une lutte inégale s'engage alors entre les deux hommes. Nicolas Hulot parvient alors à se dégager et il tente de donner un coup de main à son ami. Mais l'individu est animé par une volonté suicidaire qui décuple ses forces.

– Demande de l'aide, hurle le commandant à l'intention du copilote…

Ce dernier n'a pas besoin de le faire. Au même moment, le chef de cabine entre en trombe dans le poste. D'abord sonné par l'assaut du Sénégalais, il lui a fallu quelques instants pour se remettre. Entre temps, il a réussi à alerter les trois stewards du vol pour qu'ils viennent dans le poste.

En voyant le CCP rentrer dans le cockpit, le dément abandonne la lutte pour se précipiter vers le copilote. Il veut lui prendre le manche des mains. Au passage, il arrache un masque à oxygène de son support et déchire le cache du siège.

– Fais gaffe, hurle Gérard en s'accrochant à ses épaules.

Aussitôt, le copilote se tourne sur sa droite et fait le dos rond pour tenter de protéger les commandes.

Sur l'Airbus A340, le manche n'est pas un demi-volant classique comme celui que l'on trouve sur tous les autres avions de ligne. Il s'agit d'un mini-manche de nouvelle génération, une sorte de *joystick* placé sur une console le long de la cloison latérale. La commande est située à droite pour le copilote, à gauche pour le commandant de bord.

Les navigants frémissent. Si jamais le type parvient à s'emparer du mini-manche, ça va faire très mal. Certes, l'ordinateur peut corriger beaucoup de choses, mais il ne peut pas lutter contre la volonté destructrice d'un déséquilibré.

En voyant le copilote devenir la cible principale de l'agresseur, le commandant a alors une excellente réaction. En un éclair, il se rassoit à sa place et bascule le *switch* qui lui donne la priorité sur la commande. Maintenant, c'est seulement son manche qui agit sur les gouvernes. De cette manière, le malade peut agir n'importe comment sur le *joystick* du copilote, il ne se passera rien.

Le problème, c'est qu'à présent que les deux navigants sont à leur place, il ne reste plus que Nicolas Hulot et le chef de cabine pour stopper le malade. Et les deux hommes ne font pas le poids. Heureusement, les trois stewards appelés en renfort jaillissent comme des diables dans le poste. En une fraction de seconde, les PNC ont compris ce qui se passait. Le regard fou et les cris du passager ne lais sent aucun doute sur ses intentions.

– Oh putain !

– Il faut l'arrêter...

Il y a maintenant cinq personnes pour tenter de venir à bout du gars. On pourrait croire que c'est amplement suffisant. Malheureusement, ce n'est pas le cas... Il s'agit d'une véritable crise de folie et comme souvent dans ces moments-là, les forces du dément sont décuplées. Le Sénégalais se bat comme un fauve.

Il donne des coups de pied et cogne de toutes ses forces, en cherchant toujours à agripper tout ce qui se trouve à sa portée : les interrupteurs, les sélecteurs de fréquence, la manette du train d'atterrissage. Par chance, il ne parvient pas à atteindre cette dernière commande. La sortie des trappes de train à cette vitesse aurait des conséquences très graves sur le vol.

Dans le poste, c'est une bousculade indescriptible. Depuis que les stewards sont arrivés, c'est maintenant un total de huit personnes qui gesticulent dans cet espace réduit. Malgré la panique, les navigants font très attention de ne faire aucun geste inconsidéré qui pourrait mettre en jeu la sécurité de l'avion. Le passager ne prend évidemment pas autant de précautions puisqu'il cherche au contraire à tout casser autour de lui. Tout le monde hurle.

– Tenez-le !

– Arrêtez-le, bon sang.

– Putain, j'y arrive pas. Il est trop fort.

Impossible de demander à d'autres membres d'équipage de venir prêter main forte. Les autres PNC sont des jeunes femmes et aucune d'elles ne pourrait faire le poids devant cet homme en pleine force de l'âge.

Puis, soudain, l'avantage change de camp. Les quatre PNC réussissent à plaquer le dément sur le sol. On lui immobilise les bras. Nicolas Hulot se charge des chevilles.

C'est un véritable cri de soulagement qui jaillit aussitôt.

– On l'a !

Immédiatement, l'homme se tend comme un arc pour tenter d'éjecter ceux qui le maintiennent.

– Assois-toi dessus, hurle aussitôt un des stewards. Assieds-toi dessus !

Pendant quelques secondes, l'homme reste immobile. Cloué au sol… Il souffle comme un bœuf avant de murmurer.

– OK… OK… Ça va !

Les navigants n'ont pas le temps de respirer que leur agresseur se débat de nouveau en hurlant. Ses forces semblent inépuisables.

– On va jamais y arriver…

Tout en restant assis à sa place pour protéger les commandes, Gérard Feldzer se retourne en permanence pour suivre l'évolution de la situation. Ce qu'il voit l'inquiète au plus haut point. Il est évident qu'aucun des stewards n'est de taille à se mesurer avec le dément. Les PNC ne sont pas des vigiles. Ils n'ont ni la force ni la technique pour faire face à ce genre de violence.

Même à cinq contre un, ils sont dépassés !

Nicolas Hulot tient toujours les pieds du dément, deux stewards immobilisent les bras et deux autres sont assis sur son dos mais l'homme n'est pas tranquille pour autant. Il essaie de se retourner, tente de mordre tout ce qui passe à sa portée.

Du coup, le commandant de bord se tourne vers le copilote.

– Appelle Pierre G. par le *public adress.* C'est un toubib… Il faut qu'on lui donne un tranquillisant.

Quelques secondes plus tard, le docteur G. arrive. C'est maintenant un total de neuf personnes qui sont présentes dans le poste de pilotage… Au milieu de cette mêlée incroyable, le malade continue à hurler. Des cris de fauve blessé qui s'entendent jusqu'au niveau des premières classes. Il se débat toujours et par moments il réussit à se soulever de manière inquiétante.

Que faire ?

Le plus logique serait de le sortir du poste pour demander l'aide des passagers. Le problème, c'est que ses mouvements sont si violents qu'il semble impossible de l'évacuer sans risquer de le voir se jeter de nouveau sur les commandes.

Trop dangereux. C'est la sécurité de l'avion tout entier qui est en jeu. Dans la panique, tout le monde parle en même temps.

– On devrait l'assommer !

– Non, il faut trouver un calmant dans la pharmacie de bord…

– On pourra jamais lui faire avaler des comprimés.

– Il faut lui faire une piqûre…

Les hôtesses ont été prévenues de ce qui se passait dans le poste. On les voit courir dans les allées pour récupérer des médicaments. En voyant leur visage tendu, certains passagers comprennent qu'il se passe quelque chose d'anormal. Les questions fusent de toutes parts.

– Vous pouvez nous expliquer ce qui arrive ?

– Est-ce qu'il y a des terroristes à bord ?

Les jeunes femmes se forcent à sourire. Ce n'est pas facile. Elles-mêmes sont terrorisées par ce qui se passe là-bas devant, mais il ne faut rien montrer. Surtout ne pas céder à la panique.

– Tout va bien ! Ne vous inquiétez pas.

Quelques minutes plus tard, le médecin a préparé une seringue de calmant récupéré dans la pharmacie de bord[6]. C'est du Droleptan… Mais la piqûre est terriblement difficile à effectuer. L'homme se débat toujours violemment. Il faut s'y mettre à trois rien que pour relever la manche de sa chemise. Ce n'est qu'au bout de plusieurs minutes que le toubib réussit à enfoncer l'aiguille et à lui administrer le tranquillisant.

L'injection n'a absolument aucun effet… Au lieu de se calmer, Amadou N. se met à réagir de plus belle contre ceux qui tentent de le maîtriser. Il parvient même un moment à renverser tout le monde et à se redresser partiellement. Avec des grognements de rage, il se met à genoux et tente d'atteindre le commandant de bord.

C'est aussitôt la panique.

– Tenez-le, bon Dieu… Il va planter l'avion !

De nouveau, l'individu est plaqué au sol. On s'assoit sur lui sans ménagement. La solution serait dc l'assommer avec un coup d'extincteur mais étrangement personne n'ose le faire. Encore une fois, les intervenants ne sont pas des spécialistes du combat rapproché. Rien n'est prévu dans leur formation pour faire face à ce genre de situation exceptionnelle. On leur a appris à être toujours courtois avec les passagers. Pas à les frapper ! Par chance, la porte du poste est fermée. Si, à cet instant, les passagers en cabine voyaient ce qui se passe dans le poste de pilotage, ils seraient morts de peur.

La mêlée continue… Quelqu'un crie.

– On n'y arrivera jamais. Il faudrait l'attacher !

– Une ceinture ! Allez chercher une ceinture.

Quelques minutes plus tard, une hôtesse revient avec une rallonge de ceinture de sécurité. Elle rapporte aussi une ceinture de… pantalon qu'elle a empruntée à un passager. On tente aussitôt de nouer les mains du dément dans le dos. Peine perdue, ça ne tient pas… L'homme parvient sans difficulté à se dégager et tente de se relever. Il faudrait des menottes !

– On ne pourra jamais tenir comme ça… Il faut lui faire une autre piqûre !

En catastrophe, le médecin sort du poste pilotage. De nouveau, il prépare une seringue de calmant. Cette fois, c'est du Valium. Au

6. Confrontés à des passagers malades en vol, il est arrivé plusieurs fois que des médecins refusent d'intervenir pour ne pas engager leur responsabilité et se trouver par la suite impliqués dans des problèmes juridiques.

passage, on ne peut que saluer le courage du praticien qui, à cet instant, prend des risques énormes en engageant sa responsabilité personnelle.

Cette fois, ça se passe mal. Dès que le médecin s'approche pour faire l'injection, il est mordu sauvagement à la main. La chair est entaillée jusqu'à l'os.

Cris, gémissements, ruades ! Cette seconde piqûre est encore plus difficile à effectuer que la précédente.

Malgré les efforts désespérés des stewards, le médecin n'y arrive pas. Soudain, dans un brusque sursaut, le malade réussit à repousser la seringue et l'aiguille se casse...

Un cri de découragement jaillit aussitôt de toutes les bouches :

– On n'y arrivera jamais !

Par chance, progressivement, la première injection de Droleptan commence à faire de l'effet. À mesure que les minutes passent, le malade se calme. Tout est relatif... il se débat toujours mais ses gestes sont moins brutaux et il est hors de question de le lâcher. Malgré tout, les navigants commencent à respirer. Ils regardent autour d'eux... Le poste de pilotage ressemble à présent à un champ de bataille. Les sacoches de cartes sont renversées. Des centaines de fiches de percée sont répandues sur le sol. Les masques à oxygène ont été arrachés de leur support.

– C'est trop risqué de le garder avec nous dans le poste, lance le commandant. Est-ce que vous pouvez le transporter à l'arrière ?

Les stewards n'ont même pas le temps de répondre que l'homme se met à gesticuler de nouveau.

– Sortez-le d'ici, bon sang !

Quelqu'un crie dans la mêlée.

– C'est impossible, il est trop costaud. Si on tente de le déplacer, il risque de nous échapper.

Puis il se calme à nouveau et semble s'endormir... Puis il se réveille à nouveau créant un nouveau vent de panique... Les différents rebondissements de situation seraient dignes d'un film catastrophe tel que les studios d'Hollywood en produisent régulièrement.

Le commandant comprend alors qu'il ne peut plus continuer le vol dans ces conditions. Hors de question de poursuivre jusqu'à Dakar avec une telle menace à moins d'un mètre derrière lui. Il doit atterrir le plus tôt possible. Pour lui, l'aéroport le plus pratique, c'est Bordeaux qui n'est qu'à 165 miles de leur position. Le déroutement sur Mérignac ne devrait pas prendre plus de vingt-cinq minutes.

Il branche donc son transpondeur sur A7700[7] et appelle le contrôle aérien espagnol pour signaler une situation d'urgence absolue.

– Madrid... ici Air France 718... *Pan, Pan, Pan*[8]. Nous avons un problème grave à bord. Nous demandons un retour immédiat sur Bordeaux.

– Roger 718... Est-ce qu'on peut connaître la nature de votre problème ?

– Air France 718, nous avons un passager très violent que nous ne parvenons pas à maîtriser. Il faut absolument le débarquer le plus rapidement possible.

L'accord de déroutement est accordé immédiatement et l'Airbus prend aussitôt une route directe vers Mérignac. La météo est bonne là-bas. Tous les services de sécurité sont avertis. Les pompiers, la police, les gendarmes, des ambulances seront à l'arrivée pour palier toutes les difficultés. Une fois que l'avion a fait demi-tour, le commandant prend soin d'avertir ses passagers de la situation. Il est important de les rassurer en leur fournissant un maximum d'informations.

– Mesdames messieurs, ici votre commandant. Nous sommes dans l'obligation de faire demi-tour pour nous poser à Bordeaux... Il se trouve que l'un des passagers nous a agressés et que nous devons...

Sans rien cacher de ce qui se passe dans le poste de pilotage, le pilote révèle alors toute la vérité. Les mots sont justes et exprimés avec le plus grand calme.

– Je pense que vous comprendrez que les exigences de sécurité ne nous permettent pas de continuer notre vol dans ces conditions.

La nouvelle est accueillie dans un silence impressionnant. L'angoisse devient soudain palpable... Et si le dément parvenait à se libérer ? À l'avant de la cabine, un passager inquiet propose de lui-même son aide à l'équipage. Il a fait de la boxe et peut contribuer à maîtriser le forcené.

Avec un sourire forcé, l'hôtesse décline poliment la proposition.

7. De cette manière, les contrôleurs radar sont immédiatement avertis que l'avion a de graves difficultés.
8. Terminologie adéquate pour signaler une situation d'urgence. À ne pas confondre avec le mot « Mayday » qui est réservé aux situations de détresse.

– Ne vous inquiétez pas. Tout va bien.

De toutes les façons, l'homme ne pourrait pas rentrer dans le cockpit. Il n'y a plus la moindre place.

Avec toujours neuf personnes dans le poste de pilotage, l'Airbus commence la descente et se présente vint-cinq minutes plus tard pour une approche VOR DME sur la piste 05 de Mérignac. C'est une percée difficile qui demande une grande concentration de la part de l'équipage. Malgré la foule et le bruit, les deux hommes focalisent toute leur attention sur le pilotage de l'Airbus et font abstraction de ce qui se passe derrière eux. La priorité est de poser l'avion en sécurité.

Bien conscients de l'urgence de la situation, les contrôleurs bordelais lui accordent une présentation quasi directe.

– Air France 718, vous êtes autorisé à atterrir piste 05. Le vent est calme.

C'est à partir de cet instant que les événements vont prendre une tournure complètement inattendue.

À **16 h 26** GMT[9], les roues de l'A340 touchent doucement le ciment de la piste de Bordeaux. Gérard Feldzer freine et dégage à l'extrémité pour s'engager sur le taxiway.

Dans son dos, il entend alors le médecin remarquer que le Sénégalais présente des symptômes inquiétants. L'agresseur est devenu brusquement immobile. Dans un premier temps, les navigants pensent qu'il s'agit d'une ruse qui lui permettrait de reprendre des forces pour se rebiffer de plus belle. Puis ils croient qu'il a retrouvé son ancienne personnalité et qu'il est retombé dans le même état de somnolence qu'il avait en montant à bord. Mais ce n'est pas le cas. L'agresseur présente des signes comateux.

– Le pouls est très faible, lance le docteur G. Je le sens à peine.

Inquiet, il demande au commandant de bord d'accélérer le roulage.

– Dépêchez-vous... Il n'a pas l'air en forme.

Il est exactement **18 h 32** locales lorsque l'Airbus s'immobilise sur le parking. Immédiatement, la passerelle vient se coller à l'avion. Les forces de l'ordre et les pompiers sont sur place. Dès que la porte est ouverte, les hommes se précipitent pour investir l'avion. Ils seront rejoints quelques minutes plus tard par le préfet en personne. En

9. 18 h 26 locales.

quelques secondes, les gendarmes sont sur l'agresseur. On lui passe les menottes dans le dos. Il ne réagit pas.

Il faut à présent le sortir du poste de pilotage mais ce n'est pas facile. L'homme est lourd et massif. Du fait de ses épaules puissantes, les policiers ont d'énormes difficultés à l'évacuer.

– Faites très attention, insiste le médecin, il va mal…

Dès qu'ils se trouvent dans la cabine, les pompiers placent le Sénégalais devant la porte 1G pour pouvoir l'examiner. Ils comprennent alors qu'il faut agir très vite. L'homme est dans le coma. C'est très sérieux. On le place sous oxygène. Tous les intervenants médicaux sont du même avis, on ne peut pas l'évacuer dans ces conditions. Il faut le réanimer d'abord. En quelques secondes, chacun comprend que l'instant est d'une gravité exceptionnelle. Malgré ce qui est arrivé, tous les navigants se regroupent autour du malade. Une hôtesse prie à voix basse… Le docteur G. procède à un massage cardiaque.

L'équipage est catastrophé. Non seulement, ils viennent de vivre un des moments les plus pénibles de leur vie mais alors qu'ils croyaient l'affaire terminée, voila que les problèmes resurgissent d'une manière incroyable.

– Qu'est-ce qui se passe ? demande un passager.

Les hôtesses ne cachent pas la vérité.

– Il va mal… On ne sait pas ce qu'il a !

– Est-ce qu'on va pouvoir repartir ?

– Je ne peux pas vous dire… Il faut attendre.

– Mais ma famille m'attend à Dakar. Ils vont s'inquiéter.

Pendant plus d'une heure, les pompiers et le Samu tentent de réanimer le passager. Sans succès. Malgré les efforts, le cœur refuse de battre. C'est une chape de plomb qui tombe brusquement sur les occupants de l'Airbus. À 19 h 28, on rabat le drap sur la tête d'Amadou N. Il est mort…

On ne sait pas encore ce qui a provoqué le décès : abus de médicaments ? Excès d'antidépresseurs ? Stress d'une lutte acharnée ? Crise cardiaque ? Aucune explication rationnelle ne peut être avancée avant qu'une autopsie ne soit pratiquée.

À bord de l'Airbus, c'est la stupeur ! Malgré les risques terribles que l'homme a fait courir aux passagers, personne n'a souhaité un dénouement aussi terrible. Le passager n'était pas un terroriste. De toute évidence, c'était un homme très malade. On apprendra plus tard qu'il se croyait envoûté et rentrait au Sénégal pour se faire soigner.

Dans l'avion, c'est alors la confusion la plus totale. Devant la gravité de la situation, les autorités décident de maintenir les passagers à bord afin de recueillir les témoignages et procéder aux différentes auditions. Certains passagers descendent malgré tout pour aller griller une cigarette sur le parking.

Ils se cachent près des camions citernes où il est évidemment strictement interdit de fumer. L'atmosphère devient subitement lourde. Il y a des murmures de protestation. Le malade reste longtemps près de la porte à la vue des occupants de l'appareil avant qu'on évacue le corps. Alors commencent à monter des cris de colère parmi les nombreux Sénégalais présents dans la cabine. La tension monte sournoisement. Ce ne sont d'abord que des cris isolés qui fusent.

– Assassins...

– C'est ça, la justice des Blancs !

Dans la confusion, plusieurs passagers se regroupent à l'arrière de l'appareil. Ils exigent des explications sur la mort de « leur frère ». Si on ne leur donne pas, ils se disent prêts à tout casser. Des groupes se forment. Les gens se mettent à crier de concert.

– Vous l'avez tué ! Vous l'avez tué !

Visiblement, une émeute est en train de se développer. Ce sont essentiellement les passagers qui étaient assis à l'arrière de l'avion qui protestent. Certains pleurent bruyamment. D'où ils se trouvaient, ils n'ont pas assisté aux différentes péripéties qui ont failli leur coûter la vie. Les cris deviennent plus violents. Il suffirait d'une étincelle pour mettre le feu aux poudres.

C'est le commandant de bord qui va rétablir la situation. Aidé d'un religieux musulman et du CCP, il se déplace lui-même en cabine pour fournir des explications sur ce qui s'est passé. Il répond franchement à toutes les questions. Avec beaucoup de calme, il explique à tous les passagers qu'ils sont passés tout près de la catastrophe. Personne n'a voulu tuer Amadou. L'équipage a été obligé de le maîtriser mais aucune action contre lui n'est la cause réelle de sa mort.

Gérard Feldzer parle longtemps. Sans aucune agressivité. Sans crainte. Il trouve les mots justes.

Après plus d'une heure de discussions, les passagers se rendent à la raison. Chacun comprend que l'avion a pu atterrir grâce au sang-froid de l'équipage. Personne n'a voulu la mort du malade.

Les Sénégalais retournent à leur place. La tension retombe. Par sécurité, une reconnaissance de bagages est effectuée.

Sitôt les formalités terminées, le commandant de bord prend la décision de repartir pour le Sénégal avec les passagers qui le souhaitent. Tous sont consultés. Un seul annule son départ et décide de rester à Bordeaux. De manière unanime, tous les membres de l'équipage décident également de poursuivre le vol avec le pilote.

Étant donné la gravité des événements, personne ne leur en aurait voulu d'abandonner le navire à cet instant.

À **22 heures** locales, l'Airbus décolle.

C'est un vol calme, effectué dans le recueillement et la tristesse. Dans le cockpit, le cœur n'y est pas. En dehors des procédures radio, personne n'a envie de parler. Nicolas Hulot semble terriblement affecté par la mort de leur agresseur.

L'atterrissage a lieu à Dakar avec cinq heures de retard sur l'horaire normal.

Au moment où l'avion arrive au parking, le commandant de bord demande aux hôtesses de patienter quelques instants avant d'ouvrir les portes. Il prend alors le micro du *public adress* et fait la déclaration suivante :

– Mesdames, messieurs, ici votre commandant de bord. Nous venons de nous poser à Dakar 10 h 30 après avoir décollé de Paris pour un vol prévu de 5 h 30 qui s'annonçait sans histoire. Nous avons tous subi, passagers et équipage, une épreuve douloureuse et difficile. Je voudrais vous remercier pour votre compréhension et votre collaboration face à une situation qui aurait pu être fatale pour nous tous. Je voudrais aussi vous dire à quel point nous sommes attristés de n'avoir pas pu sauver ce jeune homme malgré sa détresse violente et suicidaire. Personnellement, croyez bien que je ressens très durement cette issue, certes heureuse pour l'avion et ses occupants mais si tragique pour ce monsieur. Je pense que, quelles que soient nos origines, nos convictions ou nos religions, nous devons avoir une pensée pour lui et sa famille. Quelquefois, la folie des hommes se révèle à nos yeux. Qu'elle soit individuelle ou collective, nous n'y sommes pas toujours préparés. Mais nous devons faire en sorte de nous en protéger quand nous le pouvons. C'est ce que nous avons essayé de faire. Un grand merci, une fois encore, à tous. À l'escale de Bordeaux qui a tout fait pour sauver la situation. À l'équipage qui se sera mobilisé pendant plus de treize heures. Et surtout à vous, nos passagers : vous avez été formidables. Si ce que nous venons de vivre ensemble pouvait nous servir à mieux se parler, se comprendre et se respecter mutuellement, cela atténuerait un tout petit peu l'épreuve de ce soir, et la disparition d'Amadou aurait finalement servi à quelque chose. J'espère de tout cœur vous revoir un jour à bord d'un avion d'Air France à nos côtés et j'en suis sûr dans des circonstances plus heureuses.

Bonsoir.

Il y a un long moment de silence puis les passagers se lèvent lentement et quittent l'avion.

Malgré l'aspect tragique de ce dénouement, on ne peut que saluer l'attitude de l'équipage et en particulier celle du commandant de bord. Grâce à son sang-froid, il est certain qu'il a évité une catastrophe et sauvé les vies dont il était responsable.

Nous vivons pourtant une époque étrange... La famille du défunt a immédiatement porté plainte. Assisté par un célèbre avocat, souvent brocardé par « Les Guignols », elle demande réparation et le commandant de bord risque aujourd'hui d'être mis en examen.

Sans commentaire...

DÉTOURNEMENT CATASTROPHIQUE EN CHINE

Un détournement parmi les plus meurtriers de l'histoire de l'aviation commerciale...

2 octobre 1990.

La Chine fait certainement partie des nations les moins touchées par le phénomène de la piraterie aérienne. Police omniprésente et régime autoritaire incitent peu, il est vrai au détournement d'un avion de ligne.

Pourtant à l'automne 1990, le pays va être victime d'une spectaculaire catastrophe aérienne causée par un acte de piraterie.

L'avion appartient aux lignes intérieures chinoises *Xiamen Airlines.* C'est un Boeing 737-247 sorti des usines de Seattle en 1984. Il porte le numéro de série 23189/1072. Un appareil de construction américaine au pays de Mao Zedong, on pourrait s'en étonner... Les dirigeants chinois ont pourtant dû s'y résoudre depuis de nombreuses années. Après avoir essayé vainement de construire des avions de ligne en copiant les occidentaux, au rivet près, les Chinois se sont rendu compte que ce n'était pas aussi simple et ils se sont résolus à acheter des avions américains. Plus rapides, plus confortables et surtout plus fiables, les Boeing sont présents aujourd'hui dans la plupart des compagnies aériennes chinoises. On y rencontre pratiquement tous les modèles : des plus anciens comme l'antique 707 jusqu'aux 757 équipés des derniers perfectionnements électroniques.

Ce 2 octobre 1990, le vol 8301 effectue une liaison intérieure entre Xiamen et Canton. C'est presque un saut de puce pour ce moyen courrier puisqu'il n'y a que 500 kilomètres entre les deux villes. De Bloc à bloc, le temps du trajet ne dépasse pas cinquante minutes.

Le décollage a lieu à **6 h 57** de l'aéroport de Xiamen-Gaoqi.

Il y a 95 passagers à bord parmi lesquels se trouvent deux cadres importants du parti communiste de la ville de Fuzhou.

Comme dans la plupart des compagnies intérieures chinoises[1], le service à bord est réduit au strict minimum. Même si le personnel de cabine se compose de 6 personnes, aucun repas n'est prévu pendant le vol, pas même le moindre rafraîchissement. Le rôle du PNC est avant tout de veiller à ce que les passagers suivent scrupuleusement les consignes : démonstrations des procédures de sécurité et vérifications des ceintures et des tablettes, sont les principales occupations des hôtesses et des stewards. Les Chinois étant, dans l'ensemble, des gens extrêmement disciplinés, il en résulte que le personnel de cabine n'est pas surchargé de travail.

L'avion a décollé avec dix minutes de retard sur son horaire. La météo est changeante sur le trajet. Une perturbation est passée la veille sur la province du Guangdong. Elle a apporté des pluies importantes sur tout le Sud de la Chine et il y fait particulièrement froid... Aujourd'hui, une amélioration arrive par le Guangxi mais il reste encore de nombreux orages menaçants à partir d'une ligne Shantou-NanChang.

D'après les derniers bulletins météo que le pilote a consultés, la situation devrait s'améliorer dans le delta du Zhu Jiang. Cela signifie qu'à mesure qu'il progressera vers sa destination, le plafond des nuages s'élèvera régulièrement. À l'arrivée à Canton, la couche devrait se situer aux environs de 2 000 pieds. Pour cette époque de l'année, c'est du beau temps.

Le vol se déroule normalement jusqu'au moment où l'avion atteint son altitude de croisière de 29 000 pieds.

Il est **7 h 15** lorsque le drame commence... À l'arrière de la cabine, un homme se dresse brusquement de sa place. Il se met au milieu de l'allée et appelle les hôtesses d'une voix aiguë.

L'individu est vêtu d'une veste de toile grise, il est plutôt grand pour un Chinois et semble terriblement nerveux. Il a environ 30 ans... Les passagers qui sont proches de lui remarquent que son visage est

1. Il existe 12 compagnies intérieures en Chine.

couvert de sueur. Ses mains tremblent. Dans sa harangue, il parle le putonghua[2], que tout le monde à bord comprend mais il y mêle également des bribes de yue[3], la langue parlée dans le sud de la Chine surtout chez les hommes d'affaires.

Le perturbateur semble dans un tel état de surexcitation que certains passagers diront plus tard qu'il agit sous l'emprise de drogues.

Affolées, les hôtesses se précipitent pour lui demander fermement de bien vouloir regagner sa place. Elles évitent de le toucher car l'homme a des mouvements brusques et désordonnés.

Mais il n'obéit pas.

– Je veux voir le pilote.

– *Dui bu qi*[4], personne ne peut être admis dans le poste de pilotage.

Le ton est poli. Les hôtesses se courbent à plusieurs reprises dans des saluts traditionnels mais le refus est ferme et sans appel. Chaque fois que l'individu veut avancer vers l'avant de l'avion, l'équipage se met au milieu de l'allée pour lui barrer le passage.

Alors, l'homme ouvre sa veste... Autour de sa poitrine, se trouvent plusieurs pains d'explosifs attachés grossièrement avec du ruban adhésif. Le système ressemble à un bricolage fabriqué à la hâte. Certains pains de plastique ont été rajoutés par-dessus le ruban et ils tiennent avec du fil électrique.

Le pirate crie encore plus fort. Il est à la limite de l'hystérie.

– C'est de la dynamite... Si vous refusez, je me suicide.

Au cours de l'enquête qui suivra ces événements, les autorités chinoises feront savoir que les explosifs ont été dérobés sur un chantier important dans le centre du pays. Il y en avait 7 kilos qui faisaient partie de stocks destinés au percement d'un barrage...

Une seconde version moins officielle prétendra que l'homme ne portait pas de dynamite sur lui mais de simples morceaux de bois enveloppés dans du papier kraft huilé... Où est la vérité ? Aucune preuve ne sera jamais apportée pour confirmer l'une ou l'autre des théories.

Quoi qu'il en soit, l'intervention du pirate provoque immédiatement un terrible sentiment d'angoisse dans la cabine. Pourtant, personne ne crie. Tous les passagers se tassent sur leur siège et attendent.

2. *Mandarin.*
3. *Cantonnais.*
4. *Je suis désolée.*

Le pirate ne donne aucune explication sur la façon dont il peut provoquer l'explosion mais sa main droite reste en permanence dans sa poche, ce qui inquiète beaucoup un des stewards.

Chaque fois que quelqu'un s'approche de lui, l'homme se met à hurler qu'il va faire sauter l'avion.

Alors, les hôtesses cèdent... En effectuant toujours des saluts de politesse pour montrer l'intérêt qu'elles portent à leur agresseur, elles le conduisent jusque dans le poste de pilotage.

Lorsqu'il pénètre dans le centre nerveux du Boeing 737, l'homme transpire toujours abondamment et sa nervosité semble encore plus grande. Tout dans son attitude indique qu'il est prêt au pire pour parvenir à ses fins.

Le commandant de bord a été averti par interphone de ce qui se passait en cabine et c'est lui qui a finalement donné son accord pour qu'on fasse venir le pirate dans le poste.

À partir de cet instant, les choses vont peu à peu prendre une tournure dramatique. Au sein de la compagnie Xiamen Airlines, aucune instruction précise n'a jamais été donnée aux équipages sur la conduite à tenir en cas de détournement. De ce fait, le commandant va improviser, au coup par coup, en fonction de son intuition et de la vision personnelle qu'il a de la gestion d'une telle crise.

Le moins que l'on puisse dire c'est que les choses vont mal se passer.

Dès qu'il est à l'intérieur du poste de pilotage, le pirate ouvre de nouveau sa veste pour montrer les explosifs attachés sur sa poitrine. Avant même que le commandant fasse la moindre remarque, il lance d'une voix criarde.

– On va à Taïwan... à Taipei.

– *Na li*[5] ?

– Taïwan !

Le commandant n'est pas du genre à se laisser impressionner. Il fait non de la tête.

– Je n'ai pas assez de carburant.

La réponse est particulièrement maladroite car la capitale de Taïwan n'est qu'à 200 kilomètres de Xiamen. À peine un quart d'heure de vol... Il n'y a que le détroit de Formose à traverser et c'est deux fois

1. Où ça ?

moins loin que Canton. Le pirate est peut-être très nerveux mais cela ne l'empêche pas d'avoir quelques notions de géographie.

Du coup, il s'énerve encore davantage. Le ton monte. Il ouvre de nouveau sa veste pour menacer les navigants. Comme le commandant de bord ne semble pas le prendre au sérieux, il finit par piquer une colère terrible.

Pointant le doigt vers le copilote, il hurle :

– Toi... Sors de là... Va-t-en !

Puis il montre le mécanicien navigant.

– Toi aussi... Dehors... Va-t-en !

Éberlués, les deux navigants se lèvent de leur place. Ils restent un moment debout à côté de leur agresseur, ne sachant quelle attitude adopter. Comme ils hésitent à sortir du poste, le pirate vocifère :

– Dehors tout de suite ou je me suicide.

Les deux hommes jettent un coup d'œil interrogateur dans la direction de leur commandant. C'est à lui seul que revient la décision finale... Celui-ci a un mouvement de tête pour leur faire signe d'obéir.

Alors, lentement, le copilote et le mécanicien ouvrent la porte et ils quittent les lieux. Ne sachant que faire en cabine, ils se mettent en attente près des toilettes, espérant que le pirate va les faire revenir le plus rapidement possible.

L'homme ne les rappellera plus... En fait, il semble soulagé de se retrouver seul avec le commandant.

Il y a un long moment de silence pendant lequel le pirate se penche par-dessus l'épaule du pilote. Il observe le tapis de nuages qui défilent sous les ailes. Comme la météo l'avait prévu, il fait gris mais la couche se disloque peu à peu. Dans les trous, on commence à apercevoir les premiers reliefs du Guangdong.

Et sur la gauche de l'appareil, des taches bleues apparaissent de temps en temps. C'est la mer de Chine.

Puis tout à coup, le pirate enjambe la console centrale et vient s'asseoir à la place du copilote. Il regarde les instruments d'un air étonné. Visiblement, il n'y connaît rien.

Il faut préciser que le 737 de Xiamen Airlines est un appareil de conception ancienne, appartenant à la série 200. Aucun écran cathodique... Sur le tableau de bord, ce sont des dizaines de cadrans analogiques avec des *switchs* un peu partout. C'est un tel fouillis d'aiguilles et d'instruments que cela donne aux débutants une impression d'extrême complexité.

– Surtout, ne touchez à rien, ordonne le commandant très inquiet de voir son agresseur s'installer à cette place.

À cet instant, l'avion est sur pilote automatique. Il vole au cap 257 en direction de la balise de Guangzhou[6].

Visiblement, le visiteur n'a pas l'intention de prendre les commandes. Il n'a qu'une seule idée en tête : quitter le pays.

– Va à Taïwan.

– Je ne peux pas, répète le pilote, têtu. Pas assez de carburant...

Mais le pirate n'est pas dupe.

– Tu mens... Tu en as suffisamment... Va à Taïwan. Si tu n'obéis pas, je fais sauter ton avion...

– Je ne peux pas !

Le dialogue de sourds se poursuit pendant quelques instants puis le commandant comprend qu'il ne réussira pas à bluffer son adversaire sous prétexte qu'il n'a pas assez de pétrole. Il lui faut trouver autre chose pour décourager son agresseur. Car, malgré la menace qui pèse sur son avion, le pilote n'envisage pas d'obéir au pirate. Hors de question qu'il se déroute en République de Chine.

– OK, j'ai assez de carburant avoue-t-il enfin... Mais je n'ai pas les cartes nécessaires pour me poser là-bas. Et en plus, les conditions météo sont très mauvaises chez les nationalistes.

Cette fois, l'argument semble beaucoup plus crédible au pirate. Il connaît la méfiance des autorités de Pékin et il est en effet tout à fait possible que les équipages chinois ne possèdent pas la documentation des aéroports de Taïwan. Après tout, les gens d'en face sont les ennemis les plus irréductibles des communistes.

Le pirate réfléchit longuement puis il lâche d'une voix aiguë :

– Alors, tu vas à Hong Kong !

Nul besoin d'être un fin psychologue pour comprendre que l'homme est prêt à partir n'importe où. Pourvu que ce ne soit pas en Chine communiste... Hong Kong ou Taïwan, en définitive, cela lui est égal. Ce qui compte, c'est de quitter le pays.

Cette fois, le pilote ne peut pas prétexter qu'il fait mauvais temps.

6. *Canton.*

Hong Kong n'est qu'à quelques minutes de vol de Canton... Pourtant, il hésite sur la conduite à tenir. S'il atterrit à Hong Kong, ne risque-t-il pas lui-même des représailles lors de son retour en Chine ? Ne va-t-on pas lui reprocher d'avoir facilité la tâche à son agresseur ?

Comme il traîne à donner une réponse, le pirate ouvre de nouveau sa veste pour montrer les explosifs.

– Va à Hong Kong !

Finalement, le commandant cède. Il n'est pas en mesure de lutter contre ce genre d'argument. Il se dit simplement que pour résoudre son problème, il lui faudra trouver une autre méthode plus subtile que l'affrontement direct.

– D'accord, on va à New Kowloon[7].

L'agresseur a du mal à dissimuler son soulagement. D'une voix à peine audible, il murmure :

– *Xie xie...*[8]

Même s'il doit passer quelques années dans les geôles britanniques, il sait qu'il ne sera jamais renvoyé en Chine. Et apparemment, pour lui, tout vaut mieux que de continuer à vivre sous le régime communiste.

Pour montrer sa bonne volonté, le commandant de bord saisit la molette du pilote automatique et il affiche le cap 244. Aussitôt, l'avion s'incline vers la gauche pour venir se stabiliser sur la nouvelle route. Le mouvement de roulis est très court puisque la différence de cap entre les deux destinations est minime. Il n'y a que 13 degrés d'écart.

Le pilote grimace un sourire à l'intention de son passager.

– Voilà, vous êtes satisfait. On va à Hong Kong...

– Dans combien de temps ?

Un coup d'œil à la montre. Quelque secondes de réflexion.

– On y sera dans quarante-cinq minutes.

Ce n'est pas tout à fait exact... De la position où il se trouve actuellement, le Boeing n'est qu'à un quart d'heure de vol de Hong Kong. Mais le commandant veut se donner du temps pour réfléchir. Il ne veut pas céder aussi facilement à son agresseur. Il a donc prévu de faire des zigzags et des virages de retardement. Histoire de trouver une solution à son problème.

7. Célèbre quartier situé à proximité de l'aéroport de Hong Kong.
8. Merci.

Tout en parlant, il affiche le cap 7700 sur son transpondeur. De cette manière, les contrôleurs aériens de la région vont savoir immédiatement qu'il est victime d'un détournement. Mais gagner du temps n'est pas suffisant. Il lui faut trouver quelque chose pour se sortir du guêpier.

Les minutes passent... En place droite, le pirate se détend. Visiblement, il se sent beaucoup mieux depuis qu'il croit avoir pris le chemin de la liberté. Sur son front, la sueur sèche peu à peu.

Il ne se doute pas que le pilote est un têtu qui n'a absolument pas l'intention de se laisser manœuvrer.

La montre de bord indique maintenant **7 h 59**... Il y a près d'une heure que l'avion a décollé de Xiamen. Si le pirate avait quelques notions de pilotage, il se rendrait immédiatement compte que quelque chose ne colle pas.... Ils devraient être arrivés à Hong Kong depuis longtemps. Le problème, c'est que le Boeing tourne en rond et qu'il revient toujours au même point.

Le pirate ne remarque rien. Il faut préciser qu'ils sont toujours au-dessus des nuages et que ces légers battements d'aile n'ont rien d'inquiétant. Dans l'esprit du pirate, le pilote suit des couloirs aériens. Comment pourrait-il se rendre compte que, depuis une demi-heure, l'avion n'a pratiquement pas parcouru un seul kilomètre ?

Il y a un autre détail que le pirate ignore... Le commandant de bord a trouvé un moyen discret de transmettre des informations aux contrôleurs sur ce qui se passe à bord de son avion : il garde en permanence le micro de la radio dans sa main droite. Le geste est naturel, comme si le micro faisait partie intégrante du pilotage de l'avion. Sauf que le pilote maintient sans arrêt le bouton de l'*alternate* enfoncé.

De cette manière, toutes les conversations qui ont lieu dans le poste de pilotage sont écoutées, et... enregistrées par les autorités chinoises. Elles sont également entendues par les services de renseignements militaires britanniques de Hong Kong.

Pourquoi le pilote décrit-il ainsi des cercles dans le ciel ? Aucune explication officielle ne sera donnée par la suite mais il est probable que le stratagème est destiné à gagner du temps pour permettre aux Chinois de mettre en place un dispositif policier.

Quelles sont les intentions des autorités de Pékin ? Pensent-elles que les explosifs du pirate sont des faux et qu'il leur est possible d'intervenir sans trop de casse ? Nul ne peut le dire, on sait simplement que le temps passe et que, peu à peu, le pirate commence à perdre patience.

– Dans combien de temps est-ce qu'on arrive à Hong Kong ?

– Une vingtaine de minutes... On y est presque.

– Dépêche-toi !

La voix est tendue... Elle trahit une angoisse grandissante.

Le pilote comprend qu'il ne peut pas continuer plus longtemps à faire des hippodromes[9]. D'autant qu'il a décollé avec seulement deux heures de carburant dans ses réservoirs et que les jauges commencent à baisser.

D'un geste naturel, il pose la main sur la molette du pilote automatique et il la tourne lentement pour afficher le cap 257. De nouveau, l'avion s'incline. Mais cette fois, c'est pour reprendre son cap initial. Bien évidemment, ce n'est pas la direction de Hong Kong mais celle de Canton qui se trouve à 135 kilomètres au nord du territoire britannique.

Cette fois, le Boeing se dirige enfin vers une destination précise. Même si ce n'est pas tout à fait celle qu'espère le pirate. À la vitesse de 860 kilomètres à l'heure, il se rapproche rapidement de l'aéroport de Baiyun...

À 8 h 16, sur le tableau de bord, le DME indique qu'ils ne sont plus qu'à 110 miles nautiques de la destination.

– Combien de temps ?

– Moins d'un quart d'heure...

Pourtant, le temps semble de plus en plus long pour le pirate. À mesure que les minutes passent, sa nervosité semble revenir. Les gouttes de sueur perlent à nouveau sur son visage. Il regarde en permanence vers le sol pour essayer de se repérer. Malheureusement, la couche nuageuse est encore trop dense. À part la mer de Chine qui apparaît de temps en temps au loin sur la gauche de l'appareil, il ne voit rien qui pourrait lui indiquer sa position avec précision.

À 8 h 18, le commandant porte le micro de la radio à hauteur de ses lèvres et il annonce qu'il commence la descente vers sa destination.

– 8301, on libère le niveau 290.

– Reçu 8301.

Les échanges radio avec le contrôle sont inhabituellement brefs. C'est volontaire... Les différents intervenants veulent éviter d'attirer

9. Trajectoire d'attente qui a la forme d'un champ de course.

l'attention de l'agresseur. Aucun d'eux ne cite jamais le nom de l'aéroport où le Boeing va atterrir. Car le raisonnement du pilote est le suivant : rien ne ressemble davantage à une piste qu'une autre piste. Il va faire une percée aux instruments sur l'aéroport de Canton. L'avion sera dans les nuages presque tout le temps et on ne verra vraiment le sol qu'à partir de 2 000 pieds. S'il se débrouille bien, il va pouvoir berner son passager et lui faire croire qu'ils sont en train d'atterrir à Hong Kong...

Et après ?

On ne peut s'empêcher de remarquer que c'est un raisonnement à très courte vue. Le commandant chinois ne se pose pas la question de savoir quelle sera la réaction de son agresseur lorsqu'il s'apercevra qu'ils ne sont pas arrivés sur le bon aéroport. Ne risque-t-il pas de s'en prendre aux passagers ? Ne va-t-il pas faire exploser ses charges pour se venger ?

La ruse est maladroite... Sauf problèmes techniques insurmontables, aucun pilote ne tenterait aujourd'hui de régler un problème de détournement de cette manière. Pour les navigants, la procédure est toujours la même : ils doivent éviter de provoquer la colère de leurs agresseurs. Toute initiative personnelle qui pourrait nuire à la sécurité doit être proscrite. Bien évidemment, ils peuvent toujours essayer de discuter pour convaincre leurs agresseurs qu'ils font une erreur mais ils ne doivent jamais rentrer en conflit direct avec eux.

Et surtout, ne pas essayer de les rouler de manière grossière... Il ne fait aucun doute que la méthode du pilote chinois est mauvaise. La suite des événements va malheureusement en apporter la preuve.

À 8 h 20, le vol 8301 passe l'altitude de 10 000 pieds en descente vers l'aéroport de Canton-Baiyun.

À la demande du pirate, le pilote a finalement annoncé « officiellement » à la radio qu'il était victime d'un détournement en demandant la priorité à l'atterrissage. Le navigant joue une étrange comédie puisque chaque fois qu'il contacte le contrôle, il annonce qu'il va atterrir à Hong Kong. Le gars de l'approche est parfaitement au courant des intentions du pilote et lui non plus ne prononce jamais le mot Guangzhou[10].

Évidemment, tous les radars de la région peuvent constater que le Boeing se dirige vers Canton. C'est une étrange pièce de théâtre qui se

10. Canton.

joue entre l'avion et le contrôle pour permettre aux forces de police et à l'armée de se mettre en place sur l'aéroport de Baiyun.

À **8 h 22,** le vol 8301 est autorisé à se présenter sur la piste face à l'ouest pour une approche directe.

À partir de 6 000 pieds, le Boeing plonge dans la couche nuageuse.

Sur l'aéroport de Hong Kong tout proche, les contrôleurs britanniques sont eux aussi parfaitement au courant de ce qui arrive. Ils suivent les conversations sur les fréquences de Canton mais personne n'intervient. C'est une affaire intérieure chinoise. La situation politique est trop délicate entre les deux territoires pour risquer de créer un incident diplomatique qui pourrait avoir de graves conséquences.

L'altimètre indique 4 000 pieds...

À mesure que l'avion perd de l'altitude, la tension monte dans le poste de pilotage. Le pirate recommence à transpirer. Il scrute en permanence le tableau de bord à la recherche d'une indication qui pourrait lui confirmer qu'ils sont bien en approche sur Hong Kong. Mais il a beau chercher, il ne comprend toujours rien aux dizaines d'instruments.

Quant au paysage qui défile sous l'avion, il est encore invisible... Le Boeing est dans une sorte de brouillard laiteux qui masque tout. De temps en temps, il y a bien quelques passages en ciel clair, mais c'est si rapide qu'on a tout juste le temps d'apercevoir quelques cours d'eau qui serpentent au milieu de la verdure. Pas moyen de se repérer...

– Dans combien de temps est-ce que tu vas atterrir ?

Le pilote semble totalement concentré sur les commandes de son avion. Il répond dune voix très calme :

– Quelques minutes... *deng yi deng...*[11]

Le navigant a répondu sans jeter un regard vers son interlocuteur. Peut-être craint-il que l'autre ne lise dans ses yeux qu'il ment. Pour le moment, son seul souhait, c'est que la couche nuageuse soit la plus épaisse possible car dès qu'ils seront en ciel clair, le pirate risque de se rendre compte qu'il s'est fait rouler. L'aiguille de l'altimètre franchit la barre des 3 000 pieds... En place droite, le pirate devient de plus en plus nerveux. Il triture nerveusement sa veste comme pour vérifier que les charges explosives sont bien là.

11. Sois patient.

– Tu es sûr qu'on va à Hong Kong ?

– Ne t'inquiète pas...

Et puis soudain, à 1 900 pieds, la visibilité s'améliore brusquement devant le pare-brise.

Le 737 sort des nuages.

À une dizaine de kilomètres, juste devant l'avion, une longue bande grise s'étire vers l'horizon. On est en plein jour et pourtant, de part et d'autre de la piste, les lumières des balises ont été allumées. Elles scintillent dans la grisaille accentuant encore la perspective de la bande.

Le commandant pointe un doigt vers le pare-brise.

– Hong Kong, dit-il d'une voix enrouée.

Cette fois, c'est au tour du pirate de ne rien répondre.

Il se penche sur le côté pour regarder le paysage. De son côté, rien n'est choquant. Il y a quelques collines, des rivières et des lacs. Cela pourrait être le genre de paysage qu'on trouve dans le nord-ouest du territoire britannique. L'homme ne sait évidemment pas qu'à Hong Kong, l'approche se fait presque toujours au-dessus de la mer. En outre, il se trouve du côté droit de l'avion. Comme ils sont au cap 260, il ne voit pas vers le sud et il ne remarque donc pas ce qui cloche manifestement dans le paysage.

Car l'aéroport de Canton est situé à une quinzaine de kilomètres au nord de la ville. Vers le sud, c'est le delta des fleuves Zhu Jiang et Xi Jiang qui s'étirent sur une centaine de kilomètres...

S'ils étaient vraiment en approche sur l'île de Hong Kong, il devrait voir l'océan Pacifique sur la gauche de l'avion. Or, ce ne sont que des plaines et des rivières par dizaines.

Aucun des deux hommes ne parle.

L'avion descend toujours, il est maintenant à 1 000 pieds en finale et la piste grossit à vue d'œil devant le pare-brise...

Le pirate suit l'approche avec un intérêt croissant. Par moments, il rit nerveusement et frappe du plat de la main sur sa cuisse. Mélange de joie et d'appréhension ? Son attention se relâche-t-elle ? Il ne remarque toujours pas que l'aéroport sur lequel ils arrivent est situé dans une plaine. Aucune trace de l'océan Pacifique. Pas la moindre île. Aucune colline au nord...

– *Flight 8301, you are cleared to land...*

Le pilote répète l'autorisation d'atterrissage. Presque aussitôt, il se penche jusqu'à la place droite pour sortir le train d'atterrissage. Puis il pose la main sur la palette des volets et la place en position de braquage maximum.

L'altitude diminue...

Les détails au sol deviennent plus distincts. On aperçoit des camions et de nombreux cyclistes sur une route qui mène à l'aéroport. La tour de contrôle est maintenant bien visible dans le lointain. Sur les parkings au pied de l'aérogare, plusieurs avions de ligne sont garés en épis. Sur un taxiway, près de la piste, un Boeing 757 est en train de se rendre au point de manœuvre (c'est un appareil de la compagnie *China Southwest Airlines* à qui l'on a demandé d'attendre l'atterrissage du vol 8301 pour s'aligner).

Et puis soudain, le pirate a un éclair de lucidité.

Où sont les centaines de gratte-ciel qui bordent la piste ?

L'homme a vu des dizaines de photos de Hong Kong. L'aéroport est tellement enclavé dans la ville que les passagers ont l'impression d'atterrir au milieu des immeubles... Où sont les constructions ultramodernes surgissant de blocs de béton hideux avec des balcons multicolores et une architecture uniforme. Et puis où se trouve Kowloon Hill, cette colline impressionnante près de la piste juste à côté de Jordan Valley ?

Il n'y a rien de tout cela devant l'avion. Autour de l'aéroport, ce n'est que la campagne chinoise à perte de vue.

En une fraction de seconde, l'homme comprend qu'il a été joué. Il hurle de toutes ses forces :

– Tu m'as trompé !

La suite n'est qu'une terrible série d'insultes entre les deux hommes. Le pirate menace à nouveau de faire sauter l'avion si le pilote ne remet pas les gaz immédiatement pour l'emmener à Hong Kong. Mais a-t-il vraiment des explosifs sur lui ? Et si c'est le cas, a-t-il le courage de mourir en entraînant avec lui une centaine d'innocents ?

Quoi qu'il en soit, il ne déclenche pas d'explosion...

En désespoir de cause, il ne lui reste plus qu'à se battre... Alors il se dresse par-dessus la console centrale et frappe le pilote. Ce dernier tente de se protéger des gifles et des coups de poings... La lutte devient sauvage. Les coups pleuvent sur le navigant.

– Arrête !

Mais le pirate ne veut rien savoir. Il vocifère.

– Remets les gaz...

La trajectoire du 737 se mets à onduler dangereusement...Les ailes battent de droite à gauche comme sous l'effet d'une violente turbulence mais le commandant tient bon. Malgré le coups et les menaces, il refuse de céder. Il est persuadé que son seul espoir de s'en tirer est d'atterrir maintenant à Canton. Même si Hong Kong n'est qu'à dix minutes de vol, il n'ira pas se poser là-bas. D'ailleurs, dès qu'il sera au sol, les policiers chinois viendront l'aider à maîtriser son adversaire.

L'avion n'est plus qu'à 300 pieds...

Pendant quelques secondes, le pilote réussit à stabiliser le plan de descente... Il met toute sa volonté pour contrôler le moindre de ses gestes. Les hurlements et les gifles de son agresseur n'y feront rien.

Dans quelques secondes, les roues vont toucher la piste.

Au milieu des cris et des insultes, la voix de synthèse de la sonde altimétrique retentit pour donner la hauteur de l'avion :

100 pieds...

50 pieds...

20 pieds...

10 pieds...

Il est 8 h 30.

Le pilote est arc-bouté sur les commandes. Il cherche à se protéger des coups tout en stabilisant son avion à l'arrondi. D'un geste brusque, il ramène les deux manettes des gaz vers l'arrière...

– Remets les gaz !!!

Cette fois, le pirate comprend que sa dernière chance est en train de s'évanouir. Une fois que l'avion sera posé, tout sera fini pour lui. Alors, dans un mouvement de folie, il s'empare des commandes... C'est le début de la fin !

Le choc avec le sol est terriblement brutal.

Ce qui suit ressemble au scénario d'un film catastrophe... L'avion est très incliné. Il touche d'abord avec l'aile droite. Son extrémité accroche le sol, labourant la terre sur une centaine de mètres. Des morceaux de métal giclent tout autour. Le bout de l'aile se désintègre en creusant un long sillon de dix centimètres de profondeur. Dès l'impact, l'avion a tendance à pivoter sur lui-même par la droite.

Puis, c'est le train droit qui percute la piste avec une énergie énorme. Les pneus hurlent et éclatent aussitôt. Le choc est d'une telle violence qu'il accentue le mouvement de lacet et que l'avion part dans une violente embardée.

Trois secondes plus tard, lorsque le train gauche prend contact avec le sol, le Boeing n'est déjà plus au-dessus de la piste. Il est dans l'herbe...

Dans le poste de pilotage, le commandant tente de maîtriser son appareil, mais ça ne sert plus à rien... L'avion est devenu totalement incontrôlable. Ce n'est plus qu'une masse de 50 tonnes qui fonce vers le taxiway. Une sorte de bombe gigantesque qui pulvérise au passage un engin de fauchage arrêté au bord de la piste.

Commence alors une course folle à travers l'aérodrome.

Le Boeing déboule à plus de 240 kilomètres à l'heure au travers des chemins de roulements. Le chauffeur d'un véhicule de piste *Follow me* le voit passer à quelques mètres devant son capot... sans le toucher. Il sera l'un des rares à avoir de la chance ce jour-là.

Le premier obstacle qui surgit sur la route du vol 8301 est un vieux Boeing 707 de la compagnie *China Southwest*[12]. L'appareil est en stationnement sur un parking à l'écart des bâtiments. Il est arrivé la veille de Lantianchang et doit être tracté en fin de matinée vers une aire de chargement.

Le choc n'est pas très violent car il n'est pas frontal. Le gros quadriréacteur est pris de biais entre l'avion fou et un camion « catering » de l'aéroport qui passait juste à coté. Le conducteur du véhicule de piste est tué sur le coup.

Le 707 est bousculé comme un vulgaire Jodel. Les deux réacteurs et une partie de son aile gauche sont arrachés. Le train d'atterrissage gauche est cisaillé net et envoyé à plus d'une centaine de mètres.

Par chance, le Boeing en stationnement était totalement vide.

À l'intérieur du Boeing de *Xiamen Airlines,* c'est la panique. Les passagers hurlent en entendant les chocs terribles qui résonnent autour d'eux. Les malheureux s'accrochent à leurs sièges mais ceux-ci se dérobent étrangement. Par endroit, le plancher s'effondre sous leurs pieds. Les cloisons se déforment de toutes parts. Les hublots éclatent comme des fruits mûrs.

12. C'est un Boeing 707 - 3J6B dont le numéro de série est 20714/869.

Une violente odeur de kérosène se répand dans la cabine.

La collision avec le quadriréacteur a ouvert une large déchirure dans le fuselage mais le choc n'a pas vraiment freiné l'avion fou. Celui-ci poursuit sa course à plus de 160 kilomètres à l'heure le long du taxiway.

C'est là qu'il croise la trajectoire d'un second appareil : un Boeing 757 de la même compagnie China Southwest[13].

L'appareil est en train de se diriger à basse vitesse vers son point d'attente. Il doit décoller dans quelques minutes à destination de Shenzhen[14].

À bord, il y a 12 membres d'équipage et 110 passagers.

Dans le poste de pilotage, le commandant croit soudain vivre un cauchemar éveillé. Un Boeing 737 de Xiamen fond sur lui comme un gigantesque obus. Il n'a aucune possibilité d'éviter la collision.

L'avion fou le percute de plein fouet.

Cette fois, le choc est épouvantable...

Au moment de l'impact, l'appareil de China Southwest est littéralement éventré. Certains occupants de l'appareil sont projetés en l'air comme des pantins. Dans les ailes, les réservoirs du 757 sont pleins à ras bord. Avant même que les passagers aient réalisé ce qui leur arrivait, un incendie se déclare piégeant les malheureux dans les flammes. Les deux carcasses en flammes s'entremêlent dans un amas de ferrailles inextricable.

C'est l'enfer qui se déchaîne brutalement sur l'aéroport de Canton.

Le bilan de la catastrophe est terrible.

Il y avait 104 personnes à bord de l'avion de Xiamen Airlines. On relèvera 82 morts parmi les décombres fumants. Quant aux survivants, ils seront tous gravement brûlés et certains resteront handicapés à vie. Le pirate et le commandant de bord sont tous les deux au nombre des victimes. Il n'y a que deux rescapés parmi les membres de l'équipage.

On peut remarquer que malgré l'incendie qui ravage l'épave, il n'y aura aucune déflagration violente qui aurait dû être provoquée par l'explosion des 7 kilos de dynamite. La catastrophe fera également des victimes à l'intérieur du Boeing 757 de China Southwest puisque 49 personnes supplémentaires y trouveront la mort au cours de l'in-

13. C'est un Boeing 757 - 21 B dont le numéro de série est 24758/282.
14. Shanghai.

cendie. Tous les membres de l'équipage survivront à la collision. Par la suite, les autorités chinoises expliqueront que le détournement du vol Xiamen 8301 a été l'œuvre d'un déséquilibré. Comme à leur habitude, elles useront et abuseront du vocabulaire habituel pour qualifier le délire du pirate. Étrangement, elles reconnaîtront pourtant avoir commis certaines erreurs d'appréciation sur la gravité de la situation. Ainsi, elles admettront qu'il aurait fallu maintenir le Boeing 757 de China Southwest au parking et ne pas le laisser s'approcher de la piste au moment de l'atterrissage de l'avion détourné.

Aucune remarque en revanche ne sera faite sur la ruse utilisée par le pilote, en accord tacite avec les contrôleurs, pour tenter de tromper le pirate.

Personne ne cherchera à savoir s'il n'est pas préférable de laisser un dissident fou s'échapper plutôt que de provoquer la mort d'une centaine d'innocents.

JE VEUX JETER L'AVION SUR MEMPHIS...

L'acte de piraterie qui a horrifié les Américains...

7 avril 1994.

Federal Express est la première compagnie aérienne au monde pour le transport rapide des colis.

La société a été fondée en 1971 par Frederik W. Smith, un homme d'affaires brillant souvent qualifié de visionnaire. En effet, Smith n'est pas seulement celui qui a deviné bien avant les autres que le fret allait représenter un marché colossal et qu'il y avait beaucoup d'argent à gagner. Il est aussi celui qui a compris que le transport rapide des colis doit obéir aux mêmes règles que celles du transport de passagers : il ne peut pas se faire en établissant simplement des lignes aériennes entre les grandes villes des États-Unis. Pour gagner du temps, et de l'argent, le transport de marchandises doit impérativement rayonner sur tous les USA à partir d'un aéroport « central ». Il est donc indispensable de faire « remonter » systématiquement tous les paquets jusqu'au *hub*[1] pour les trier très rapidement et les réorienter vers leur destination finale.

Dès 1972, c'est l'aéroport de Memphis, Tennessee, qui est choisi par Fred Smith pour devenir le *hub* de Federal Express.

Pourtant malgré l'intelligence du concept, les débuts sont assez laborieux... Pendant plusieurs années, Fred Smith perd de l'argent. La compagnie ne peut desservir que 23 villes des États-Unis, les salaires des pilotes sont très modestes et sa flotte d'avions est plutôt restreinte. FedEx utilise des petits biréacteurs de construction française : des

1. HUB : littéralement : moyeu central à partir duquel les vols repartent vers leurs villes de destination.

Dassault Falcon 20 qui sont des appareils incroyablement solides mais dont la capacité en fret est relativement faible. Même si les avions ont été équipés d'une large porte cargo, ils embarquent rarement la totalité de la cargaison[2]. Pour pouvoir augmenter la charge marchande, FedEx a d'ailleurs trouvé un « truc » inédit. Les APU[3] de tous les avions ont été démontés. Le seul problème, c'est que, sans ce dispositif autonome d'alimentation électrique, les Falcon 20 ne disposent plus de chauffage lorsqu'ils sont au sol. En hiver, pendant les escales, les pilotes de FedEx prennent donc l'habitude de garder leur gros manteau dans les cockpits glacials et de se réchauffer les mains sur leur tasse de café en attendant que leur avion soit rechargé.

À cet époque, les navigants de FedEx sont considérés comme de véritables pionniers. Certains les voient comme des doux rêveurs exploités par leur patron. Ce n'est pourtant pas le cas... La plupart des pilotes croient à l'avenir du concept et c'est la raison pour laquelle ils acceptent de telles conditions de travail.

Puis, dans les années 1980, la situation financière de FedEx s'améliore. La demande devient plus forte et la compagnie acquiert un Boeing 727 cargo qui vient renforcer les petits Falcon 20. Le succès se confirme... Toutes les nuits, ce sont des centaines de milliers de paquets qui arrivent à Memphis et repartent aussitôt pour traverser les USA. Aux yeux des Américains, l'image de la société s'affirme et on ne la confond plus avec une société de cartes de crédit *(American Express !)*. Envoyer un paquet urgent par FedEx devient un véritable réflexe pour les grosses sociétés américaines.

La compagnie aérienne marche si bien, que, deux ans plus tard, Frederik Smith achète un premier DC-10 cargo. Un superbe appareil pouvant emporter plus de 60 tonnes de fret. Comparé aux 2 tonnes du Falcon 20, c'est le paradis.

Mieux, c'est l'*American cream come true...* Car cet avion gros porteur est le premier d'une longue série. Dix... vingt... trente... cinquante Jumbo-Jet viennent renforcer la flotte.

Plus rien n'arrête Fred Smith... Les USA deviennent bientôt trop petits pour le géant en gestation. La compagnie étend son champ d'action vers l'étranger. D'abord vers l'Europe, puis vers l'Asie... Avec les

2. Les Falcon 20 cargo de Dassault emportaient tout de même 2 040 kilos de fret dans une soute de 14 m³.
3. Auxiliary Power Unit : Petite turbine utilisée pour fournir de l'énergie lorsque l'avion est stationné au parking.

DC -10, il n'y a plus aucune limite pour expédier des dizaines de tonnes de marchandises urgentes. Tout le monde a recours à FedEx pour envoyer du fret à l'autre bout du monde.

La société dispose à présent d'infrastructures gigantesques sur l'aéroport de Memphis. Des hangars, plusieurs centaines d'avions, des milliers de véhicules, c'est une véritable fourmilière qui s'affaire chaque nuit pour satisfaire les millions de clients qui attendent leurs colis. La compagnie possède même sa propre tour de contrôle qui gère le roulage de ses avions sur ses parkings.

Aujourd'hui, il y a environ 3 000 pilotes à Fedex et leur job n'a plus aucun rapport avec ce qu'il était dans les débuts des années 1970. Les cockpits sont bien chauffés et nombreux sont les navigants des petites compagnies qui voudraient bien enfiler l'uniforme bleu frappé du sigle prestigieux. Car, les pilotes FedEx sont maintenant des privilégiés. Leur salaire est très élevé, ils ont d'excellentes conditions de travail et ils volent sur des avions parfaitement entretenus.

Dans l'esprit du grand public, Memphis n'est plus seulement la ville natale d'Elvis Presley, c'est avant tout l'aéroport qui abrite le siège social de la première compagnie mondiale de fret.

Inutile de préciser que, chaque année, FedEx reçoit des milliers de CV de pilotes qui souhaiteraient faire partie de la grande famille. Pourtant, le chemin est difficile pour y devenir commandant de bord. En effet, la compagnie applique la règle qui prévaut aux États-Unis : le postulant n'est jamais recruté en tant que commandant de bord et ce, *quelle que soit son expérience antérieure.* Il commence toujours par être mécanicien navigant. Métier peu valorisant puisque l'homme ne touche jamais réellement aux commandes. Après plusieurs années comme « troisième homme », il devient copilote et doit encore attendre longtemps avant de pouvoir occuper la fonction qui le fait rêver :

Captain...

Lorsqu'il aura enfin l'autorisation de s'asseoir à la place gauche, sa vie changera radicalement. Il disposera de tous les avantages : il aura les galons, le prestige, l'autorité et... un salaire qui est parfois plus de quatre fois celui d'un mécanicien navigant.

Auburn Ralph Calloway est mécanicien navigant à FedEx depuis cinq ans... Il a 43 ans au moment de ces faits. Évidemment, comme tous les navigants, il n'attend qu'une chose : monter en grade sur la liste de séniorité pour changer de place dans le poste de pilotage.

Il en est encore loin ! L'homme est de race noire. Il porte une grosse moustache et son visage arrondi lui donne un air plutôt avenant. Grand et musclé, c'est un sportif expert en karaté et en plongée sous-marine. Marié, père de deux enfants, Calloway a tout pour être heureux. Il a commencé à voler très jeune dans l'US Navy où il a acquis beaucoup d'expérience aéronautique. Puis il a choisi de quitter l'armée pour retourner à la vie civile. Il a alors travaillé dans plusieurs petites compagnies aériennes. Cela n'a pas toujours été facile... Comme la plupart des pilotes au début de leur carrière en compagnies, Calloway a vécu quelques années de galère : salaires de misère, avions fatigués, horaires épouvantables...

Tout cela est aujourd'hui terminé. Maintenant, il est à FedEx et tout devrait aller pour le mieux pour lui et pour sa famille.

Et pourtant, ce n'est pas le cas...

Car le mécanicien navigant va pas bien. Son mariage part en lambeaux. Son épouse vient de demander le divorce et elle a obtenu la garde de ses enfants. Du coup, Calloway déprime.

Il vit seul dans un grand appartement vide. Son caractère s'en ressent. Depuis quelque temps, il est devenu terriblement irascible. Les conflits avec son entourage sont quotidiens.

Professionnellement, sa situation n'est pas très brillante non plus. Il y a quelque mois, Calloway a commis une faute inimaginable. Un jour, alors que Fred Smith, le patron de FedEx, passe à la télévision, le mécanicien appelle la chaîne.

Il se fait passer pour un de ses collègues pilotes et agresse violemment le PDG interloqué. Ses propos sont outranciers : le patron n'est qu'un ignorant qui ne connaît rien au transport aérien. Il fait n'importe quoi et pousse la compagnie dans une politique de développement vers le Vietnam. D'après lui, la faillite est proche.

L'intervention du mécanicien navigant est d'une telle violence qu'elle choque bon nombre de téléspectateurs. Mais Calloway s'en moque car lorsqu'il raccroche, il est persuadé que personne ne l'a reconnu sous son pseudo appel « anonyme ».

Manque de chance, le patron de FedEx jouit d'une excellente cote de popularité auprès de ses employés. Et nombreux sont ceux qui ont enregistré l'émission ce jour-là. On a reconnu la voix du mystérieux correspondant téléphonique. On crie à l'imposture. L'homme qui a parlé n'est pas le pilote dont on a donné le nom....

Le soir-même, les coups de fil affluent à la direction générale pour dénoncer Auburn Calloway...

Dès lors, le mécanicien navigant se trouve dans le collimateur des dirigeants de FedEx. Pour eux, il est hors de question de garder un employé qui critique publiquement le patron en se faisant passer pour un collègue.

Les managers procèdent à une enquête approfondie pour trouver des motifs qui permettraient de se débarrasser de l'ancien pilote de la Navy.

Et il ne leur faut pas bien longtemps pour découvrir que, sur beaucoup de points, Calloway n'est pas très net. Ainsi, il y a cinq ans, le pilote a menti au cours de son entretien d'embauche pour rentrer à FedEx. Il a triché de manière grossière sur le nombre d'heures de vol qu'il a effectuées dans la Navy. L'homme a beaucoup moins d'expérience qu'il ne l'a prétendu à l'époque. Quant à ses résultats en tant que pilote, ils n'ont pas été aussi brillants qu'il l'a déclaré. Bien au contraire, Calloway était médiocre et il a été repêché d'extrême justesse à plusieurs tests en vol.

Et il y a plus grave encore... Au cours de ses premiers jobs en tant que pilote civil, Calloway a eu de sérieux problèmes. Il a été licencié par deux compagnies aériennes pour faute grave. Or, il s'est bien gardé de mentionner ce « détail » au cours de l'entretien d'embauche chez FedEx.

Peu à peu, les managers de Federal Express montent un solide dossier contre leur employé indélicat : témoignages accablants, pièces justificatives, copies des dossiers professionnels antérieurs.

La sanction approche.

Le 3 avril 1994, Calloway reçoit une lettre de la compagnie lui demandant de bien vouloir se présenter à un conseil de discipline le concernant. L'entretien doit se tenir le vendredi 8 avril dans les locaux de Federal Express.

Lorsqu'il prend connaissance de cette convocation, Calloway comprend immédiatement ce qui va lui arriver.

Il va être viré !

Il sait maintenant que beaucoup d'employés ont reconnu sa voix au téléphone. Certains ne se sont même pas gênés pour lui dire en face ce qu'ils pensaient de son intervention « anonyme ». Pour se défendre, le mécanicien a immédiatement répliqué en invoquant le racisme dont font preuve les patrons de FedEx. Il est sûr de son bon droit. Pourtant, malgré l'assurance qu'il affiche, Calloway a compris qu'il n'a plus aucune chance de garder son job. Cette fois, sa vie est complètement fichue...

Trouver un autre job comme pilote ? C'est impensable... L'interview télévisée de Fred Smith a fait beaucoup de bruit dans le monde de l'aviation. Aucune compagnie aérienne ne voudra plus le réengager après le coup qu'il a fait au patron de FedEx.

Alors Calloway prend une décision terrible...

Il fait son testament...

Il lègue la totalité de ce qu'il possède à ceux qu'il aime. L'acte notarié est signé du 5 avril 1994, soit deux jours après la réception de la lettre de convocation au conseil de discipline de la compagnie. Il se rend ensuite à sa banque pour vider ses comptes et procéder à des virements en faveur de ses enfants.

Il range soigneusement son appartement, met toutes ses affaires en ordre, fait des achats dans plusieurs supermarchés. Étrangement, il achète surtout des outils. Des... marteaux de différentes tailles.

Puis il téléphone au service de réservation de FedEx pour qu'on lui garde une place à bord du vol 705 qui part pour San José dans l'après-midi du 7 avril. Comme tous les employés de la compagnie, Calloway a en effet le droit de voyager en tant que passager gratuit sur tous les vols FedEx. Il l'a déjà fait à de nombreuses reprises pour traverser les États-Unis et même se rendre en Europe. Les formalités sont simples. Il lui suffit d'en faire la demande au service des réservations, en donnant son numéro personnel d'identification : 88 / 777. S'il reste encore de la place à bord sur les *jump seats*[4] l'autorisation est accordée systématiquement.

Or, ce jour-là, le mécanicien a de la chance :

– C'est OK, monsieur Calloway... Vous êtes le seul passager sur le vol 705 pour San José, précise l'employée de la réservation. Présentez-vous à 14 heures à l'aéroport et vous embarquerez.

Le mécanicien navigant a pris sa décision et elle est épouvantable...

Le vol 705 doit décoller de Memphis à **15 h 10.**

L'avion est un DC-10 cargo. Il porte le numéro 306 et a été acheté

4. Les DC 10 sont des avions cargos qui ne disposent que de quelques places en strapontins. Le nombre de places disponibles varie de 2 à 10 suivant les versions.

neuf en 1985. Comme tous les avions volant sous les couleurs de FedEx, l'appareil a été baptisé au cours d'une cérémonie solennelle. Il porte une inscription à l'avant juste sous le poste de pilotage. Le 306 s'appelle *John Peter Junior*. C'est le nom du fils d'un employé de la compagnie qui a eu la chance d'être choisi pour baptiser ce Jumbo-Jet.

Il faut dire que pour motiver ses travailleurs, FedEx a trouvé un moyen pour le moins original. Chaque avion porte le nom d'un enfant d'un salarié. Le problème, c'est que malgré la centaine de DC-10, il n'y a évidemment pas assez d'avions pour satisfaire les milliers de familles de la compagnie. Federal Express organise donc chaque année un concours interne pour désigner les quelques gamins veinards qui auront leur nom inscrit sur les fuselages des nouveaux avions.

Ce jeudi 7 avril, le DC-10 *John Peter Jr* a pour commandant de bord David Sanders. Son copilote est Jim Tucker, un gaillard de près de 2 mètres, bâti comme un athlète de haut niveau. Il faut souligner que Jim Tucker possède également la qualification de commandant de bord mais que, pour ce vol, il a accepté de remplacer un copilote indisponible. Pour une fois, il sera assis en place droite et sera donc sous les ordres de David Sanders.

Le mécanicien navigant s'appelle Andy Peterson.

Les trois hommes ne se connaissent pas... Rien d'étonnant à cela. Dans les grandes compagnies aériennes, il y a tellement de navigants qu'il est assez rare de rencontrer quelqu'un avec qui on a déjà volé.

Lorsque les trois hommes pénètrent dans le poste de pilotage vers **13 h 30**, ils ont la surprise de découvrir un grand gaillard de race noire avec une bonne figure sympathique. Sa présence est étrange car l'usage veut que les passagers « FedEx » attendent l'arrivée de l'équipage avant de monter à bord. Pourtant, le commandant ne fait aucune remarque au nouveau venu. Il pense simplement que la sécurité l'a laissé passer parce que le gars est venu en uniforme avec son badge de la compagnie. Malgré tout, le copilote ne peut s'empêcher de faire discrètement remarquer à ses collègues que c'est la première fois qu'il voit un employé de FedEx voyager à titre personnel en portant son uniforme. En général, lorsque les gars partent en vacances, ils adoptent plutôt un style décontracté : jean et tee-shirt ! Enfin, chacun son truc !

Pour tout bagage, l'homme emporte un étui à guitare et un petit sac de voyage en toile. Après avoir serré la main des trois membres d'équipage, le passager s'assoit sur le *jump seat* du *galley* derrière le poste de pilotage.

Et il s'y endort.

Sans plus s'occuper de leur visiteur, l'équipage commence à préparer le vol pour la Californie. Andy, le mécanicien navigant, s'installe devant son panneau de travail. La première chose qu'il remarque, c'est que le breaker du *cockpit voice recorder* est en position *Off.* Dans ces conditions, le système qui enregistre les conversations dans le poste de pilotage ne fonctionne pas. Panne étrange qui peut avoir plusieurs origines. C'est peut-être un court-circuit ou tout simplement un oubli de la part des techniciens de l'équipe précédente.

Sur le moment, Andy Peterson ne porte pas vraiment attention à ce qui lui semble un détail mineur. Presque machinalement, il appuie sur le bouton noir pour rétablir le circuit électrique. À partir de cet instant, les conversations de l'équipage sont de nouveau enregistrées par la boîte noire.

La procédure de départ se poursuit normalement. Vérification de la cargaison, installation, check-list de démarrage, préparation de la navigation vers la Californie.

Tout en travaillant, les trois hommes font connaissance. La boîte noire enregistre alors les conversations habituelles d'un équipage qui va passer une dizaine d'heures ensemble pour faire un aller et retour à travers les États-Unis.

À 15 h 01, le commandant David Sanders met les réacteurs en route. Il a convenu avec son copilote que ce serait lui qui piloterait le DC-10 jusqu'à San José et qu'ils inverseraient les rôles au cours du vol retour. C'est une procédure tout à fait normale que de confier alternativement les commandes au copilote et au commandant de bord. Cela permet aux deux membres d'équipage de conserver un niveau d'entraînement équivalent.

C'est donc le copilote Jim Tucker qui va décoller l'avion à partir de Memphis jusqu'en Californie. Pendant ce vol, David Sanders se chargera des communications radio avec le contrôle aérien.

Il est **15 h 04.** Avec quelques minutes de retard, la tour de Memphis donne au vol 705 l'autorisation de rouler en direction de la piste 27.

– Express 705, clear for taxi. Report holding Point.

Et le DC-10 s'ébranle pour l'un des vols les plus terribles jamais

5. Quelle que soit celui qui est aux commandes, le commandant de bord reste toujours le patron mais à chaque vol on définit un PF (pilote en fonction) et un PNF (Pilote Non en Fonction).

effectués par un Jumbo-Jet. On est en plein milieu de l'après-midi. Contrairement à ce qui se passe la nuit, le trafic à Memphis est relativement fluide. Nul besoin de faire la queue sur les taxiways en attendant que les dizaines de cargos aux couleurs de FedEx atteignent les points d'attente. Dans les périodes de pointe nocturne, il faut parfois plus de trois quarts d'heure pour atteindre la piste. Aujourd'hui, c'est seulement sept minutes qui sont nécessaires au DC-10 avant qu'il ne reçoive l'autorisation de décoller.

– *Express 705, cleared for take off. Wind 360 for 10 knots*[6].

L'équipage pousse un soupir de satisfaction... Il est exactement **15 h 11.** C'est presque un exploit d'avoir réalisé un roulage aussi rapide sur cet aéroport surchargé. Du coup, l'avion est pratiquement à l'heure sur son horaire.

Mise des gaz.

Lâcher des freins...

La vitesse augmente... V1.

Rotation...

Tout va pour le mieux... Le copilote affiche 15 degrés d'assiette sur l'horizon artificiel et le Jumbo-Jet quitte le sol du Tennessee. Dans un peu plus de quatre heures, les 60 tonnes de composants électroniques se trouvant dans la soute seront livrées à leur destinataire de la Sillicon Valley.

À peine l'appareil a-t-il pris son assiette de montée que Calloway se réveille. Avec des gestes rapides et précis, il fonce vers son étui à guitare. Il l'ouvre... À l'intérieur se trouvent quatre marteaux de formes et de tailles différentes. Pourtant, les outils présentent tous des points communs : leur manche est recouvert de caoutchouc souple, et ils ont une double extrémité pointue pour faciliter l'arrachage des clous.

Parmi l'attirail de Calloway se trouve également un fusil de chasse sous-marine et un poignard de plongée d'une taille impressionnante.

Le projet du mécanicien navigant est le suivant : il va provoquer une catastrophe aérienne au cours de laquelle il perdra la vie... Grâce à ce sacrifice, ses enfants toucheront l'assurance souscrite par la compagnie FedEx au profit de chacun de ses employés. La somme est considérable : elle approche *15 millions de francs.* Avec une telle fortune, ses deux gosses seront à l'abri du besoin jusqu'à la fin de leurs

6. FedEx 705, autorisé au décollage vent du nord pour 10 nœuds.

jours. Le plan de Calloway est dément mais il est mûrement réfléchi. Pour que ses enfants soient riches, il est indispensable que le crash apparaisse comme un accident aux yeux des assureurs. Personne ne doit jamais savoir ce qui s'est réellement passé dans le poste de pilotage. Si les enquêteurs peuvent prouver que Calloway est à l'origine de la catastrophe, les assurances ne paieront pas un centime.

Le mécanicien navigant a soigneusement étudié les méthodes enquêteurs du NTSB[7]. Ceux-ci disposent de techniques sophistiquées pour découvrir les causes d'une catastrophe aérienne. Il lui faut donc être extrêmement prudent dans la mise en scène. Hors de question d'utiliser une arme à feu qui serait inévitablement retrouvée dans l'épave de l'avion. D'ailleurs, les balles feraient des trous facilement repérables dans le fuselage. C'est la raison pour laquelle, Calloway a choisi des marteaux pour éliminer l'équipage. Ce sont des armes parfaites qui passeront inaperçues parmi les débris du crash.

L'équation est simple : Accident inexpliqué ! Avenir des enfants assuré !

Pour que le scénario soit crédible, il faut également empêcher l'équipage de lancer le moindre appel de détresse à la radio. Rien ne doit donc transparaître de ce qui se passe à bord. Si le pilote parvient à lancer un SOS, c'est fichu, les assurances ne paieront pas.

Il en va de même pour la boîte noire. En temps normal, le CVR enregistre toutes les conversations dans le poste de pilotage. Il faut donc qu'elle soit désactivée avant que Calloway ne passe à l'action sinon les enquêteurs comprendront qu'il ne s'agit pas d'un accident mais d'un suicide lié à l'assurance.

On l'aura compris, le plan de Calloway est complètement fou. Plus tard, les enquêteurs se rendront compte que l'homme délire encore plus qu'on pourrait le croire car, non seulement il veut que ses enfants soient riches, mais il a en tête une idée encore plus démente pour se venger des patrons de FedEx...

Dans le poste de pilotage, aucun des trois hommes ne se doute des menaces qui pèsent sur eux.

Comme prévu, c'est Jim Tucker, le copilote qui est aux commandes et il obéit scrupuleusement aux instructions du contrôle aérien. L'avion a été autorisé initialement vers le niveau de vol 60 et le plan de vol

7. National Transport Safety Board. Bureau national de sécurité des transports en charge des enquêtes sur les crash.

prévoit qu'il suivra une route à 31 000 pieds jusqu'à San José. Le contrôle appelle[8] :

– Express 705, virez à droite pour rejoindre la radiale 275.

C'est David Sanders, le commandant de bord qui répond.

– Roger 705, à droite vers le 275.

Le temps est exceptionnellement beau en ce début d'avril. Les cartes météo que l'équipage a pu examiner avant le vol ont montré qu'il n'y avait pratiquement pas un nuage sur la route.

Pourtant, malgré le beau temps, le début du vol n'est pas de tout repos. Apparemment, le contrôle aérien a des difficultés à suivre l'avion sur son radar. Ça cafouille un peu dans le ciel de Memphis. Puis, le contrôleur se trompe de fréquence. Malgré plusieurs tentatives, personne ne répond et l'équipage doit revenir sur la fréquence précédente.

Rien pourtant de ce qui arrive n'inquiète vraiment l'équipage du vol 705 habitué à ce genre de petites maladresses.

Quelques minutes plus tard, l'avion est à 70 kilomètres de Memphis. Il atteint le niveau 180. En ce bel après-midi de printemps, le ciel est d'une pureté inhabituelle au-dessus de l'Arkansas.

Il y a maintenant sept minutes que l'avion a quitté le sol. Le stress habituel du décollage est terminé et l'équipage se détend en regardant dehors. Du coup, le commandant de bord abandonne sa radio quelques instants pour commenter le paysage qui défile sous l'avion.

– Tu vois sur ces collines là-bas... De temps en temps, tu peux voir des planeurs qui prennent les ascendances le long des pentes. C'est un coin génial pour le vol à voile. C'est Crowley Ridge, j'y suis déjà allé.

– Dave, tu habites en Arkansas[9] ?

– Non, je vis à Fisherville.

– Merde, Fisherville, c'est vraiment un endroit super...

Le copilote n'a pas le temps de demander plus de précisions sur le style de vie qu'on mène à Fisherville. À cet instant, Auburn Calloway surgit en trombe dans le poste de pilotage. Il ne dit pas un mot, ne

8. Toutes les conversations qui sont écrites en italique sont les termes exactes des intervenants puisqu'elles ont été enregistrées par le Cockpit Voice Recorder.

9. Dans de nombreuses compagnies européennes , il est d'usage d'utiliser le tutoiement pendant les vols, même si les navigants ne se connaissent pas. L'auteur a tenu compte de cette habitude dans la traduction du dialogue.

pousse pas un cri. Sans une seconde d'hésitation, il frappe le mécanicien navigant de deux coups de marteau sur la tête. Les coups sont assenés avec une force terrible. Le but de Calloway est d'achever sa victime le plus rapidement possible car, sciemment, il utilise le côté pointu de l'instrument. Le malheureux Andy Peterson a une fracture du crâne. Il n'a même pas le temps de crier. Son sang gicle sur sa chemise et jusque sur son panneau d'instrument.

L'agression dure moins de trois secondes...

Les bruits sont si anodins que les deux hommes aux commandes ne se retournent pas en entendant les deux coups sourds derrière eux. Encore absorbés par l'observation du paysage, ils croient simplement que leur mécanicien a laissé tomber une planchette de navigation sur le plancher.

Mais Calloway se précipite sur Tucker pour le frapper à son tour sur la tête. En sentant une présence derrière lui, le copilote se retourne instinctivement et pousse un cri de surprise :

– Putain... Mais qu'est-ce que ce mec...

Dans un geste dérisoire, le copi lève les bras au-dessus de sa tête pour se protéger. Mais cela n'empêche pas l'arme de l'atteindre durement à la tête. Le coup est porté au-dessus de l'oreille gauche et l'outil pénètre profondément à l'intérieur du crâne. Sous la violence du choc, Tucker est projeté contre le montant droit du pare-brise et il pousse un long grognement de douleur.

Une nouvelle fois, le sang gicle sur le tableau de bord et jusque sur la vitre latérale.

L'agression n'a duré que quelques secondes. Le pirate n'a frappé qu'un seul coup mais il a été terrible. De toute évidence, Calloway ne veut pas perdre de temps avec chacun des trois navigants.

Ils veut les tuer le plus rapidement possible.

Assis en place gauche, le commandant de bord comprend que le dément va maintenant s'en prendre à lui. Maladroitement, il cherche à détacher sa ceinture pour se protéger de l'attaque qu'il voit venir vers lui.

Mais il n'en a pas le temps.

– *Fuck, you are...*

Il ne peut en dire plus. Les pointes acérées du marteau l'atteignent douloureusement au bras. Le marteau se relève aussitôt... Il se plante maintenant profondément dans son épaule. Les coups pleuvent de toutes parts... Affolé, David Sanders met ses mains par-dessus son crâne pour se protéger. Les impacts font terriblement mal. Ses lunettes volent à travers le poste de pilotage. Le sang coule à travers ses doigts et lui brouille la vision.

Il hurle :

– Stop !

Soudain Calloway cesse de frapper. Il reste un court instant à regarder ses victimes ensanglantées. En moins d'une minute, l'homme a mis le poste de pilotage dans un état épouvantable. On se croirait dans une scène d'un film d'horreur du style *Massacre With Texas Chain*[10]. Il y a du sang partout... Pourtant, contrairement aux espoirs du pirate, aucun des trois hommes n'est mort. Malgré leurs blessures impressionnantes, ils sont encore conscients.

Du coup, Calloway décide d'employer une autre tactique. Il a compris qu'il ne parviendrait pas à tuer l'équipage aussi rapidement qu'il le croyait. Ces hommes sont combatifs, il va devoir employer les grands moyens.

Il se retourne pour sortir du poste de pilotage à toute vitesse. À sa façon de courir, on pourrait croire qu'il a peur et cherche à s'enfuir.

D'instinct, le commandant de bord a deviné que le changement d'attitude de leur agresseur n'est pas une fuite. L'homme va revenir pour une nouvelle attaque. Or, Dave Sanders est un teigneux... Il n'aime pas subir. Il sent que la seule chance de survie de l'équipage est de contre-attaquer immédiatement.

Il hurle à l'intention de son mécanicien navigant.

– *Fuck*... Attrape ce fils de pute... Attrape-le...

Malheureusement, Andy Peterson est incapable de réagir. Il est trop sonné. Les coups de marteau lui ont causé deux graves traumatismes crâniens et il lutte pour ne pas perdre connaissance. Lorsque Calloway passe à quelques centimètres de lui, il ne peut que lever une main épuisée dans sa direction.

Il gémit.

– Je peux pas... Oh... mon Dieu.

D'un geste brusque, Calloway écarte le bras de Peterson et fonce

10. Massacre à la tronçonneuse.

jusqu'à son étui à guitare toujours dans le *galley*. Au moment où il fouille dans son arsenal, il hurle d'une voix suraiguë :

– I'm gonna kill you... I'm gonna kill you...

Visiblement, le type semble fou de rage de ne pas avoir réussi à éliminer l'équipage aussi rapidement qu'il le croyait.

Le commandant de bord profite de l'absence du pirate pour déboucler sa ceinture. Un peu sonné, il se lève de sa place et tente d'enjamber la console centrale. C'est à cet instant que Calloway revient dans le poste de pilotage. Cette fois, il brandit un harpon de plongée dans la main droite et un marteau beaucoup plus gros que le précédent dans la main gauche...

Lorsque qu'il aperçoit David Sanders debout entre les sièges, il se met à vociférer d'une voix stridente :

– Assieds-toi... Assieds-toi, tout de suite. C'est un vrai flingue... Je vais te tuer...

L'arme est levée. La flèche vise les yeux du pilote.

Il y a un temps de flottement. Chacun dans le poste sent que dans une seconde, le malade va appuyer sur la détente et envoyer sa flèche dans le crâne du commandant de bord.

David a peur... Si le gars appuie sur la détente, il est mort... Ils sont tous morts... Après l'avoir éliminé, il s'en prendra à son copilote. Puis ce sera le tour d'Andy Peterson. Pour lui ce sera très facile... Avec ses deux trous dans le crâne, le pauvre ne pourra rien faire.

Et pourtant, contre toute attente, c'est Andy Peterson qui sauve la situation. Malgré ses terribles blessures à la tête, le mécanicien navigant trouve la force se jeter sur l'agresseur pour agripper à deux mains la flèche du harpon.

Et il s'y accroche comme un noyé à une bouée.

Calloway pousse aussitôt un rugissement de colère et le frappe d'un violent coup de marteau dans les côtes. Mais Peterson ne sent plus la douleur. Tout son être est focalisé sur un seul objectif : ne pas lâcher cette flèche. Sans même réaliser que le sang ruisselle sur son visage, le mécanicien s'agrippe au morceau de métal chromé avec l'énergie du désespoir. Un autre coup de marteau dans le dos lui coupe le souffle mais il tient bon.

Dans la même seconde, le commandant finit d'enjamber la console centrale et fonce sur son agresseur.

– Tiens ce salaud, tiens-le...

Pendant que les deux hommes se battent avec le dément, c'est Jim Tucker, le copilote qui reste aux commandes du DC-10. Lui aussi saigne abondamment... Ses bras, ses mains sont poisseuses de sang. Bien qu'il n'ait reçu qu'un seul coup de marteau, c'est lui qui est le plus gravement touché. Son crâne est défoncé et le cerveau a été atteint.

Pourtant Jim Tucker n'est pas prêt à abandonner la lutte. Il décide de venir au secours de ses camarades à sa manière.

Pour cela, il saisit le manche du DC-10 et il tire de toutes ses forces vers l'arrière. Le Jumbo-Jet se cabre aussitôt vers le ciel et les accélérations augmentent brusquement. L'accéléromètre de la boîte noire (FDR) révélera qu'à cet instant l'avion a été soumis à une force de 3,2 g[11].

Calloway ne s'attendait visiblement pas à une telle forme de riposte. Il tente de se rattraper à la cloison mais il n'y parvient pas. Complètement déséquilibré, il tombe à la renverse sans jamais pourtant lâcher le fusil de plongée.

Andy Peterson suit le mouvement involontaire de son agresseur. Buté, il ne lâche pas non plus l'arme poisseuse de sang. Il la serre toujours à deux mains de toutes ses forces.

Aux commandes de l'avion, Tucker a vu qu'il avait réussi à déséquilibrer le pirate. Il réalise que le manche du DC-10 peut représenter un moyen de défense efficace. Grâce aux mouvements désordonnés qu'il peut provoquer, il peut empêcher le fou de revenir dans le poste de pilotage.

Mais pour lui, c'est très dur... Il doit rassembler toute sa volonté pour ne pas perdre connaissance.

Car Jim Tucker a une hémorragie interne importante. Il ne voit plus que d'un œil et la partie droite de son corps est en train de s'ankyloser. Des trois hommes, il est celui qui est le plus gravement touché. Dans sa tête, une seule phrase revient en permanence au milieu de sa souffrance : conserver les commandes et rester conscient quoi qu'il arrive.

Deux mètres derrière lui, c'est une mêlée épouvantable. Les cris sont terribles.

Calloway est très fort. Grâce à son entraînement de karatéka, il porte des coups qui font très mal. Et puis contrairement aux deux navi-

11. Trois fois, l'accélération de la pesanteur.

gants, le gars n'est pas blessé et profite de leur faiblesse en frappant constamment sur leurs blessures.

Il vocifère comme un forcené. Il frappe de toutes ses forces, mais les blessés ne veulent pas céder. Ils se rebiffent avec hargne sans se soucier des hurlements de leur agresseur.

– Je vais vous tuer tous les deux... putain... je vais vous tuer...

Depuis le poste, Tucker se retourne en permanence pour suivre le combat. À travers le flou de sa vision, il comprend rapidement que l'agresseur va prendre le dessus sur ses camarades. Dans ce cas, ils sont perdus. En ce qui le concerne, il est trop faible. Il ne pourra pas se battre.

Alors, le copilote décide d'intervenir une nouvelle fois à partir des commandes. Il applique les ailerons à fond à gauche pour mettre l'appareil en virage engagé. Aussitôt, l'énorme Jumbo-Jet s'incline avec la brutalité d'un avion de voltige. Le FDR[12] indiquera par la suite que le DC-10 est non seulement passé sur la tranche, mais qu'il a atteint 143 degrés d'inclinaison...

C'est-à-dire qu'il est pratiquement en vol sur le dos.

Aussitôt, l'ordinateur de bord lance une alarme au travers de sa voix métallique. L'avion est beaucoup trop incliné.

– *Bank Angle... Bank Angle... Bank Angle... Bank Angle... Bank Angle...*[13]

Aussi étonnant que cela puisse paraître, malgré les mouvements désordonnés de l'appareil, les belligérants continuent à se battre.

Les deux navigants veulent vivre...

Le fou veut tuer...

Dans le poste de pilotage, ça va mal. Tucker souffre le martyr. Sa vison est de plus en plus faible du côté droit. Et son bras droit est devenu insensible. Le membre refuse de lui obéir. Sa jambe droite est lourde. De ce fait, le copilote éprouve beaucoup de difficultés à remettre le DC-10 dans une position de vol normale.

L'énorme machine est engagée dans un virage en piqué impressionnant. Il plonge vers le sol. Sa vitesse augmente très rapidement.

Elle approche de Mach 0.99. Le mur du son est tout proche. Jamais

12. Flight Data Recorder : boîte noire enregistrant les différents paramètres du vol.
13. Inclinaison trop forte.

la cellule du Jumbo-Jet ne pourra résister à Mach 1, l'appareil n'est pas construit pour cela. Déjà, les premières ruptures apparaissent sur la cellule. Sur les capots des réacteurs, les trappes de visites ne résistent pas : elles sautent comme des bouchons de champagne. Mais il y a beaucoup plus grave : c'est au niveau de la gouverne de profondeur que les choses se passent mal. De violentes vibrations se produisent. Du coup, les deux masselottes de contrepoids sont arrachées... Pire... Dans les ailes, les réservoirs de carburant sont soumis à des pressions terribles. Les rivets se déchirent les uns après les autres et le kérosène commence à s'échapper sournoisement.

L'altitude diminue...

L'avion était à 18 000 pieds lorsque le pirate les a agressés, il n'est déjà plus qu'à 12 000 pieds et le sol grandit à toute vitesse dans le pare-brise. Malgré la souffrance qui lui taraude le cerveau, Tucker se bat avec les commandes. D'un geste brusque, il ramène les trois manettes des gaz en arrière pour réduire la poussée. En s'aidant de sa seule main gauche, il tire doucement sur le manche. C'est très dur... Maintenant que les contrepoids de la profondeur ont été arrachés, la commande est devenue très lourde. L'avion réagit mal. L'angle d'incidence augmente de manière inquiétante.

Le vibreur de manche se déclenche provoquant des douleurs insupportables dans l'unique bras valide du copilote.

Puis l'horizon réapparaît lentement. Les ailes reviennent à l'horizontale et l'avion se stabilise.

Tucker a maîtrisé la situation.

Quelques mètres derrière lui, la lutte continue et elle ne semble donner aucun avantage à l'un ou l'autre des camps.

Du coup, le copilote veut appeler du secours. Il saisit le micro de la radio et, d'une voix stressée, il contacte le contrôle :

– *Memphis... Emergency... Emergency...*

Le message est désemparé. Il ne respecte absolument pas la procédure aéronautique. Mais Jim Tucker est terrassé par la douleur. Il ne pense même pas à donner son indicatif, ni le numéro de son vol.

Du coup, la réponse ne vient pas immédiatement. En fait, le contrôleur a un doute sur l'authenticité de l'appel. Il croit à une blague sur la fréquence et ne se presse pas pour répondre.

Au bout d'un moment, il finit par lancer d'une voix lasse :

– Avion en *emergency*, allez-y, je vous écoute...

Mais Jim Tucker ne répond pas. Derrière lui, ça va de plus en plus mal. Le fou est en train de mordre Peterson à l'épaule et ce dernier hurle de douleur. Ça ne l'empêche pas pour autant de s'agripper à la flèche du harpon que l'autre voudrait lui planter dans la tête.

Du coup, Tucker s'occupe davantage d'encourager ses amis que de répondre à la demande du contrôle qui répète son message.

– Tenez-le bon sang...

– Avion en *emergency*, répétez votre message, je vous écoute.

Enfin, Tucker reprend le micro et il lance son message de détresse d'une voix terriblement faible.

– Express 705, je suis blessé... On vient d'avoir une tentative de détournement... dans l'avion. Donnez-moi un cap pour rejoindre Memphis... S'il vous plaît.... Dépêchez-vous...

Au sol, le contrôleur comprend alors qu'il s'agit d'une affaire très sérieuse. En moins d'une seconde, il a repéré l'avion sur son écran radar et il donne au pilote l'information qu'il demande.

– Express 705, prenez le cap 095, direct vers Memphis.

– Reçu, et prévenez les secours...

– Descendez à 10 000 pieds.

– Roger, je descends... à... 10 000 pieds.

Pendant quelques longues secondes, Tucker conserve le doigt sur le bouton du micro, saturant ainsi la fréquence. Un geste inhabituel pour un pilote expérimenté mais qui s'explique par la situation de stress extrême dans lequel se trouve le navigant. La conséquence est que tous les avions utilisant cette fréquence dans le secteur entendent soudain dans leurs haut-parleurs les hurlements de rage et les cris de mort d'Auburn Calloway. Puis Tucker reprend la parole comme s'il voulait s'excuser d'avoir brouillé la fréquence.

– Écoutez, je pilote l'avion... à la main... Et je suis tout seul...

Piloter l'avion à la main signifie que le pilote automatique n'est pas branché. En effet, après la chute vertigineuse et les évolutions brutales que le DC-10 vient d'effectuer, le copilote sait que le P.A. refusera de s'enclencher[14]. Il faut qu'il le tienne « à la main » pendant quelques

14. Le pilote automatique réagit très mal aux évolutions brutales et les gyroscopes peuvent mettre un certain temps à se stabiliser.

minutes. De toutes les façons, si le système se connectait, il ne serait pas fiable.

Il y a quelques secondes de silence sur la fréquence pendant lesquelles le contrôleur de Memphis cherche certainement comment il pourrait porter assistance au pilote en détresse.

Il ne trouve pas.

Alors, comme le gars de la tour ne dit toujours rien, Jim Tucker lance cette phrase pathétique qui révèle à quel point il est en difficulté.

– S'il vous plaît... continuez à me parler... d'accord ?

La demande est formulée d'une voix épuisée. Tous ceux qui entendent la requête réalisent immédiatement que le copilote a peur de perdre connaissance.

Le contrôleur a lui aussi parfaitement compris puisqu'il demande aussitôt.

– Express 705, d'accord. Si vous avez besoin d'une ambulance, ne vous inquiétez pas. On va vous préparer ça sans problème.

– Oui... On aura besoin... d'une ambulance... Et on aura également besoin d'une... intervention armée...

La voix du copilote est devenue soudain très faible. Ce n'est plus qu'un léger murmure sur la fréquence. Du coup, le contrôleur se met à parler très fort comme pour stimuler son interlocuteur.

– D'accord, ne vous inquiétez pas, les gars ici vont faire le maximum pour vous porter secours.

Pas de réponse.

– Express 705, vous allez bien ?

– Je suis... OK...

– Descendez Vers 5 000 pieds.

– Roger... je descends vers... 5 000.

Le souffle de Tucker est court. Il souffre terriblement...

À cet instant du récit, il est important de donner quelques informations sur l'état de santé de l'homme qui tient les commandes du DC-10. Nous l'avons dit, Jim Tucker est, de loin, celui des trois hommes qui est le plus gravement blessé. Il n'a reçu qu'un seul coup de marteau sur la partie gauche de la tête mais l'outil a fait des dégâts considérables. Il a creusé un profond cratère au-dessus de son oreille et le cerveau du copilote est très endommagé. L'homme ne voit plus du côté droit et la paralysie est en train de gagner son bras droit. À mesure que l'hématome grandit dans le cerveau, la paralysie va peu à peu s'étendre à la jambe droite et c'est une véritable hémiplégie qui va frapper le navigant..

Et c'est cet homme au bord de la perte de conscience qui pilote l'appareil et obéit aux instructions du contrôle aérien. On ne dira jamais assez que l'exploit de Jim Tucker ce jour-là est surhumain.

– Express 705... Changez avec Memphis Approche sur la fréquence 119.10.

Jim Tucker essaie de lever le bras gauche vers le sélecteur de fréquence. Il tente de faire pivoter les chiffres mais il n'y parvient pas. Toute une partie de son champ de vision est noire.

Son bras retombe lourdement. C'est trop difficile pour lui.

Bien évidemment, les contrôleurs aériens de Memphis sont loin d'imaginer l'état épouvantable dans lequel se trouve l'homme qui pilote le DC-10. Pourtant, ils viennent de commettre une erreur assez classique dans ce genre de situation. Les pilotes d'un avion en détresse sont toujours trop débordés pour pouvoir procéder aux nombreux changements de fréquence qu'exige une approche normale. Souvent, les gars de la tour ne pensent pas à ce détail et ils imposent aux navigants une surcharge de travail qui leur complique sérieusement la tâche[15].

Tucker souffle.

– Je demande... une seule... fréquence pour l'approche...

À la faiblesse de la voix du pilote, le contrôleur ne peut pas ignorer qu'il vient de commettre une erreur, mais cela ne l'empêche pas d'insister.

– Une seule fréquence, d'accord monsieur, mais il faut quand même que vous passiez sur 119.10 Express 705...

Le résultat de cette obstination est que le malheureux Tucker met plus de trois minutes pour changer de fréquence. Ses doigts ensanglantés glissent sur les boutons de la radio. Sa vision se trouble sous la tension nerveuse et il voit très mal les chiffres. Sa respiration se fait de plus en plus difficile... Le plus extraordinaire, c'est que, malgré son état épouvantable, il réussit pourtant à afficher les chiffres 119.10 sur la

15. *Lire* Catastrophes aériennes. Les passagers ont le droit de savoir... *(même auteur aux éditions Altipresse). Récit : « Le 747 s'écrase sur Amsterdam ».*

VHF. Mais il y a un revers à la médaille... Ce travail a accaparé toute l'attention du copilote... Pendant ce temps, il n'a pas pu contrôler l'avion qui a viré de... 180 degrés. Il n'a donc plus le bon cap vers l'aéroport. Memphis se trouve à l'est et l'avion fonce... vers l'ouest.

Pendant ce temps, la lutte continue entre Calloway et les deux membres de l'équipage. Cela fait plusieurs minutes maintenant que les trois hommes se battent. Dans un premier temps, les deux blessés n'ont pas réussi à s'imposer en face de ce sportif rompu aux arts martiaux et de surcroît armé d'un harpon et d'un marteau. Ils ont même cru que le forcené allait réussir à les achever mais soudain, à la faveur d'une violente secousse du DC-10, Calloway perd l'équilibre pour la seconde fois. Et il lâche le marteau pour ne pas perdre pied.

David Sanders, le commandant de bord comprend que la chance vient de tourner en sa faveur. Il profite aussitôt de cette faiblesse momentanée. Il plonge littéralement sur le marteau et empoigne l'outil ensanglanté.

Aucune hésitation... Au moment où Calloway se relève ; il lui porte un coup direct au milieu du front. Ça fait un sale bruit au moment où la peau se déchire mais le pilote s'en moque. À cet instant, c'est leur vie qui est en jeu.

L'homme est stoppé net dans son élan. Ses yeux deviennent vitreux. Il semble sonné, pourtant il ne tombe pas. C'est une sorte de KO debout terriblement impressionnant. Il continue à avancer en tentant de lever le harpon vers le pilote. Alors, Dave Sanders n'hésite pas. Il frappe une seconde fois. Un peu plus fort juste sur le sommet du crâne du forcené !

Celui-ci tombe alors à genoux. Il porte ses mains sur son front et semble effrayé par son propre sang qui se met à couler lentement entre ses yeux...

– Arrêtez de me frapper, demande-t-il d'une voix hachée par la douleur. Je ne vous veux pas de mal...

Mais le commandant se méfie. Il crie si fort que le micro du *cockpit voice recorder* enregistre sa voix.

– *Son of bitch,* si tu bouges, je te frappe encore.

Le pirate fait oui de la tête...

Alors Sanders le repousse brutalement sur le dos et s'assoit carrément à cheval sur sa poitrine. Immédiatement Peterson vient à son tour pour enserrer le cou de Calloway. Cette fois, l'immobilisation est totale. En outre, le marteau reste levé au-dessus de sa tête pour bien montrer qu'au moindre geste de rébellion, la sanction va être brutale et immédiate. Puis le commandant appelle le copilote. Malgré son état physique dramatique, celui-ci tient toujours l'avion « à la main ».

– Jim, mets le pilote automatique et viens ici. Vite. Cette fois, on le tient.

Tucker hésite à quitter son poste. D'une part, parce que physiquement il sait qu'il va avoir beaucoup de mal à se déplacer et, d'autre part, parce qu'il craint toujours de mettre l'avion sur pilote automatique. Est-ce que ce n'est pas trop tôt ? Les gyroscopes du système sont-ils suffisamment stabilisés ? Et par ailleurs, le règlement interdit formellement d'abandonner le poste de pilotage sans qu'il y ait personne aux commandes (même si cela est déjà arrivé une fois dans un avion de ligne au cours d'un vol mémorable[16]).

– Jim... Viens m'aider... Je veux que tu tiennes ce salaud. Moi je vais piloter l'avion.

Mais le copilote ne bouge pas de sa place...

– Dépêche-toi Jim, insiste David Sanders, toujours assis sur la poitrine du forcené.

Le commandant de bord ignore bien entendu à quel point son second est touché. Il insiste donc à plusieurs reprises pour que celui-ci prenne sa place pour ceinturer Calloway.

– Jim, s'il te plaît, viens m'aider...

– *Hurry* Jim, répète Sanders... *I need you here...*

Finalement, Jim Tucker murmure un vague consentement à peine audible sur l'enregistrement de la boîte noire. Puis, après avoir soigneusement vérifié que le pilote automatique est correctement enclenché, il quitte sa place en titubant comme un homme ivre.

À cet instant, il n'y a plus personne dans le poste de pilotage.

Trois mètres plus loin, c'est une vision de carnage qui s'offre à lui. Dans le galley, les cloisons du DC-10 sont maculées de longues traînées rouges laissées par les mains des combattants.

David Sanders tend le harpon à son copilote hagard.

– Fais-lui peur avec ça... Et s'il tente quoi que ce soit. Tu lui plantes ce truc dans la gorge.

16. *Voir* Les Miraculés du ciel (éditions Altipresse) *Récit : « Y a-t-il un pilote dans l'avion ? »*

– Dac... D'accord... Je...

La réponse de Jim Tucker vient très difficilement. Ses mots sont hachés et incompréhensibles. Le copilote a beaucoup de mal à parler car sa bouche se tord dans une grimace caractéristique des victimes d'une hémiplégie. Son bras droit pend le long de son corps. Le membre semble complètement inerte.

Avec des gestes maladroits, le navigant vient se coucher en travers de Calloway pour l'immobiliser.

Il souffre le martyr.

Alors David Sanders laisse le pirate sous la garde de ses collègues et il rejoint le poste de pilotage.

Il lui reste à ramener le Jumbo-Jet au sol... Le commandant de bord n'est pas en grande forme physique. Il est blessé à l'épaule. Il a de profondes entailles sur le front, dans le cuir chevelu et sur la nuque. Son oreille droite est presque arrachée. Elle ne tient plus que par le lobe et pend tristement jusqu'à la clavicule. Le sang coule abondamment sur sa chemise. En outre, au cours de sa lutte avec Calloway, le pilote s'est décroché la mâchoire et il parle avec difficulté. Pourtant, malgré son apparence effrayante, il est le seul à bord à ne pas souffrir de fracture du crâne.

Dès qu'il est de nouveau assis à sa place, il décide de reprendre contact avec le contrôle aérien.

Sa voix est haletante.

– Memphis... vous me recevez ?

– C'est Express 705 qui appelle ?

– Oui, c'est Express 705...

– Roger Express 705, je vous reçois 5 sur 5. Vous pouvez procéder directement vers Memphis si vous en êtes capable. Prévoyez la piste 09. On a déjà mis en place les moyens de secours. Ils vous attendent.

– Est-ce que vous avez bien compris qu'on a déclaré une *emergency*... Nous avons besoin de sécurité dès qu'on sera posés. On arrêtera l'avion directement sur la piste.

– Express 705, nous avons bien compris. La sécurité sera au bord de la piste et on a mis également des ambulances en place. Procédez directement vers Memphis. Et, pour l'altitude, descendez à votre discrétion.

– Heu, d'accord... Express 705... Nous avons mis le cap vers Memphis.

Dans ce dernier message, David Sanders précise au contrôle qu'il a mis le cap en direction de Memphis. Le problème, c'est que l'homme est un peu groggy... Il a pris des coups sur la tête et sa capacité d'analyse est au plus bas. En fait, il n'a pas réalisé que l'avion ne se dirige pas vers l'aéroport mais dans une direction totalement opposée.

Au sol, on se rend bien compte que le DC-10 s'éloigne de Memphis. Mais personne n'ose rien dire car chacun se demande si ce n'est pas une ruse du pilote pour tromper ses agresseurs...

Que faire ?

Au bout de quelques instants d'un silence pesant, le contrôleur de Memphis rappelle le DC-10. L'homme a peur de faire une gaffe et il semble particulièrement mal à l'aise. Il bafouille :

– Express 705... Heu, est-ce que vous maîtrisez bien la situation... Ou alors... heu... est-ce que c'est seulement en voie de s'arranger ?

David Sanders réplique alors d'une voix ferme.

– C'est OK... Nous avons la situation bien en main...

Un bref moment de silence puis le contrôleur rappelle visiblement soulagé :

– D'accord Express 705... Alors est-ce qu'il vous est possible de faire un virage vers l'aéroport.

À cet instant, David Sanders se rend compte qu'il lui faut se concentrer de toutes ses forces sur le pilotage de son appareil. Un rapide coup d'œil à son cap lui apprend qu'il vole au 283...

– Yeah, donnez-moi un vecteur...

– Express 705, prenez le cap 100 vers Memphis.

– D'accord, nous virons vers Memphis.

Il est à présent **15 h 48.** Il y a vingt-cinq minutes que Calloway a attaqué l'équipage de FedEx.

Bien sûr, le dément a été maîtrisé mais, contrairement à ce que l'on pourrait croire, il ne s'est pas calmé pour autant. Malgré les deux coups de marteau qu'il a reçus sur la tête, il continue à se débattre pour se dégager des deux navigants qui pèsent sur lui de tout leur poids.

Et pour les blessés, la situation devient peu à peu intenable. Leurs blessures saignent abondamment. Ils sont livides. Ce sont les hémorragies qui les affaiblissent. C'est bien évidemment Jim Tucker qui est le plus faible. Sa paralysie droite s'aggrave de minute en minute. Son bras droit est maintenant totalement inerte...

Il doit se concentrer sur les muscles de son bras gauche pour qu'ils enserrent le torse de Calloway.

Ne pas lâcher prise !

Bien sûr, Calloway est affaibli lui aussi mais cela ne l'empêche pas de donner des coups de pieds dans tous les sens. Il tente constamment de frapper ses gardiens sur leurs plaies. Sa force est encore étonnante.

Depuis le poste de pilotage, David Sanders entend les grognements de rage qui retentissent à nouveau derrière lui. Il comprend qu'il lui faut atterrir le plus rapidement possible.

Pour cela, il décide de prendre l'initiative avec le contrôle pour accélérer l'approche sur l'aéroport de Memphis. À cet instant, l'avion déboule comme un missile à plus de 600 kilomètres à l'heure. Il est à basse altitude. En temps normal, le contrôleur ne laisserait jamais un pilote voler aussi vite dans les basses couches car la vitesse y est limitée à 250 nœuds (450 kilomètres à l'heure). Mais la situation est évidemment tout à fait exceptionnelle et tous les trafics aériens dans le secteur sont carrément écartés pour laisser passer le Jumbo en détresse.

– Express 705, je descends à 7 000 pieds et je procède direct sur Memphis.

– Roger Express 705... descendez comme ça vous arrange et interceptez directement le *localizer*[17] pour la piste 09.

Le problème, c'est que Sanders n'a pas la fiche de percée de Memphis sous les yeux. Il ne veut pas perdre une minute à la chercher.

– Donnez-moi la fréquence, s'il vous plaît.

– D'accord, pour la piste 09, c'est 109.5...

– 109.5... Reçu... Merci.

Au même moment, sur la bande audio de la boîte noire, on entend de nouveaux cris de lutte en arrière-plan de la conversation : Calloway est en train de reprendre le dessus sur les navigants.

Puis ça se calme et la voix affaiblie de Jim Tucker appelle en direction du poste de pilotage.

– Dave ?

– Oui...

– Est-ce que ça va ?

17. Localizer : balise permettant à un avion de se mettre dans l'axe de la piste.

– Oui, ça va... Et vous deux... Est-ce que vous le tenez toujours.

Le copilote ne répond pas... De toute évidence, l'homme sent ses dernières forces l'abandonner. Les efforts qu'il accomplit pour contenir les assauts de Calloway le vident littéralement de son sang. Par moments, il ne voit plus rien... Tout, dans sa tête, est noir comme dans une tombe. Alors, dans le plus profond de son cerveau, Jim Tucker focalise sa volonté sur un seul objectif : il doit enserrer le torse de Calloway avec son bras gauche et serrer de toutes ses forces pour empêcher le dingue de se relever. Mais cet effort lui pompe toute son énergie et il n'a même plus la force de répondre à son commandant.

Alors à l'avant, Dave Sanders s'inquiète.

– Jim ?

Pas de réponse.

– Jim, dis quelque chose. Est-ce que vous le tenez toujours ?

Comme Tucker se tait toujours, le commandant insiste. Le timbre de sa voix monte dans les aigus.

– Jim... Répond !

Finalement, après un silence interminable, Jim Tucker finit par lâcher un murmure à peine audible :

– Ça... va... aller...

La voix est terriblement essoufflée et elle est entrecoupée par une série de *bang* sourds en arrière-plan. Ce sont les coups de pieds que Calloway donne dans la cloison pour tenter de se dégager...

David Sanders comprend que chaque seconde qui passe est une éternité pour ses deux collègues. Il laisse les réacteurs au maximum de leur poussée et maintient la vitesse à plus de 350 nœuds. C'est trop vite... Le pilote s'en moque...

Il faut qu'il atterrisse dans la foulée. Même si le DC-10 est trop lourd pour se poser... il faut que cela cesse. Car jusqu'ici, le vol n'a duré qu'une cinquantaine de minutes au lieu des quatre heures prévues. Il reste plus de 40 tonnes de carburant dans les réservoirs. Mais David Sanders n'a pas le temps de rester en l'air pour consommer son excès de poids. Il n'a même pas le temps de vidanger, cela prendrait au moins une demi-heure.

Alors, contrairement à la procédure, le commandant décide qu'il atterrira avec un avion en surcharge. Il a parfaitement raison... En des circonstances analogues, certains pilotes ont voulu respecté scrupuleusement la procédure de vidange et la catastrophe n'a pas pu être évitée[18]. Pour David Sanders, le plus important, c'est que ses deux collègues tiennent le coup contre leur agresseur. Et apparemment ça va être difficile car Tucker gémit d'une voix de plus en plus faible.

– Dave... Est-ce que tu... vas pouvoir... atterrir ?

– Oui, ne t'inquiète pas.

– Fais... vite...

Le copilote ne peut en dire davantage... Calloway recommence à se débattre. Il a trouvé un nouveau truc pour épuiser ses gardiens. Il reste immobile pendant quelques instants pour leur faire croire qu'il est évanoui. En fait, il récupère des forces. Et puis soudain, il se cambre pour essayer de les expulser. Coups de pieds, coups de poings, ruades, insultes... Une technique épuisante pour les deux navigants qui savent parfaitement qu'ils sont fichus si jamais ils lâchent prise.

À 15 h 57, Dave Sanders entend de nouveaux coups dans les cloisons. Cette fois, il devient véritablement fou de colère. Il est le commandant de bord de l'avion. Légalement, il est habilité à donner tous les ordres.

Même les plus terribles !

– Écoutez les gars. Mettez-lui le harpon sous la gorge. Je m'en tape si on le ramène vivant ou mort. Ne le tuez pas mais tenez-le !

Le problème, c'est que ni Tucker ni Peterson n'ont la force de se saisir du harpon qui se trouve à plus de trois mètres sur le plancher. Alors, aucun d'eux ne répond aux instructions du commandant.

Du coup, celui-ci s'inquiète :

– Jim, est-ce que tu as la situation en main ?

Calloway se rebiffe une fois de plus et Jim Tucker ne peut plus mentir. Il sanglote littéralement :

– Non... Non. Il m'arrive quelque chose...

– Qu'est-ce qui lui arrive ?

Le commandant a évidemment mal interprété les paroles de son copilote.

– Non, c'est moi qui vais mal.

– Tu le tiens toujours !

– Je... peux plus...

18. *Voir* Le Secret des boîtes noires : « *Crash du vol Swissair 111* ».

– Si tu peux pas le tenir, tu lui fous le harpon dans la gorge...

Est-ce la menace du commandant qui vient implicitement d'ordonner de le tuer ? Est-ce l'épuisement qui commence à gagner le pirate ? Est-ce une nouvelle ruse pour reprendre des forces ? Toujours est-il que Calloway se calme brutalement. Les trois hommes baignant dans leur sang restent alors immobiles au milieu du *galley*. Vidés de leur substance... Empêtrés les uns sur les autres comme des morts vivants au milieu d'un champ de bataille... Aux commandes David Sanders fait de son mieux. En conservant une vitesse d'approche de plus de 600 kilomètres à l'heure, il se rapproche de Memphis.

– Express 705, maintenez le cap 100... Vous êtes à 32 nautiques[19] à l'ouest des installations.

– Roger.

Depuis quelques secondes, la voix de David Sanders semble plus ferme. Il n'a pas encore la piste en vue mais à mesure que les chiffres défilent sur son DME[20], il se dit que c'est peut-être la fin du cauchemar.

S'ils arrivent jusqu'au sol, ils sont sauvés. Maintenant, les contrôleurs coopèrent de leur mieux. Les maladresses du début sont terminées et on ne cherche plus qu'à l'aider.

– Express 705, est-ce que vous recevez déjà le *localizer* ?

– Je le reçois bien. On est déjà dessus. Et on descend.

– Vous êtes maintenant à 26 nautiques de la piste et je vais vous transmettre votre distance toutes les 30 ou 40 secondes juste pour qu'on reste en contact radio... D'accord. Et heu... si vous pouviez me donner le nombre de personnes à bord et combien vous avez de carburant ? La question est tout à fait normale. Lorsqu'un avion va atterrir en catastrophe sur un aéroport, ces renseignements sont indispensables. Il faut savoir combien il y a de personnes à bord pour mettre suffisamment d'ambulances en place. Il faut également être informé de la quantité de pétrole se trouvant dans les réservoirs afin que les pompiers puissent préparer le matériel adéquat pour lutter contre l'incendie.

– Nous sommes quatre à bord... Et j'ai 85... heu... 86 000 livres[21] de pétrole.

19. 57 kilomètres.
20. Distance Measuring Equipment : système donnant au pilote la distance jusqu'à une balise.
21. 39 tonnes.

– Reçu Express 705. Et heu... la sécurité veut savoir combien il y a de personnes à qui elle va devoir faire face.

La demande est un peu ambiguë et le commandant de bord ne comprend pas que les gars veulent savoir combien il y a de pirates à bord. Du coup, il se méprend :

– Quatre...

Par chance, le contrôleur réalise immédiatement l'erreur de son interlocuteur :

– OK... Je veux dire... Combien de personnes sont impliquées dans le détournement ?

Encore une fois la demande peut être mal comprise. David Sanders hésite un instant. Il est épuisé. Il bafouille :

– Tout le monde a été blessé... Il y a une personne qui a perdu... C'est le passager qu'on a embarqué qui a attaqué l'équipage...

Et justement à cet instant, Calloway porte une nouvelle attaque contre les blessés. Après être resté un long moment parfaitement immobile, il se retourne brusquement sur lui-même comme un ver de terre. En moins d'une seconde, il est sur le ventre. Cela lui permet de pousser très fort sur ses bras et sur ses genoux pour se mettre à quatre pattes.

De nouveau le combat reprend pour la vie et la mort. Et de nouveau, depuis le poste de pilotage, David Sanders entend ses collègues blessés endurer le martyr. Les hurlements sont si atroces que le commandant envisage de quitter le poste de pilotage pour se porter au secours de ses amis... Et puis brusquement, il explose... Trop, c'est trop... Sachant parfaitement que toutes ses paroles sont enregistrées par le CVR, il crie de toutes ses forces :

– Tuez ce fils de pute. Tuez-le... Tuez-le... Tuez-le...Tuez-le...

Tout en hurlant, il décide d'annuler l'atterrissage. Tant pis s'il doit remettre le DC-10 sur pilote automatique, il va retourner dans le *galley*. Et s'il doit le tuer Calloway lui-même, il le fera...

Il n'aura pas besoin de le faire... Au moment où il déboucle sa ceinture, une voix monte de l'arrière. C'est celle de Calloway.

– Arrêtez... Je ne vous veux aucun mal, crie-t-il d'une voix apeurée.

Andy Peterson a réussi à placer la pointe du harpon sous la gorge du malade mental et celui-ci s'est calmé immédiatement. Apparemment, la flèche acérée est plus efficace qu'une dose massive de valium.

- On le tient, bien cette fois, crie Peterson.

Comme les hurlements ont, une fois de plus, été entendus à travers la radio, les contrôleurs s'inquiètent.

– Express 705, est-ce que vous pouvez nous confirmer que vous avez la situation en main ?

David Sanders hésite un moment avant de lancer d'une voix essoufflée.

– Et bien... disons qu'on a la situation en main... à peu près...

– D'accord, Express 705, vous êtes à 14 nautiques de l'aéroport. Rappelez quand vous aurez la piste en vue.

– C'est OK... Je l'ai en vue, Express 705.

Alors, bien que le DC-10 soit encore à plus de 20 kilomètres de distance, le contrôleur délivre enfin au pilote l'autorisation que le pilote rêve d'entendre depuis le début de ce drame.

– Express 705... Vous êtes autorisé à atterrir piste 09.

La fin du cauchemar approche... Pourtant, l'équipage va devoir patienter encore quelques minutes supplémentaires avant d'être au sol. En effet, dans sa hâte d'atterrir, Sanders conserve une vitesse d'approche très forte. Alors que l'avion n'est plus qu'à 9 kilomètres de la piste, il est encore à 4 300 pieds de hauteur et sa vitesse est toujours de 360 nœuds (675 kilomètres à l'heure).

Tous ces paramètres sont totalement incompatibles avec une arrivée normale. L'avion est beaucoup trop haut et il va beaucoup trop vite.

Il faut ralentir et perdre de l'altitude. Or, réaliser les deux actions en même temps pendant une approche est difficilement compatible..

Sanders est un vrai professionnel. Alors qu'il voit la piste approcher très vite, il comprend qu'il ne parviendra jamais à se poser dans ces conditions. Hors de question pour lui de faire un virage de retardement de 360 degrés. Ce serait trop long. Il décide de changer de piste :

– Express 705, je vais prendre la 36 gauche...

– Pas de problème Express 705, vous êtes autorisé à l'atterrissage...

Entamant un virage très serré vers le sud, Sanders maintient tous les aérofreins sortis. Le DC-10 vibre de toute sa cellule. Puis, le pilote sort le train d'atterrissage, une opération un peu difficile du fait qu'il est seul dans le poste mais il y parvient au prix de quelques contorsions par-dessus la console centrale. Au moment où les énormes roues se déploient, le DC-10 est encore à 267 nœuds

C'est encore trop vite.

Les gaz sont complètement réduits. Les aérofreins sont toujours déployés au maximum.

Enfin, lorsque David Sanders se trouve dans l'axe de la piste 36, il affiche 40 degrés aux volets. Il n'est pas possible de les sortir dans leur position maximum de 50 degrés car le système de protection refuse de fonctionner avec une vitesse aussi forte.

Le pilote sait que l'impact risque d'être dur... L'avion est très lourd et les pneus vont souffrir sur le ciment mais qu'importe.

Le temps presse.

Car derrière lui, le pirate vient de recommencer à se battre...

Alors qu'il arrive en très courte finale, l'appareil est encore à 212 nœuds (390 kilomètres à l'heure), c'est beaucoup !

– Vous êtes autorisé à atterrir Express 705, le vent est du 040 pour 8 nœuds Tous les secours sont à l'écoute sur la fréquence 121.90.

– Roger. On atterrit...

À 16 h 04, soit après un vol d'une heure et deux minutes, les roues du Jumbo-Jet prennent contact avec la piste 36 gauche de Memphis.

Sanders pose son appareil avec une maestria remarquable. Passage instantané des reverse. Freinage maximum... Les disques des freins sont portés au rouge. La gomme des gros Good Year 50/20-20 fond pratiquement sous la violence du ralentissement. Pendant tout le freinage, une importante fumée bleue se dégage des roues. Lorsque le DC-10 s'arrête enfin, il ne reste plus que la corde fumante mais contrairement à toute attente, aucun pneu n'éclate.

Cette fois, Sanders respire. Le plus dur est fait.

L'avion n'est pas sitôt arrêté qu'une meute de véhicules vient l'entourer de toutes parts. Sirènes hurlantes, il y en a plusieurs dizaines : police, ambulances, voitures de pistes avec des hommes en armes. Il y a également les pompiers qui remarquent immédiatement qu'ils doivent être très prudents car le kérosène s'écoule lentement des ailes par plusieurs interstices.

Le commandant coupe immédiatement l'arrivée du carburant sur les trois réacteurs et il se précipite vers le *galley*. Le spectacle est terrible. Les trois hommes sont étendus au milieu d'un carton de composants électroniques éventré. Emmêlés dans une masse gluante indescriptible. Ils sont couverts de sang.

– Oh, mon Dieu...

Lentement Peterson réussit à se sortir de cette boucherie digne d'un film d'épouvante... Jim Tucker ne peut pas se relever, il est à demi paralysé. Sa bouche est tordue dans un vilain rictus hémiplégique. Ses yeux sont obstinément tournés du côté gauche. Un signe que les médecins neurologues considèrent toujours comme très inquiétant.

Quant à Calloway, il ne bouge plus... Non pas qu'il soit inconscient, mais il semble avoir enfin compris que c'était la fin du voyage pour lui. Maintenant qu'on entend les sirènes et les ordres des policiers qui se déploient sur le tarmac, il se tient immobile comme un enfant sage.

Sans dire un mot, il reste étendu sur le dos à côté du copilote.

– Oh, mon Dieu, répète Sanders en découvrant l'état épouvantable de son adjoint.

En tremblant, le commandant déclenche l'ouverture de la porte droite tout près du *galley*. Avec un *bang* sonore le toboggan d'évacuation se gonfle. Aussitôt les policiers tentent de monter à bord du DC-10. Mais ils n'y arrivent pas... Le caoutchouc est enduit d'une poudre glissante destinée à faciliter l'évacuation des passagers. C'est tout juste si les *« cops »* réussissent à escalader trois mètres avant de repartir en arrière et de se retrouver les fesses sur le parking.

Seul un infirmier expert en escalade réussit à remonter le long du toboggan avec une trousse de soins sur le dos. Cela lui prend du temps, et, au sol, les sauveteurs suivent sa progression avec angoisse. Personne ne comprend encore ce qui a bien pu se passer au cours de ce vol mystérieux.

On ne sait quoi penser de ce commandant de bord qui attend là-haut près de la porte. Que fait-il avec un fusil de plongée dans la main droite ? Pourquoi est-il couvert de sang ? Lorsque l'infirmier franchit enfin la porte du cargo, le gars s'attend à tout, sauf à découvrir un tel carnage.

– Il faut les emmener à l'hôpital le plus vite possible, ordonne David Sanders. Puis pointant le harpon vers le sol, en direction d'un grand noir en uniforme de FedEx.

– Faites gaffe... C'est celui-là qui nous a attaqués. Il est très dangereux.

L'infirmier pare au plus urgent mais il n'est pas équipé pour soigner de telles blessures et personne au sol ne parvient à monter pour lui apporter de l'aide. Comme le temps presse, il n'y a pas d'autres solutions que d'évacuer les blessés en leur faisant dévaler le toboggan. Le lecteur a bien lu... Ces trois hommes souffrant de fractures du crâne vont rejoindre les ambulances en se laissant glisser comme des sacs postaux sur la glissière de secours.

Andy Peterson sortira le premier, laissant de longues traînées sanguinolentes sur le caoutchouc.

Puis ce sera au tour de Jim Tucker. Le malheureux déboulera comme une pierre le long du toboggan. Ce n'est qu'un pantin désarticulé dont le bras droit retourné en arrière donne l'impression que son épaule est cassée. Son crâne, son visage, et tous ses vêtements sont couverts de sang.

Dès que les médecins prennent en charge le nouveau venu, ils sont horrifiés par la gravité de sa blessure à la tête.

Jusqu'à la dernière minute, le commandant Sanders ne quittera pas son agresseur des yeux. Après avoir mis au pirate une paire de menottes que les policiers lui ont lancées, il mettra lui-même Calloway dans le toboggan.

Puis il descendra à son tour, mettant un point d'honneur à quitter son avion le dernier.

Les quatre hommes sont conduits rapidement à l'hôpital. Le bilan de leurs blessure est impressionnant :

David Sanders, le commandant de bord souffre de lésions profondes sur tout le corps et sur la tête. Son oreille droite est arrachée. Mais par chance, aucun organe vital n'est atteint.

Il est celui qui se remettra le plus rapidement de cette terrible aventure.

Andy Peterson le mécanicien navigant a deux traumatismes crâniens importants. Il a perdu beaucoup de sang mais il n'a pas d'hémorragie interne et son cerveau n'a pas été touché. Les neurochirurgiens de Memphis réussiront à le remettre sur pied relativement rapidement.

Les choses sont bien plus terribles pour Jim Tucker. Lorsque le copilote arrive à l'hôpital, il est hémiplégique. Le cerveau est gravement touché du côté gauche. Il a une hémorragie interne et un caillot important s'est formé sous la boîte crânienne. C'est si grave que les médecins savent qu'il peut mourir dans la nuit. Il doit être opéré d'urgence. Si par chance il s'en sort, ils craignent qu'il ne puisse plus jamais se déplacer autrement que dans un fauteuil roulant ou qu'il reste toute sa vie dans le coma : un légume. La compagnie FedEx fera le maximum pour soigner Jim Tucker. Confié aux meilleurs spécialistes américains, il subira plusieurs opérations très délicates. Il lui faudra plusieurs mois de rééducation avant de pouvoir retrouver une motricité à peu près normale.

Malgré tout il boite de la jambe droite, ne peut toujours pas conduire une voiture et gardera très longtemps des séquelles notamment au niveau de la mémoire.

Quant à Auburn Calloway, il souffre de deux traumatismes crâniens. Bien que ses blessures soient légères, il feindra la paralysie partielle pendant quelques heures. Les médecins ne seront pas dupes. Les nombreux scanners qui seront effectués montreront sans ambiguïté que son cerveau n'a absolument pas été touché et que l'homme va bien. Enfin, il serait plus exact de dire qu'il est comme avant !

On ne peut terminer ce récit sans donner quelques précisions sur les véritables intentions qu'avait le malade en montant à bord du DC-10.

Assurer l'avenir de ses enfants, n'était pas son seul but. Il voulait également se venger des patrons de FedEx et avait prévu un scénario encore plus épouvantable. C'est presque avec fierté qu'il révélera son plan aux enquêteurs : s'il avait réussi à éliminer l'équipage, il aurait pris lui-même les commandes de l'appareil. Pendant une demi-heure, il aurait volé dans les environs de Memphis sans prendre le moindre contact radio avec le sol.

Silence total.

Le but de cette manœuvre aurait été d'effacer tous les enregistrements de la boîte noire[22]. De cette manière, il n'y aurait plus eu aucune trace des hurlements de l'équipage et des bruits de lutte au moment de l'attaque. Puis, au bout d'une demi-heure, Calloway aurait mis le cap sur l'aéroport de Memphis et il aurait précipité le DC-10 sur les installations de FedEx.

Le crash aurait fait des centaines de morts dans la compagnie et les patrons ne s'en seraient jamais remis !

Quelle vengeance...

Il faut également préciser qu'Auburn Calloway n'avait pas choisi le

22. Tous les enregistrements radio ou conversations dans le poste de pilotage s'effacent automatiquement toutes les demi-heures.

vol 705 par hasard. L'homme avait soigneusement étudié le programme des vols. À l'origine, le DC-10 devait être piloté par un équipage différent : le commandant de bord était chétif et le copilote était une frêle jeune femme. Quant au mécanicien navigant, il avait 59 ans et se préparait à prendre sa retraite.

Calloway savait que ces trois-là ne lui opposeraient aucune résistance !

Malheureusement, à la suite de problèmes d'heures supplémentaires, cet équipage "fragile" a été remplacé à la dernière minute. Une bien mauvaise surprise pour Calloway qui s'est retrouvé en face de trois navigants déterminés et particulièrement athlétiques.

Une sacrée chance pour FedEx...

Qu'est-il arrivé à Auburn Calloway ? Il a été soigné avec autant d'attention que les autres victimes. Cela n'a pas toujours été facile car l'homme était particulièrement douillet et ne supportait pas les piqûres.

Au procès, il a plaidé la folie... Dans un fauteuil roulant, grimaçant de douleur et parlant avec beaucoup de difficultés, accompagné d'une flopée d'avocats, le pirate n'a pas réussi à convaincre un jury composé essentiellement de Noirs. Il a été condamné à la prison à perpétuité. Les remises de peine lui étant impossibles, il finira ses jours au pénitencier d'Atlanta.

C'est pour l'équipage du vol 705 que l'avenir s'annonce le plus sombre. Plusieurs années après le drame, aucun des trois hommes n'a encore été autorisé à revoler en tant que pilote de ligne. Leurs traumatismes physiques et psychologiques sont tels que les médecins estiment qu'ils ne peuvent satisfaire aux conditions draconiennes des visites médicales du personnel navigant.

Pour ces navigants passionnés par leur métier, c'est certainement le plus triste de cette histoire...

SOMMAIRE

CE QUI S'EST VRAIMENT PASSÉ
DANS LES AVIONS... 7

ABATTEZ CET AVION DE LIGNE ! 103

LE MYSTÈRE DU VOL AER LINGUS 712 139

LES INTÉGRISTES ATTAQUENT L'AIRBUS................ 161

L'ÉQUIPAGE ABANDONNE SES PASSAGERS... 193

L'AIRBUS EST ATTAQUÉ PAR L'US NAVY.................... 221

CRISE DE FOLIE À BORD.. 243

DÉTOURNEMENT CATASTROPHIQUE EN CHINE....... 263

JE VEUX JETER L'AVION SUR MEMPHIS... 281

Dans la collection
HISTOIRES
AUTHENTIQUES
aux Éditions Altipresse

Du même auteur

FRISSONS DANS LE CIEL
Histoires d'Aviation

CATASTROPHES AÉRIENNES
Les passagers ont le droit de savoir...

LES MIRACULÉS DU CIEL
Histoires de survies extraordinaires...

LE SECRET DES BOÎTES NOIRES
Enregistrements avant le crash...

PILOTES
Histoires d'Aviation
Germain CHAMBOST et Jean-Pierre MITHOIS

AVENTURES DANS LE CIEL
Bernard THOUANEL

Impression réalisée sur CAMERON par

BUSSIÈRE CAMEDAN IMPRIMERIES

GROUPE CPI

à Saint-Amand-Montrond (Cher)
en août 2002

N° d'impression : 023724/1.
Dépôt légal : août 2002.

Imprimé en France